中国社会科学院国情调研丛书
CASS Series of National Conditions Investigation & Research

 中国社会科学院创新工程学术出版资助项目

 中国社会科学院国情调研丛书
CASS Series of National Conditions Investigation & Research

性别偏好与性别选择

——少数民族出生人口性别比问题研究

Gender Preference and Sex Selection:
Research on the Sex Ratio at Birth of the Minority Population

张丽萍 著

中国社会科学出版社

图书在版编目（CIP）数据

性别偏好与性别选择：少数民族出生人口性别比问题研究／
张丽萍著 . —北京：中国社会科学出版社，2017.4

（中国社会科学院国情调研丛书）

ISBN 978 – 7 – 5161 – 7611 – 5

Ⅰ.①性…　Ⅱ.①张…　Ⅲ.①少数民族—性别—人口—
构成—研究—中国　Ⅳ.①C924.25

中国版本图书馆 CIP 数据核字（2016）第 025277 号

出 版 人	赵剑英
责任编辑	王　衡
责任校对	朱妍洁
责任印制	王　超

出　　版	中国社会科学出版社
社　　址	北京鼓楼西大街甲 158 号
邮　　编	100720
网　　址	http://www.csspw.cn
发 行 部	010 – 84083685
门 市 部	010 – 84029450
经　　销	新华书店及其他书店

印刷装订	北京君升印刷有限公司
版　　次	2017 年 4 月第 1 版
印　　次	2017 年 4 月第 1 次印刷

开　　本	710 × 1000　1/16
印　　张	18.25
字　　数	276 千字
定　　价	78.00 元

中国社会科学院国情调研丛书
CASS Series of National Conditions Investigation & Research

编选委员会

前　言

　　少数民族出生人口性别比问题由于生育政策的特殊性和风俗习惯的特殊性而具有其独特的研究意义，本书把出生人口性别比升高作为生育转变中性别偏好转变为性别偏好行为的直接后果来看待，并分析部分民族的出生人口性别比升高的历史与现状，采用人类人口学方法，从马文哈里斯的文化唯物论的视角对村寨的性别偏好原因以及后果进行分析。

　　第一，运用孩次性别递进方法衡量不同民族的性别偏好，以及偏好对出生人口性别比提高造成的影响。同时利用中国的历史数据以及其他国家的数据，研究现代性别鉴定技术出现之前或在无比较严重性别偏好条件下孩次性别递进指标的分布规律。从美国的两次普查数据可以发现，美国的纯女户的性别比随孩次升高而降低，纯男户的性别比随孩次升高而升高，这与中国 1990 年和 2000 年的结果有非常大的差别，所以纯男户和纯女户孩次递进性别比的变化可以作为判断性别偏好行为严重程度的指示性指标。

　　第二，根据中国 1982 年人口普查资料运用母子匹配法构造不同年份妇女的生育孩次递进状态，发现汉族纯女户的孩次递进性别比是 1980 年开始上升的，而苗族受样本量影响，数据波动很大，但总体趋势是从 1992 年以后纯女户生育下一孩的性别比急剧上升，性别选择行为显现。

　　第三，女婴漏报是造成统计数据不实的原因之一，在出生人口性别比升高中起到了一定作用。通过对全国人口普查数据的分析发现，不同民族的低龄人口漏报确实存在，漏报、民族成分变更等因素造成一些民族的低龄人口数据质量存在性别差异，而且这一差异在不同民族间明显不同。

第四，对村级数据的核实结果显示，漏报受人口流动、出生时间、孩次、性别以及是否超生的影响。在乡镇一级，数据质量受不科学和不合理的计划生育考核指标的影响，基层干部在数据产生的机制上作文章，出生人口数据经过村级漏报、乡级的"加工"，真实的数据向计划生育考核指标靠拢，尤其是在出生人口性别比作为考核指标以后，导致性别统计数据失真。所以，出现出生性别比数据上的平衡是必然或无奈的选择。

第五，根据马文哈里斯的人类社会文化体系的各组成部分的相互关系分析生育转变与出生人口性别比提高之间的关系，得出：一方面，人口再生产与生产之间产生的矛盾，会迫使人口再生产的方式加以改变，降低出生率，不过这一过程是缓慢的，而计划生育政策推动了这一进程的加速，但这一加速转变过程并没有改变社会文化系统的其他部分来降低性别需求，反而因为生育数量限制加速了性别选择。另一方面，从基础结构决定论来看，受生产方式这一基础结构的限制，受地理位置偏僻、受教育水平较低及语言沟通不畅等影响，生计方式变化很小，家庭与文化中的性别需求缺少改变的契机。

第六，就家庭而言，在基础结构提供的资源有限的条件下，性别偏好的形成有其必然性。苗族典型的父系财产继承保证了家族内的财产在自己的房族内流转，而不会被外嫁的女儿带到丈夫的家族内；无亲子的财产继承，在习俗上也是在父系宗族中确立继承人。作为女儿，在以家族为单位的家庭中，父母以嫁妆的形式使她参与了家庭的财产继承，在父母去世后以抬猪、送水来完成孝道。而在现实生活中，其与娘家的日常交往是以"客"的身份出现的，无法参与父母的养老。因此，"守屋"、继承、养老都对儿子产生了需求，同时家族继承的负面影响也刺激了这种对男性的性别偏好。

第七，与社会的人口再生产相对应，家庭也同样存在着人口再生产，而这种再生产有其性别结构，在生育转变之前是通过多生来保证生育儿子，但在生育转变发生以后，保证有一个儿子出生是满足家庭再生产正常进行的前提条件。在资源有限的前提下，一儿一女、保证儿子是家庭规模简单再生产的前提条件，也满足了家庭中继承、养老等需求，实现世代继替。而通过人为选择改变自然生育状况，势必会改变自然规律，改变出生人口性别比的自然分布，使性别偏好转化为性别选择行为，进而导致宏观的出生性别比偏高。

第八，文化和经济上对男孩的需求使那些没有儿子或者是极有可能没有儿子的家庭想尽各种办法要得到一个儿子，如 B 超选择性流产、产后性别选择，同时逃避计划生育手术等，并通过"架桥""背孩子"等使性别选择在伦理上合法化。

第九，治理出生人口性别比在实践上存在一定困难。从 M 寨来看，治理出生人口性别比的各项措施，利益导向机制的刺激作用对依靠子女养老的当地村民还是有一定效果的。解决养老问题、改善双女户的生活，这既是对计划生育户的直接帮助，也可以起到一种示范作用。而提高住院分娩率在当地的自有医疗体系和观念下还需要在经济上和观念上进行考虑才有可能实施，进而才能降低溺弃婴的比例。而已经显现的男性择偶难引起当地村民的重视，期望在未来能够对改善性别偏好发挥作用。通过城市化把寨子中的人从熟人社会和现有的继承体系中解放出来，就目前来说，还存在一定的困难。

目　录

上篇　出生人口性别比状况
——来自人口普查数据的分析

下篇 性别选择与性别偏好
——来自田野调查的分析

第一章

导 论

　　合理的人口年龄和性别结构是人口可持续发展的必要条件。少数民族出生人口性别比问题由于生育政策的特殊性和风俗习惯的特殊性而具有其独特的研究意义，本书把出生人口性别比升高作为生育转变过程中性别偏好转化为性别偏好行为的直接后果来看待，并分析部分民族的出生人口性别比升高的历史与现状，从马文哈里斯的文化唯物论的视角对村寨的性别偏好原因以及后果进行分析。

　　本章将介绍本研究的缘起，并对出生人口性别比问题的研究状况及分析性别选择的相关理论进行梳理，在此基础上，提出本书的基本分析框架以及研究方法和分析思路。

第一节　研究的缘起

　　自新中国成立以来，党和政府一贯主张各民族共同繁荣。"人口兴旺"政策成为促进民族繁荣发展的重要内容。60多年来，全国各民族和谐、团结、稳定发展，少数民族人口总量迅速增加。根据新中国成立以来的人口普查数据，少数民族人口规模由1953年的3401.38万人上升到2010年的11379万人，人口总量增长了3倍。相应地，少数民族人口占总人口的比重也由1953年的5.89%提高到2010年的8.49%。

　　虽然少数民族人口数量有了很大的增长，在全国总人口中的比重有了很大的变化，但少数民族人口的繁荣与发展更需要人口素质的提高和人口结构的合理化。由于历史、文化、宗教、语言和政策等方面的原因，少数民族人口的发展明显有别于汉族，形成具有鲜明特点的人口群体，其特殊性主要表现在：第一，少数民族人口发展经历了由"多生多死，甚至少生多死"的人口停止增长甚至不断减少的状态到高速增长的发展过程①，人口转变历程明显落后于汉族。第二，少数民族的人口政策具有特殊性，新中国成立初期即制定了扭转民族人口下降、发展民族人口的"人口兴旺"政策②，特别是 1973 年以来少数民族实行的较汉族宽松的生育政策：1000万以上人口的少数民族的生育政策与汉族基本相同。1000 万以下人口的少数民族，其农业人口可以生育两个，还有一些边远的牧区及人口稀少的少数民族可以生育三个孩子，对部分民族没有数量限制。例如，在西藏，把少数民族分成几种情况采取不同的办法，一是藏族及其他少数民族干部、职工，提倡一对夫妇生育一个孩子，允许生育二胎但必须间隔 3 年以上；二是城镇居民一对夫妇也提倡生育一个孩子，允许生育二胎，但没有生育间隔的规定；③ 对少数民族农牧民西藏未限制生育数量。所以不同地区、不同民族的生育政策是不同的。在这种特殊的生育政策下，生育水平下降的速度低于汉族。第三，少数民族分布具有大杂居、小聚居的特点，全国 55 个少数民族分散在全国各地，但在西北和西南地区的分布较为集中，县级或乡村级的聚居特征体现得尤为明显。少数民族的上述主要特征不仅决定了少数民族今后发展的进程，也决定了今后发展的方向。因此，研究少数民族人口发展规律具有重要意义。

少数民族人口的和谐发展需要考虑多方面的因素，其中合理的性别结构就是民族兴旺发达的必要条件之一。

自 1984 年以来，中国出生人口性别比偏高已经长达 30 多年。人们一直关注着占总人口 90% 以上的汉族，而对超过 1 亿、占总人口 8.5% 的少数民族人口研究相对比较薄弱。少数民族会不会像汉族人口一样，与全国的整体变化趋势相同并产生比较严重的出生性别比问题，并没有得到应有的重视。

---

① 张天路：《中国少数民族人口政策及其转变》，《人口与经济》1985 年第 5 期。

② 同上。

③ 马戎：《西藏的人口与社会》，同心出版社 1996 年版。

一　出生人口性别比问题进行实事求是和深入细致的研究，才能够为遏制这一问题提供理论依据

目前，关于 1984 年以来长达 30 多年的出生人口性别比持续升高的后果的严重程度和今后如何遏制出生人口性别比持续攀升的势头需要采取哪些相应政策、措施成为研究和决策的焦点、热点和敏感问题。出生人口性别比问题的存在和恶化，有其复杂的社会、经济、文化和计划生育政策环境等一系列原因和背景。应对出生性别比升高问题也不是靠单一手段和措施能够取得显著效果的。因此，对出生人口性别比持续升高问题的深入研究应该从多方面进行考虑，既要研究出生人口性别比升高的历史原因，更要对其作用机制进行深刻理解。出生人口性别比持续升高不仅会造成严重的婚姻市场挤压和婚配年龄性别比失调问题，而且由于中国人口婚姻半径很小，择偶范围有限，出生性别比偏高的区域差异和区域不平衡问题将使出生人口性别失调问题表现得尤为突出。因此，出生人口性别比带来的严重后果不仅是人口数量的不匹配，更重要的是这一问题可能会影响社会安定与和谐发展。

二　通过对少数民族生育水平下降过程中出生人口性别比升高现象的分析，对生育转变中数量下降与性别失衡的关系做进一步探讨

中国出生人口性别比升高是在生育水平下降过程中出现的，从与生育水平下降的关系来看，出生人口性别比偏高有两个前提条件，一是生育水平下降的速度快，另一个是生育水平下降到一个较低的程度。生育水平急剧下降，在这一过程中生育观念并未发生相应转变，尤其是某些民族存在较强的孩子性别偏好，例如，重男轻女，这种生育观念没有条件也没有时间发生转变[①]。而生育转变理论强调的是数量变化，对于数量变化与性别

[①]　张丽萍：《八十年代以来我国少数民族出生人口性别比与生育水平变化的历史回顾》，《人口与经济》2006 年第 5 期。

偏好的关系有必要进行进一步分析。

研究表明，总和生育率急剧下降到 2 左右时，出生人口性别比开始升高[①]。就汉族而言，总和生育率已经远远低于 2。而有些民族的政策生育率为 2，通过对这些民族的分析，有助于分析生育的数量下降与性别偏好之间的关系。

三　对不同习俗、不同生育政策和生育水平的民族进行研究有助于对性别比问题产生的机制进行深入分析

中国的出生人口性别比问题持续时间之长、数值之高在世界上也是罕见的，需要从不同角度对这一问题产生的原因进行探讨。对于性别偏好产生的原因与性别选择的实现过程的深入剖析需要从不同的视角去认识，在越来越多的人从中国乃至东亚文化圈的角度来探讨儒家文化对男孩强烈渴求的原因时，加强对具有不同文化与习俗的少数民族的生育文化的研究，分析其出生性别比的产生机制，对未来解决这一困局可提供一定的参考。

四　运用人类学理论分析人口学问题，以文化唯物论的研究视角分析少数民族村寨及家庭中性别偏好及其对出生人口性别比升高的影响

从根本上说出生性别比偏高的原因是性别偏好。性别偏好的存在与社会、经济、文化因素密切相关，性别选择也是文化选择。我们可以将人类学方法同人口问题结合起来，从村寨角度看性别比偏高的原因和后果，并通过实地参与观察，对数字背后的原因进行更深入的分析。笔者以文化唯物论为分析框架，分析社区、家庭层面的各类因素对于性别偏好产生的影响，结合具体民族进行深入探讨，通过定性研究增加定量资料的解释力，来深入分析出生人口性别比升高的深层原因。

---

① 张丽萍：《八十年代以来我国少数民族出生人口性别比与生育水平变化的历史回顾》，《人口与经济》2006 年第 5 期。

第二节　出生人口性别比问题研究现状

目前，关于出生人口性别比问题的研究主要涉及出生人口性别比问题的历史与现状、升高的原因、后果、治理的政策建议以及出生人口性别比的研究方法等方面。

一　出生人口性别比升高现象产生的背景与原因

1955 年 10 月，联合国在其出版的《用于总体估计的基本数据质量鉴定方法（手册）》中认为出生性别比偏向于男性，一般来说每出生 100 名女婴，则男婴出生数为 102—107①。此分析明确认定了出生性别比的通常值域为 102—107，从此出生性别比值下限不低于 102、上限不超过 107 的值域一直被国际社会公认为通常理论值，其他值域则被视为异常。

在中国，出生人口性别比问题的研究主要分三个阶段，即发现问题、探讨问题的严重程度以及全面分析。20 世纪 80 年代，主要是发现出生人口性别比数据高于正常值。20 世纪 90 年代关于出生性别比问题的争论主要集中于出生性别比是否升高，到底是"实高"还是"虚高"。而 2000 年人口普查则结束了对出生性别比是否偏高的争论，目前已经没有人怀疑我国出生性别比持续升高的事实。

（一）生育转变与出生人口性别比升高

研究表明，出生人口性别比问题是伴随着生育转变的过程而出现的，"出生人口性别比失调的问题往往会在这样的人口中出现：社会经济正在发展之中，生育率经历了急剧的下降，但强烈的重男轻女的生育文化依然存在，而人口政策和人口工作几乎全部集中于以妇女生育子女数为代表的

---

① The United Nation，1995，Methods of Appraisal of Quality of Basic Data for Population Estimates Manual.

生育率下降上"①，而"当那些传统观念及封建意识的更新和变革落后于现代科技发展和现代生活方式转变时，出生性别比的上升将是生育率下降过程中必定会产生的人口学现象"②。出生性别比偏高的现象在包括中国在内的多数东亚、南亚国家或地区都普遍存在，如韩国、新加坡、印度、孟加拉国、巴基斯坦以及中国台湾、中国香港等地区③。这些国家和地区的生育率下降很快，从20世纪50年代后期起，韩国的总和生育率从6.33下降到1.41；新加坡从5.99下降到1.36；香港从4.72下降到1.00。而同一时期，韩国的出生性别比从108上升至112以上；新加坡从108上升至109以上，然后又回落到108上下；香港从106上升至109。出生性别比均随生育率的下降出现了偏高或升高的迹象④。

　　众所周知，中国人口生育率在经历了20世纪70年代迅速下降、80年代的波动之后，于90年代进入了一个新的分水岭，即中国妇女总和生育率水平又进一步降到了更替水平之下。进入20世纪90年代，中国人口生育率出现了显著的变化，生育水平在更替水平之下的人口比重由80年代末期的33%上升到1992年的82%。而自20世纪80年代尤其是80年代中期以来，中国的出生性别比开始偏高且呈持续上升的趋势。同一时期的两种现象发人深省，涂平认为出生性别比失常是中国和其他一些性别偏好强烈的国家和地区在生育率迅速下降过程中出现的带有一定普遍性的问题⑤。出生性别比存在着明显的地区差异，其归因与生育率下降速度关系密切。如前所言，中国从20世纪70年代末开始严格执行的计划生育政策几乎集中于妇女生育子女数为代表的生育率下降方面。中国能将生育率稳定在现在这样一种低水平，计划生育工作可谓功不可没，然而任何收益都有代价，

---

① 顾宝昌、罗伊：《中国大陆、中国台湾省和韩国出生婴儿性别比失调的比较分析》，《人口研究》1996年第5期。

② 贾威、彭希哲：《中国生育率下降过程中的出生性别比》，《人口研究》1995年第4期。

③ 陈泽：《韩国的出生性别比状况研究》，《人口学刊》1996第5期；Park C. B. and Cho N. H.，1984，Estimating the Excess of Birth due to Preference for Sex of Children, *Journal of Population and Health Studies*, 4（1）；Das Gupta, M.，and P. N. Mari Bhat, 1997, Fertlity Decline and Increased Manifestation of Sex Bias in India, *Population Studies*, 51。

④ 原新、石海龙：《中国出生人口性别比偏高与计划生育政策》，《人口研究》2005年第3期。

⑤ 涂平：《我国出生婴儿性别比问题探讨》，《人口研究》1993年第1期。

计划生育政策的施行使中国在实现低生育率的同时，也出现了出生性别比偏高的问题。有学者研究发现具有较高生育水平的民族更有可能具有正常的出生性别比，在生育水平较低时，生育水平下降与出生人口性别比升高相关程度较高[①]。而1988年生育节育调查的数据说明计划内出生孩子的性别比是比较正常的，计划外出生孩子的性别比恰好相反[②]。

（二）出生人口性别比升高的直接原因

Hull 认为造成中国异常高的出生人口性别比主要有三个原因：溺婴、根据胎儿性别进行的选择性人工流产和隐瞒出生。这三种行为都在计划生育政策的压力下变本加厉[③]。国内学者也认为性别选择性人工流产[④]及遗弃女婴和统计数据上的瞒报漏报是出生人口性别比偏高的原因。

在这三个原因中，溺婴和选择性人工流产直接造成出生人口性别比升高，而隐瞒出生仅造成出生性别比在数值上的异常，也就是20世纪90年代对出生人口性别比"实高"还是"虚高"的争论中的"虚高"。关于数据质量争论的一个焦点是普查数据中的瞒报和漏报的性别问题，这在很大程度上影响了报告的出生人口性别比和婴幼儿死亡水平。比如计划生育系统的数据有不实之处，而且国家人口和计划生育委员会、公安部和国家统计局公布的历年出生人数也相互矛盾，这些也影响了数据的可靠性。有的研究认为女性婴幼儿瞒报、漏报严重[⑤]；而另有一些研究认为数据虽然在一定程度上受到瞒报、漏报和统计不实等问题的影响，但是并不存在严重

---

① 张丽萍：《八十年代以来我国少数民族出生人口性别比与生育水平变化的历史回顾》，《人口与经济》2006年第5期。

② Johanson, S. and O. Nygren, 1991, The Missing Girls of China: A New Demographic Account, *Population and Development Review*, 17 (1).

③ Hull, T. H., 1990, Recent Trends in Sex Ratios at Birth in China, *Population and Development Review*, 16 (1).

④ 乔晓春：《性别偏好、性别选择与出生人口性别比》，《中国人口科学》2004年第1期；张仕平、王美蓉：《性别价值观与农村出生婴儿性别比失衡》，《人口学刊》2006年第2期。

⑤ 姜全保、李树茁、费尔德曼：《20世纪中国"失踪女性"数量的估计》，《中国人口科学》2005年第4期。

的性别选择性的瞒报和漏报①。因此，偏高的出生人口性别比和女性婴幼儿死亡水平不是数据统计造成的，它基本反映了真实的状况②。即使校正了瞒报和漏报等误差，出生人口性别比和女性婴幼儿死亡水平的异常也是非常显著的③。

选择性人工流产是建立在产前性别鉴定基础之上的。产前性别诊断不是现代独有的技术，中医脉诊鉴定胎儿性别的样本准确率达到83%，6—12周的胎儿的脉诊准确率也在80%以上，脉诊的准确性随孕妇怀孕周数的增加而有提高，但提高幅度不大④。现代性别鉴定技术也提供了技术和工具等物质性条件，医学遗传学技术的进步正好为那些希望进行选择性生育的人提供了条件，B超等技术均可早期鉴定胎儿性别，进行性别选择。实际上20世纪80年代中期以来，中国农村B超已开始普及，产前性别鉴定在绝大部分地区没有困难。产前胎儿性别鉴定技术的不断普及，比如B超技术，为选择性人工流产、引产提供了技术上的可能和便利⑤。这些直接造成了出生人口性别比的升高。

"溺婴"的中文原意是指将初生婴儿置于水中淹死，后来泛指父母或其他负有抚养义务的近亲实行的危害婴儿生命的一切行为。溺弃女婴也会造成出生人口性别比异常，虽然最近的研究证实，持续升高的出生人口性

① Banister, J., 1992, China: Recent Mortality Levels and Trends. Paper presented at the Annual Meeting of the Population Association of America, Denver, Colorado. Johannson, S. and A. Arvidsson, 1994, Problems in Counting the Youngest Cohorts in China's Censuses and Surveys. In China State Council and National Bureau of Statistics (ed.), 1990 Population Census of China: Proceedings of International Seminar, Beijing: China Statistics Press.

② Banister, J., 2004, Shortage of Girls in China Today, *Journal of Population Research*, 21 (1).

③ Yuan, X., 2003, High Sex Ratio at Birth in China (brief review), Paper Presented at Workshop on Population Changes in China at the Beginning of the 21st Century. Australian National University, Canberra, December.

④ 彭希哲、陶佩君、黄娟、戴星翼、梁鸿：《中医脉诊与产前性别选择》，《人口与经济》1996年第6期。

⑤ 穆光宗：《近年来中国出生人口性别比偏高现象的理论解释》，《人口与经济》1995年第1期；郭维明：《文化因素对性别偏好的决定作用》，《人口学刊》2006年第2期；杨军昌、王希隆：《广西人口出生性别比失调的原因与治理》，《中国人口科学》2008年第3期；汤兆云：《20世纪90年代关于我国出生人口性别比问题的研究》，《人口学刊》2007年第3期。

别比主要是性别选择性流产而不是溺弃女婴和漏报女婴的结果①，但历史
上中国局部地区出生人口性别比一直偏高，新中国成立以后虽逐渐降低，
但至今仍比一般地区要高，从一些零星资料中可发现，溺弃女婴是这些地
区出生性别比偏高的原因之一②。

二 出生人口性别比偏高的根源分析

在引起出生人口性别比升高的众多原因中，最终的表现都是性别偏
好。很多研究认为，在传统文化、家庭经济、养老以及心理需求等方面，
传宗接代、增加劳动力、养老送终、精神慰藉等因素造成了男孩偏好，一
旦技术条件允许，则通过 B 超进行性别鉴定，如果是女孩就会进行人工流
产，以达到生男孩的目的。所以性别偏好的分析一直是出生人口性别比升
高原因研究的重点。

从研究成果来看，研究者从经济学、社会学和人类学等不同学科角度
进行了分析。

（一）性别偏好的经济学分析

经济学对性别偏好和性别选择的分析主要集中在：性别偏好存在的经
济学意义，不同性别孩子的成本—效益及其差异，通过生育经济学模型探
讨性别偏好的风险含义，等等。性别偏好的经济分析集中在男孩的经济效
用上，罗丽艳（2003）对孩子的成本—效用做了非常好的拓展分析，提出
了一个完整的框架③。

（二）性别偏好的人口学分析

性别偏好的人口学分析强调的是性别偏好与出生性别比的关系、生育

① 韦艳、李树苗、费尔德曼：《中国农村的男孩偏好与人工流产》，《中国人口科学》2005
年第 2 期；Banister, J., 2004, Shortage of Girls in China Today, *Journal of Population Research*, 21
(1)。

② 郭维明、徐毅：《中国出生性别比的现状及有关问题的探讨》，《人口与经济》1991 年第 5
期。

③ 罗丽艳：《孩子成本效用的拓展分析及其对中国人口转变的解释》，《人口研究》2003 年
第 2 期。

行为决策与性别偏好的关系、性别偏好与家庭规模的关系、性别偏好对生育率的影响，等等。重点是对性别偏好的度量。国外有关性别偏好的度量方法及其应用的文献众多，其中涉及对性别偏好本身的测度方法、性别偏好对生育率影响的度量、与性别偏好相关的模型构建、对孩子价值的量化模型以及不同性别偏好对家庭规模影响的度量等多个方面①。国内关于性别偏好度量的研究，涉及量化分析的成果主要包括：人们的生育观念和生育意愿②、性别偏好与妇女的生育行为③，等等。

（三）性别偏好的社会学与人类学分析

性别偏好的人类学分析主要是针对性别偏好存在的社会背景、性别选择的伦理道德和价值判断等问题进行的探究；李银河采用人类学的调查方法在浙江南阳村、山西南山头村进行调查并对北京的自愿不育者进行访谈获得的资料，她得出在村落中生育具有特殊意义，也就是说，在规模有限、流动性差的村落中，竞争和趋同成为村落文化的主要特征，生育也是衡量成功与失败的指标之一，在一个人人都要生儿子的群体中也产生了趋同的压力。这是经济学的"孩子的成本—效用理论"无法解释的④。另外，也有研究以社会性别作为研究视角，从经济、社会、文化等场域入手，探讨男女两性在社会生活中表现出来的差异，分析性别偏好的形成机制，挖掘存在于社会现实中导致性别不平等的深层原因，生育性别偏好看似是个人和家庭的决策问题，但它与社会大背景有着极其密切的关系，是个人和社会互动的产物。从社会性别视角对性别偏好和生育意愿、生育行为进行研究，可以探讨社会性别关系和社会角色的形成过程以及影响性别偏好和生育行为的路径⑤。近年来还有研究者用布迪厄的场域与惯习来分析性别偏好⑥，认为以往研究要么偏重社会，要么偏重个人，忽视了将行为者与

---

① 刘爽：《世界各国的人口出生性别比及其启示》，《人口学刊》2005 年第 6 期。

② 侯亚非：《北京市独生子女生育意愿的调查分析》，《北京社会科学》2003 年第 3 期。

③ 陈卫：《性别偏好与中国妇女生育行为》，《人口研究》2002 年第 2 期；马瀛通：《重新认识中国人口性别比失调与低生育水平的代价问题》，《中国人口科学》2004 年第 1 期。

④ 李银河：《生育与村落文化》，中国社会科学出版社 1994 年版。

⑤ 慈勤英：《研究出生人口性别比要有性别视角》，《人口研究》2006 年第 1 期。

⑥ 潘绥铭、王文卿：《男孩偏好的再考察》，《社会学研究》2005 年第 5 期；刘中一：《场域、惯习与农民生育行为：布迪厄实践理论视角下的农民生育行为》，《社会》2005 年第 6 期。

社会结构（文化）紧密联系在一起的可能，大大降低了对农民生育行为的解释力。在农民生育行为的研究中引入了"生育场域"和"生育惯习"两个概念，可以从新的角度思考农民的生育行为。

包括婚姻继承在内的家庭体系对性别偏好的形成有着举足轻重的作用，性别偏好理论强调环境在形成偏好中的作用，家庭体系是非常重要的环境因素[①]。施坚雅（Skinner G. W.）指出，性别偏好是嵌入家庭体系的内在逻辑，家庭体系是一种习惯性和规范性的家庭结构和家庭类型动态变化的过程，主要包括婚姻形式及其偏好、家庭延续、财产继承、居住安排、以性别和年龄为中心的家庭权力结构等内容，父系联合家庭体系的生育存在男孩偏好[②]。

三　不同学科对出生人口性别比偏高问题的分析

（一）人口学对于出生人口性别比问题分析的新发展

采用人口学的定量分析主要是因为出生人口性别比问题符合大数定律，对这一问题的分析需要大量的数据，仅用定性调查是无法完成的，所以需要用人口学的定量分析来完成。主要采用以下方法：（1）对出生人口性别比采用区间估计：把出生人口性别比数值由点估计转换为区间估计，来判断研究地的总体状况。（2）采用间接估计方法重构普查年份以外的年龄结构，并估计生育水平和出生性别比[③]。计算瞒报、漏报对于出生人口性别比的影响。（3）运用孩次性别递进模型分析出生人口性别比变化的微观机理，对性别偏好的变化情况进行度量[④]。

尽管国内外对中国出生性别比的研究已经很多，但多数研究都是通过获得的活产男婴和活产女婴数来直接估计（即点估计）或计算出生性别

① William Lavely, Jianke Li and Juanghong Li, 2001, Sex of Children in a Meifu Li Community in Hainan, China, *Population Studies*, (55).

② Skinner G. W. , 1997, Family Systems and Demographic Processes, Anthropological Demegraphy: Toward A Synthesis, University of Chicago Press, Chicago, Illinois, pp. 53 - 95.

③ 王广州：《年龄别生育率与总和生育率间接估计方法与应用研究》，《中国人口科学》2002年第3期。

④ 杨书章、王广州：《生育控制下的生育率下降与出生性别比失衡》，《人口与市场分析》2006年4期。

比，并直接利用计算出的结果对中国出生婴儿性别比进行分析。以往对出生人口性别比的研究主要集中在孩子身上，研究全部孩子或不同孩次的出生性别比。而根据妇女的孩次性别状态空间的研究思路可以构建时期孩次递进生育性别比等指标来衡量妇女生育孩次性别递进状况，对出生人口性别比变化规律按照妇女生育子女孩次性别变化的状态空间来分析，但目前仅是对全国的状况分析，西南民族地区妇女生育子女的孩次性别递进过程与全国是否相同、是否有自己的特点可以借助这一新的研究方法做进一步分析。

（二）人类人口学发展阶段及对生育问题的分析视角

人类人口学学者关注人口过程和社会文化习俗的相互影响。在当今的人类人口学发展中，用得最多的是借助民族志方法和文化理论对人口学中各种比率进行丰富理解，或者是吸收人口统计学方法来证实和加强民族志研究的结果[①]。

具体地看，通过对文化、性别、政治经济等理论概念的解读，运用适用于个案研究的定量和定性方法，通过田野调查和参与观察来进行，其往往作为二手数据和史料来解读[②]。有研究者提出了一些研究议题，主要包括：人类人口学研究的理论问题，即哪些概念或文化的概念可以用于研究生育；迁移和健康有哪些关系；在家庭构成模式和生育模式的变迁方面，这些概念怎样才能最好地操作化并结合到实证研究中；这些概念与适用于家庭结构和生育的概念是否相同。实证的问题，即对于当代生育文化差异我们应如何理解；造成这些差异的原因以及产生的后果是什么；在何种程度上同样可观察到具有相似行为的地区是有所不同的。方法问题，即如何才能把人类学的实地观察、深度访谈、焦点小组、大规模调查和普查数据以及人口登记系统利用并综合成最佳的解释目前人口模式的方式[③]。

---

① Bernardi, L. and I. Hutter (eds.) (2007 forthcoming), The Anthropological Demography of Europe, *Demographic Research*; Bledsoe, C. (2002). *Contingent Lives*, 396 pp. Chicago, the University of Chicago Press; Greenhalgh, S. (ed.), 1995, *Situating Fertility*, 304 pp., Cambridge, Cambridge University Press.

② Laura Bernardi, An Introduction to Anthropological Demography, Mpidr Working Paper.

③ Ibid..

四　对现有研究需要进行的拓展

（一）对处于生育转变中的少数民族的性别失衡问题需要进一步分析

中国出生人口性别比升高是在生育水平下降过程中出现的，从与生育水平下降的关系来看，出生人口性别比偏高有两个前提条件，一是生育水平下降的速度快，另一个是生育水平下降到一个较低的水平上。生育水平急剧下降，在这一过程中，生育观念并未发生相应转变，尤其是某些民族存在较强的孩子性别偏好，例如，重男轻女，这种生育观念没有条件也没有时间发生转变①。原有的性别偏好在生育转变中是如何实现的，需要进一步探讨。

（二）增加对生育转变背景下性别偏好的分析视角

人类学对于生育问题的分析，主要以"文化"这一概念作为重要工具，着重探讨生计、家族、宗教、民俗、仪式、象征等各种文化因素对人们生活情趣和生活价值的影响，以及这些因素又是如何通过某些中间变量对生育观念和行为产生影响的②。在生育转变发生时，对社会的文化系统的相关因素造成了哪些影响，需要进一步梳理，并结合人类学理论和人口转变这一人口理论对出生人口性别比问题的产生进行分析。

（三）偏远落后地区出生性别比现状及性别偏好实现的途径

B超等性别选择技术的出现造成了出生人口性别比升高，但是对那些新技术接触不便的地区性别选择的实现途径，学术界甚至在很大程度上回避了对溺婴这个现象的调查。Lange（1974）把那些"有意识地以遗弃、饥饿、绞扼、窒息、毒害或使用致命性凶器等方式导致初生婴儿死亡的行为"定义为"溺婴"。性别选择被认为是普遍存在的溺婴原因之一，Singh（1965）等学者根据在印度的调查，发现"男婴获得比女婴的多得多的食

---

① 张丽萍：《八十年代以来我国少数民族出生人口性别比与生育水平变化的历史回顾》，《人口与经济》2006年第5期。

② 陆益龙：《生育分析的社会人类学框架》，《人口学刊》1998年第6期。

物和药物，而 5 岁内女婴的死亡率要大大地高于男婴"①。有研究者在某县调查发现变相溺婴的情况的确存在，这对出生后不久的性别比提高贡献在10%左右②。因而对于性别偏好能够得以实现的不同途径需要在实地进行深入分析。

第三节　性别偏好的理论分析

出生性别比偏高与性别偏好直接相关，性别偏好的存在有着深刻的社会、经济、文化因素背景，而对于性别偏好的理论分析在不同时期、不同领域的视角也不尽相同。对这些理论尤其是在人类学和社会学角度的分析有助于理解不同民族的性别偏好，但同时，就文化整体论而言更需要有一个宏观的分析框架，能够把性别偏好所涉及的影响因素包容进来，并且有一个变化的视角，将生育转变的过程也容纳在内。

一　来自费孝通《生育制度》中功能论的分析——社会继替的生育目的与单系倚重的亲属体系产生了男孩偏好

《生育制度》一书中详尽阐述了生育制度的形式、特点，指出生育的制度是为了实现社会继替而产生的文化手段，以保证种族的延续。其规定了人们怎样求偶，怎样结婚，怎样生孩子，怎样做父母。对于这套制度的分析是用功能论来完成的。

贯穿《生育制度》的一个观点，就是人类社会必须有一套办法来解决个人有生死、社会需持续的矛盾，也就是生物的个人和社会的集体之间的矛盾。这个矛盾是通过个体的新陈代谢来取得集体的常存而统一起来的。社会体系中个体的新陈代谢包含着社会成员生产的过程。这个过程不能单纯依靠生物机能来完成，还必须有社会性的抚育工作，就是费孝通所说的生育制度。只有通过分析这个基本矛盾，才能理解家庭这一类社会细胞的

---

① 张敏杰：《国外学者关于"溺婴"的研究》，《国外社会科学》1997 年第 3 期。
② 吴擢春、黎楚湘、励晓红：《影响出生性别比偏高的直接原因的队列实证研究》，《中国人口科学》2005 年第 3 期。

作用①。

由于存在着社会分工，而人有生老病死，不同分工中的社会成员也有新陈代谢，为了保证活着的人生活不发生困难，需要有新的成员加入，来保证社会的运行，保证社会结构的完整性，使死者尽管死，自有新人出世来填补，这个过程靠的是生育制度进行人为的控制。而为了社会的延续，生育子女是制度的要求，为抚育子女所采取的双系抚育是生育制度的形式，通过婚姻来确认双系抚育并组成家庭。这套制度中有几个观点值得注意。

（一）为社会继替所组成的家庭采用了单系倚重，这也带来了男孩偏好

费孝通把人们的生育动力归结于制度的力量，并且总结出中国人生活方式中与欧美人不同的一面（接力模式和反哺模式）。通过婚姻组成的家庭，成为社会的基本单位。而在家庭中，建立的是社会结构的基本三角。"夫妇不只是男女间的依赖关系，而且还是共同向儿女负责的合作关系。在婚姻的契约中同时缔结了两种相联的社会关系——夫妇和亲子。这两种关系不能分别独立，夫妇关系以亲子关系为前提，亲子关系也以夫妇关系为必要条件。这是三角形的三边，缺一不可。换句话说，生育制度的基本结构是父母子的三角，而这三角是现在可以观察到的人类社会普遍的基本结构。"②

来自不同团体的夫妇二人中至少要有一人，放弃他或她原来的合作团体，结婚后加入配偶的合作团体。由于经济上的联系经常建立在聚族而居基础上，成年的甚至结了婚的儿子不一定离开他们的父母，这样妻子加入丈夫的团体，成为从夫居，扩大了家庭这个基本团体。这种方式与经济基础有很大关系，在经济上可以降低成本，获得一定的利益。

这种从夫居正是中国农村传统的父系家族制度，只有儿子才能在婚后留在家里，而女儿则要嫁出去，儿子是家庭延续的保证，所以在子女性别上偏好男孩。

---

① 费孝通：《乡土中国　生育制度》，北京大学出版社 1998 年版。

② 同上。

（二）社会继替过程的单系倚重促进了男孩偏好

家庭这个基本三角关系的内容随着对象的不同和家庭生命周期的不同是有很大区别的。为了社会培养成员，孩子从完全依赖父母到生理性的断乳直至社会性的断乳，下一步就是实现社会继替。继替过程必须有一定的规则，否则会引起社会的混乱。常被用来限制继替资格的是亲属体系。亲属结构不但不相等，而且还有着一定的层次，不宜混淆，同时，有长幼之别，有伯叔、有嫡堂之分。若使用亲属原则来规定继替作用，不但清楚而且容易递补。还有许多特别适宜于继替的特点，如世代排列、男女分殊、单系倚重、亲疏层次等。

在继替过程中，家庭内部也存在着单系偏重，在中国，姓氏是最主要的标志，从夫居后，子女延续父系的姓氏，继承父系的财产，所以尽管抚育是双系的，但是在亲属结构、财产继承方面是单系倚重。马林诺夫斯基说："单系嗣续密切相关于世代间地位，权力，职位，及财产传递的性质。在社会机体过程中，秩序和简明是维持社会团结的重要条件。"费孝通指出："为了秩序和简明，财产和地位的社会继替如果采用双系，会产生很多矛盾和冲突，最简单的办法是婚姻配偶的一方不必带财产过来。"

所以，从功能论角度来分析，社会为了继续发展，确立了双系抚育的模式以培养新的社会成员，同时运用社会的力量用婚姻的形式来组建家庭，然后采取单系倚重的形式来影响家庭的聚处模式、财产和亲属结构等，这样，男性在这个过程中的作用扩大。就中国来说，虽然完成社会继替既需要男性也需要女性，但在农村的环境中，父系的生活方式使男性经济上成为家庭的劳动力，在文化上通过姓氏的继承等完成传宗接代的任务，来维系自家的种族延续。费孝通指出，这种方式从社会的角度出发，变成家庭内部的责任，并产生了自身的要求，所以，男孩偏好在这种单系倚重中承担着家族延续的责任。

二　趋同的压力推动了对男孩的追求——李银河《生育与村落文化》的分析

作为 20 世纪 40 年代的作品，费孝通以功能论为理论基础的《生育制度》对中国的传统进行了详尽的阐述，而在 20 世纪七八十年代，为了控制人口数量，中国开始实行计划生育。随着生育水平的下降，从 90 年代开始，另外一个问题凸显出来，即出生人口性别比急剧攀高，这引起了人口学家、社会学家的广泛关注，从不同角度对这一问题进行了探讨，其中李银河的《生育与村落文化》就农村的生育偏好进行了深入研究。

（一）　贝克尔的理论不适合解释中国农村的性别偏好

中国的文化是家本位。李银河认为，经济因素对降低农民的生育动力影响很小，而且在中国农村，如果将为抚养孩子、教育、为儿子娶妻生子所作的诸多花费，与孩子将来对父母的养老回报相比，中国的父母在生育子女上的经济回报根本就是负债。计算孩子的成本是计算到孩子自立为止，但中国孩子的自立恐怕要包括父母为儿子盖房、买房直到他们娶妻生子。"孩子的成本—效用理论"无法解释中国农村的生育行为。

（二）　村落文化强化了男孩偏好

通过采用人类学的调查方法在浙江南阳村、山西南山头村进行采访及与北京的自愿不育者进行访谈获得的资料，作者得出在村落中生育所具有的特殊意义，也就是说，在规模有限、流动性差的村落中，竞争和趋同成为村落文化的主要特征，生育也是衡量成功与失败的指标之一，在一个人人都要生儿子的群体中也产生了趋同的压力。

作者所说的村落，它的特殊性在于其规模有限，流动性差，"村落文化指的是以信息共有为主要特征的一小群人所拥有的文化（包括伦理观念和行为规范）"①，村落的成员彼此熟悉，婚姻半径也小，而且村落成员的流动性差。

在村落中，人们有相互竞争的倾向，竭力在某些方面超过群体内的其他成员，获取较高评价，房子的好坏大小和盖房子请到的帮手数量、儿子的数量、儿子婚礼的排场甚至坟墓的豪华程度都成为竞争的标准。而竞争中处于劣势的一方感受到压力，甚至被视为失败者。所以这种从众行为在村落这样一个相对封闭的土壤中不断地被演绎着，生育也就很自然地成为

---

① 李银河：《生育与村落文化》，中国社会科学出版社 2003 年版。

其中的重要指标，是否生儿子则是其中的关键性的衡量标准。

村落文化对生育行为的影响表现在：一是因"人多"可成"势众"，从而鼓励了大家庭多子女；二是因"竞争"的规则，村落中人全力以赴，投入生育的竞争；三是因趋同的规则以及村落中人对公平的强烈要求，形成一股相互制约的力量。

（三）生育的动力来源

如果按照社会心理学把动机分为内在动机和外在动机来分析生育动力，不同阶层、不同生活环境的人的理解是不同的。内在动机理解为亲子感情的需要，人生终极目的的考虑，外在动机是家庭从生育孩子获得的经济利益及环境对人们施加的影响。

在农村，人们生育的外在动机包括那些物质动机，既包括增加家庭劳动力的动机，尤其是农村的很多政策间接地鼓励了这种动机，如土地分配、宅基地分配都是按人口数来分配，这刺激了生育数量的上升，刺激人们去增加人口，以便增加劳动力；也包括子女，成为老年人生活经济来源即老年人保险投资的动机。在农村缺乏养老保障、村落之中的非货币经济的条件下，养老是期望儿子、媳妇提供照顾老年人生活的服务，而女儿外嫁，可提供照顾父母的能力是有限的，这些是村落中生育孩子的直接经济效用。所以，如果将生育行为视为投资的话，短期投资效益是为家里增加劳动力，长期效益则是老年保险。

村落之中生育的精神动机来自于人生成就感的满足，传宗接代责任的完成，亲子感情的需要。

至于如何降低这种强烈的生育需求，作者认为只有通过把生活在村落中的人从村落中解脱出来，"有赖于脱离农村的家庭环境，进入现代化、工业化、都市化营造的个人本位生活环境。"①

三　生育的场域与惯习——依据布迪厄实践论的研究

性别偏好的研究近年来又出现新的视角，分析引入了布迪厄理论。

---

① 李银河：《生育与村落文化》，中国社会科学出版社 2003 年版。

1997 年，王铭铭在一篇文章中曾经提出："我从出版于五十多年前的《生育制度》联想到了近年相当流行的 Bourdieu 实践论，难免犯了'漫无边际'的嫌疑，因为这样的联想既是跨时代又是跨文化的。如果说'漫无边际'的联想有什么含义的话，我愿意说它的含义就是指出个人、群体、社会之间的辩证关系一直是社会科学研究者追求的理论境界，也是社会人类学者长期以来试图赖以协调文化特殊性和人类普通性之间的认识论张力的途径。费孝通的《生育制度》如此，Bourdieu 的实践论也如此。"[1] 然而当前在对中国现实问题进行探讨时，我们不能把这种联想视为"漫无边际"了，很多研究者用布迪厄的场域与惯习来分析性别偏好[2]。

作为当代著名的社会学家，布迪厄强调必须反思性地考察科学研究的对象以及从事科学的研究者本身，所以从社会实践的主客统一性出发，在对语言交流和文化现实的反思性批判中，通过实践理论来建立一门反思社会学显得十分必要，而以这种实践为出发点，以反思性为基本原则的反思社会学，形成了布迪厄独特的研究特征。布迪厄倡导从思维关系的多元性和从关系的角度来进行社会现实的分析与研究，并发展出场域（field）和惯习（habitus）等概念。

刘中一在农民生育行为的研究中引入了"生育场域"和"生育惯习"两个概念，从新的角度思考了农民的生育行为[3]。他认为计划生育作为国家意识形态控制农民生育行为的外来力量，只有通过性别偏好这种特殊的方式，间接地作用在农民身上才能发挥作用。

他认为以往的理论缺乏解释力，学者都不同程度地存在着将行为者与社会结构（文化）割裂开来的缺陷。他们要么偏重社会，要么偏重个人，忽视了将行为者与社会结构（文化）紧密联系在一起的可能，大大降低了对农民生育行为的解释力。

（一）"生育场域"中儿子的关键作用

在实践理论中，布迪厄将"场域"看作一个网络，一个不断建构的结

① 王铭铭：《人与社会再生产：从〈生育制度〉到实践理论》，《社会科学战线》1997 年第5 期。

② 王文卿、潘绥铭：《男孩偏好的再考察》，《社会学研究》2005 年第 5 期。

③ 刘中一、潘绥铭：《从男孩偏好到出生性别选择》，《市场与人口分析》2005 年第 3 期。

构。进一步说，他认为每一个"场域"都是一个独特的空间，一个独特的圈层，同样也是一个具有各自不同规则的游戏空间。在他看来：场域不是一个死的结构，不是空的场所，而是一个游戏空间，那些相信并追求其所能提供奖励的个体参加了这种游戏①。刘中一等按照布迪厄的这种理解和解释，尝试提出"生育场域"的概念。在"生育场域"当中，是否拥有儿子或者拥有儿子的数量是一个关键因素，可以将不同的人置于不同社会意义的地位上。在一个性别偏好十分明显的生育场域中，有儿子的人占据一定的位置，而没有的则被排斥到另外一些位置。在这里，有没有男孩不仅成了一种身份的标志，而且人生的全部意义和价值往往就取决于是否拥有儿子或者拥有儿子的数量。

布迪厄还分析了场域的另一个特点，他认为每一个场域都构成一个敞开的游戏空间，其力量的此起彼伏、权力的犬牙交错和游戏者的谋划策略，随时随地改变着场域的某些形态。同时，场域也是权力关系的场所，是不断变化的、具有连贯性的、在冲突和竞争中产生的新领域。在这个领域中，场域不断改变着自己的性格和自己的形态，具有自己全新的逻辑规则②。在农村社区中，"乡村资本和权力（土地、房子、关系、政治权利、声望等）传统上往往是要依据儿子的多少进行分配。农民的出生性别选择行为就成为一种对各种资本和权力进行争夺的方式或者说游戏的规则。在自然出生状况的前提下，村落内人们都遵循着'一切由命运决定'的游戏规则。原则上讲，在这种游戏规则中，每个家庭因为生育（儿子）机会基本相等，那么占有这些资本和权力的机会也是基本上均等的。但是，在现实生活当中，当有一些人不遵守游戏规则，通过人为的出生性别选择以增加自己拥有儿子的机会，希望以此来增加自己的游戏筹码的数量，以求资本和权力有利于自己的再分配时，乡村生育场域的原有形态就被破坏了。于是，生育场域必然要重新经历一个对各种资本和权力再分配的过程，经历一个重新塑造的过程。通俗地说，在乡村生育场域的原有形态被破坏后，为了尽量地多占有乡村资本和权力，'出生性别选择'这个游戏规则就会不断得到强化、认同乃至内化，这样使得进

① 布迪厄、华康德：《实践与反思》，李猛、李康译，中央编译出版社 1998 年版。
② 同上。

入这个'生育场域'中的所有人都知道了自己如何依据'出生性别选择'游戏规则去思考和行事，在各种力量的冲突和竞争中来为自己谋求最大可能的利益。"①

（二）　性别偏好的惯习左右着游戏规则

如果说"场域"的概念着重描述的是农民生育行为的客观性结构的话，那么"惯习"的概念则偏重于强调行动者自身方面。布迪厄把"惯习"看作一种社会化了的主观性，看作一种经由社会化而获得的生物性个人的"集体化"。即身处场域之中并被游戏规则内化的人知道自己该怎么去做，或曰是游戏规则内化的行动，是身处特定场域中的行动者知道自己如何遵循规则和艺术地变通游戏规则，以达到角色扮演。布迪厄认为，随着个人不断接触某些社会状况，个人也就逐渐被灌输进一整套性情倾向。这种性情倾向较为持久，将现存社会环境的必然性予以内化，并在有机体内部打上经过调整定型的惯性及外在现实的约束的烙印②。"在农村那种'以有没有儿子'作为判断一个家庭正常不正常，完整不完整的标准的生育场域中。'尽一切的可能生养一个儿子'就成为了一整套不断地被灌输的性情倾向。这样一来，身处这个场域之中并被这套性情倾向内化的人要想成功扮演人生角色，必须知道自己该怎么去做，知道自己如何遵循和小心地变通'游戏规则'"③。

四　评述

纵观三类分析视角，既有一脉相承的主题，也有不同的分析角度。

第一，就理论基础而言，既有功能论的分析，也有实践论的剖析。从功能论角度来看，在农村的环境中，男孩偏好在这种单系倚重中承担着家族延续的责任。从实践论来看，农民的出生性别选择行为则成为一种对各种资本和权力进行争夺的方式或者说游戏的规则。

第二，从分析的时间和时代背景来看，费先生的视野集中在半个世纪

---

① 刘中一、潘绥铭：《从男孩偏好到出生性别选择》，《市场与人口分析》2005 年第 3 期。
② 布迪厄、华康德：《实践与反思》，李猛、李康译，中央编译出版社 1998 年版。
③ 刘中一、潘绥铭：《从男孩偏好到出生性别选择》，《市场与人口分析》2005 年第 3 期。

前的中国；李银河的研究开始于 20 世纪 90 年代初出生人口性别比偏高问题刚刚开始进入人们的视野，而学界还在为性别比是"实高"还是统计上的原因造成的"虚高"进行争论之时；布迪厄的理论引入则是在中国的出生人口性别比问题已经非常严重之际。虽然时代背景不同、理论基础也不同，但是讨论的问题从根本上是一致的，也就是中国传统的生育观念以及中国的传统文化对人们生育行为的影响。

第三，从分析问题的立足点来看，《生育制度》以社会为出发点，来看待社会为了延续而进行的制度设置；《村落与生育文化》从村落这个小的社区出发，把生育行为视为家庭行为；而性别偏好的场域和惯习则试图将个人与社会结合起来。

第四节   性别偏好转化为性别选择的分析框架

性别偏好涉及人类学的一些传统的研究领域，包括家庭、生育、亲属结构等，与社会学注重宏观和微观、人口学侧重宏观相比，人类学更关注在社区层面的文化体系，对于性别偏好，从结构功能主义角度分析，或以布迪厄场域、惯习角度作为研究视角。但是性别偏好导致出生人口性别比升高却是近年来发生的。出生人口性别比升高这一问题，本身是一个人口问题，其中有性别偏好的原因，但是几千年的性别偏好并没有直接产生性别比升高这一社会问题，现代的性别选择技术直接把这种偏好转变成性别比持续升高，还有一些学者认为中国的计划生育政策在这一问题上也是"功不可没"。所以，分析家庭中的偏好、人口再生产方式的转变、技术变迁以及政策等因素之间的关系需要一个更合适的逻辑，而马文·哈里斯（Marvin Harris）的文化唯物论把生态、人口、生计作为大的背景，对文化现象进行分析，尤其在 1979年以后把人口变动作为其文化唯物主义（Culture Materialism）研究中最为重要与精致的部分，虽然其基础结构决定论招致批评，但是作为一种分析框架，用来分析中国在生育转变背景下性别偏好与出生性别比升高的内在关联，不失为一种新的研究视角。

一　马文·哈里斯的文化唯物论及其对人口变动的分析

1. 人类社会文化系统的三个要素

马文·哈里斯认为所有人类社会文化系统都由三个要素共同构成，即基础结构（infrastructure）、结构（structure）与上层建筑（superstructure），称之为适应于人类社会的"普同模式"（universal pattern）①。这是对马克思关于经济基础与上层建筑理论的有目的的修订。

基础结构不仅包括生产方式，也包括再生产方式。生产方式又包括生计技能、技术与环境的关系、生态系统与工作模式，再生产方式包括人的生产，它主要指婚配方式、人口特征、育婴模式、计划生育等。

结构层面包括家庭经济与政治经济。家庭经济主要指年龄角色和性别角色、家庭组建模式等，政治经济包括生产资料所有者、阶层模式、政治组织模式、战争与军事组织模式。

上层建筑指艺术、音乐、仪式、科学、神话、符号、哲学、宗教以及其他意识形态上的东西。解剖完社会文化体系以后，哈里斯着手重造他的技术环境与技术经济决定论。他认为社会生活的因果顺序主要以基础结构—结构—上层建筑为序，即生产和再生产方式在满足人类需要上有逻辑在先的第一重要性。

基础结构提供了家庭、政治经济建立的基础，而家庭、政治经济又引导出不同类型的价值、观念、符号与仪式的设立，并以这些意识形态上的东西来解释与加强家庭和政治经济的地位。哈里斯的进化变迁观念主要趋向于基础结构首先变迁，然后是结构和上层建筑相应于基础结构的变迁而再变迁②。

---

①　转引自雷亮中、黄剑波《马文·哈里斯：文化唯物主义》，载庄孔韶主编《人类学经典导读》，中国人民大学出版社 2008 年版。

②　孙晶：《马文·哈里斯的文化进化论与文化唯物主义》，《山西大学学报》（哲学社会科学版）2000 年第 1 期。

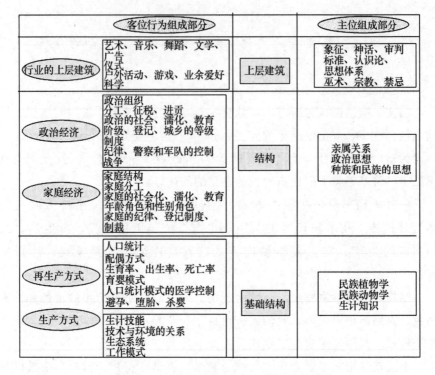

客位行为组成部分		主位组成部分
行业的上层建筑	艺术、音乐、舞蹈、文学、广告、仪式、户外活动、游戏、业余爱好、科学	上层建筑 / 象征、神话、审判、标准、认识论、思想体系、巫术、宗教、禁忌
政治经济	政治组织、分工、征税、进贡、政治的社会、濡化、教育、阶级、登记、城乡的等级、制度、纪律、警察和军队的控制、战争	结构 / 亲属关系、政治思想、种族和民族的思想
家庭经济	家庭结构、家庭分工、家庭的社会化、濡化、教育、年龄角色和性别角色、家庭的纪律、登记制度、制裁	
再生产方式	人口统计、配偶方式、生育率、出生率、死亡率、育婴模式、人口统计模式的医学控制、避孕、堕胎、杀婴	基础结构 / 民族植物学、民族动物学、生计知识
生产方式	生计技能、技术与环境的关系、生态系统、工作模式	

图1—1　人类社会文化系统的主要因素

资料来源：根据［美］马文·哈里斯：《文化唯物主义》，华夏出版社1989年版整理。

2. 基础结构决定论及对人口活动的重要性

文化唯物论者的首要任务是对人类思想和行为中的异同做出因果性的解释。文化唯物论最引人注目的是基础结构决定论，强调了人口繁衍的重要性，把人的活动作为研究对象来把握人类生活的基本结构的生态学参数，将斯图尔德的技术、经济、生态环境决定论改造为人口、技术、经济、生态环境决定论，以此作为文化人类学的基石。同时，受系统论影响，马文·哈里斯将分析的焦点透视到特殊文化中特殊因素的适应或系统维护功能上来解释这些因素的存在。

3. 结构与上层建筑的反作用

虽然哈里斯强调基础结构决定论，但他并不认为所有的系统变迁都来自基础结构的变异，也不认为结构和上层建筑不过是被动的反映者而已。相反，他认为，"基础结构、结构和上层建筑构成社会文化体系，这一体系中任何一个组成部分的变化通常会导致其它组成部分的变化"。把文化发展的动力归因于基础结构中的环境、技术与人口之间的内在不平衡，其目的"特别在于说明世界财产清单中社会文化的差异和相似的起源、维持和变化"①。马文·哈里斯的文化唯物主义的理论范式有其内在的逻辑性（基础、结构、上层建筑的相互关系和主客位的划分），马文哈里斯本人也把文化唯物主义称为一种研究策略。

4. 创新对于体系的影响

任何一种创新最有可能产生的结果——不管它产生于基础结构、结构还是上层建筑，都是维系体系的消极反馈，即抑制导致创新的灭亡或者其他部分的微小的补偿性变化的偏离，这种变化保存了整个体系的基本特点。②

二 突变式的中国的人口转变与人口再生产方式的改变

在基础结构决定论中，马文·哈里斯强调了人口变动的重要性，并把人口的活动作为重要的基础结构因素加以讨论，而出生率下降、死亡率下降，对于社会文化系统而言是一种基础结构的改变。这种改变的发生原因、特点及对系统内其他因素的影响都需要重新认识，因而需要对人口转变理论及中国人口转变的特点进行一些必要的梳理，结合文化唯物论这一人类学理论和人口转变这一人口理论对出生人口性别比问题的产生进行分析。

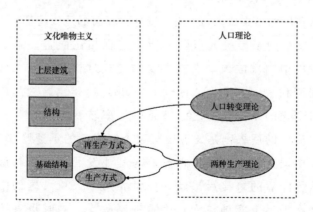

图1—2 社会文化系统因素与人口理论的对应关系

---

① ［美］马文·哈里斯：《文化唯物主义》，华夏出版社1989年版。
② 同上。

（一）人口转变理论

人口转变理论首先是由法国人口学家 A. 兰德里提出的，他最先分阶段论述了人口转变过程，认为人口理论的中心任务是阐明和领会"人口转变"，即从高出生、高死亡时代向低出生、低死亡时代的转变。继兰德里之后，陆续有一些人口学家根据人口变化，主要是欧洲人口变化的经验，进一步丰富了人口转变理论，诺特斯坦被公认为人口转变论的集大成者，寇尔和考德威尔等人对他的人口转变论体系又进行了不断完善。当代人口转变论的基本观点为：（1）依据社会经济状况和人口的出生率、死亡率变动，人口转变可划分为性质不同的各个阶段；（2）人口增长过程与社会经济发展过程密切相关，人口转变的实现以经济发展、社会变动为必要前提；（3）人口转变是分为不同阶段、不同类型的人口因素内在变化的历史过程，它主要通过出生率和死亡率的变动来体现；（4）在人口转变过程中，存在出生率滞后于死亡率下降的普遍现象，导致出现"人口转变增长"时期；（5）人口转变论的依据虽然主要来自欧洲，但它不仅对发达国家，而且对发展中国家的人口发展过程，都具有解释力。

（二）中国人口转变特点

1. 滞后和压缩是中国人口生育转变非常显著的两大特征

与西方发达国家传统人口转变历史过程相比而言，第二次世界大战以后的发展中国家的人口有其自身的变迁过程和特点。著名的美国人口学家安斯利·J. 寇尔（Ansley J. Coale）曾指出，战后广大发展中国家的人口变化的重要特征之一就是生育率转变较之于死亡率变化滞后，而这种滞后的后果则是发展中国家人口规模的迅速膨胀[①]。新中国成立以来，中国人口生育转变也有着与其他发展中国家相似的明显的滞后性。这种滞后的直接后果就是使世界第一人口大国的中国人口继续膨胀，并在世界上实施了人口生育控制政策。同时也直接导致了生育率变迁的压缩性特征，这种压缩性在时间维和空间维上都有所表现。

---

① Coale, Ansley, 1973, The Demographic Transition, International Population Conference, Vol. 1. Liege：IUSSP.

可以认为，滞后和压缩是中国人口生育转变非常显著的两大特征。在不足 30 年的时间里，中国人口生育率水平就达到了发达国家需要经历一二百年才能达到的人口低生育水平，而发展中国家要接近或达到今天的发达国家的生育率水平，至少还需 40—50 年的时间。中国政府强有力的外部干预，大大"压缩"了中国人口生育率转变的时间，大大缩短了生育率转变的进程。①

2. 突变式的人口转变及其影响

世界各国的下降方式、下降时间、下降后果等各不相同。综观世界各国生育率下降历程，大致可以分为两类。一类是渐进式下降，即生育率下降与社会经济发展协同进行。这种方式经历的时间较长，生育率下降的消极后果较少。另一类是突变式下降，生育率下降超前于社会经济发展水平，这种方式所用时间较短，因此容易造成一些不良后果。中国生育率下降的方式属于突变式，由此产生了人口老龄化加速、出生性别比偏高、统计"水分"大、干群关系紧张等不良后果②。

（三）基础结构中人口再生产方式变化与社会文化系统的关系

中国生育转变的这种压缩性表现为生育水平的急剧下降，这种下降不单是社会经济发展带来的，在很大程度上是与生育政策密切相关的，原有的生育观念并没有发生改变。对欧洲生育转变的文化研究已经表明，许多文化相近的地区，例如语言或民族相似，也呈现出类似的生育类型，而基本上与对转变理论至关重要的社会经济发展指标无关。即使发展水平不同，具有共同文化的亚区域往往具有相似的生育率下降模式，区分的因素可能是家庭结构中的文化差异，包括诸如传统习惯和妇女地位。这些证据似乎表明，不同的文化类别似乎常常与出生率有关，而相关的方式却是作为转变理论核心的一般社会结构因素未能解释的③。

中国生育转变更大的动因是政府的干预，并不完全是由于经济发展水平提

---

① 李建新、涂肇庆：《滞后与压缩：中国人口生育转变的特征》，《人口研究》2005 年第 3 期。

② 黄乾：《孩子质量数量替代与持续低生育率》，《人口学刊》1999 年第 3 期。

③ 罗纳德·弗里德曼：《生育下降的理论：重新评价》，载顾宝昌编《社会人口学的视野，西方社会人口学要论诠释》，商务印书馆 1992 年版。

高而带来的人们自发降低的生育水平。这种数量的降低，如果原有系统中存在着性别偏好，那么在社会文化系统中分析生育转变不仅要重视数量的转变，同时也要分析性别结构的变化，不仅需要考察社会经济与生育政策对生育转变造成的影响，也有必要分析生育转变中的文化因素，对相应的结构和上层建筑层面发生的变化进行探讨。

三　文化唯物论视角下的性别偏好基本分析框架

根据文化唯物论，分析中需要研究为什么在社会文化系统中基础结构、结构以及上层建筑中存在性别偏好，社会变迁、生育转变导致社会文化系统发生的变化如何使性别偏好转变为偏好行为。

在原有的生产方式以及结构层面家庭经济、政治经济的影响下，存在着性别偏好，而且在上层建筑中也有相应的风俗等来反映这种偏好。但在计划生育对生育数量控制之前，这种偏好通过多生子女来满足，而外界干预的生育转变发生后，原有的性别偏好的生产方式、结构和上层建筑都没有改变，而 B 超作为新技术的出现，恰好满足了这种偏好，使家庭中的性别偏好转变为偏好行为，其结果导致出生人口性别比升高。

本书对于田野调查中性别偏好的分析基本按照框图所示，增加了人口转变这一扰动因素造成的性别选择行为，对结构和基础结构的相关因素进行分析，具体包括以下几个部分：第一，分析生育转变发生的背景与过程，探讨生育转变的突变性。结构中的政治组织推动下带来的生育水平的下降，是外部强制发生的，而不是由于基础结构的需要和社会经济发展带来的渐变式的转变。第二，分析基础结构中的生产方式和结构中的家庭经济在生育转变发生前后的变化情况，分析相对封闭、经济发展水平落后的田野点各种结构的稳定性。第三，基础结构中的生产方式和结构中的家庭经济对男孩的需求保持不变，生计方式、工作模式以及家庭结构、继承方式等都保持着对男孩的需求，而生育转变的数量控制压缩了原来通过数量保证性别需求的空间，为性别偏好转化为性别偏好行为提供契机。第四，男孩偏好通过与基础结构中人口再生产相关内容的相互作用来实现，生育水平的下降、出生率的下降强化了性别偏好行为，而这种行为通过医学控制、堕胎、杀婴等方式来完成。第五，改善性别偏好行为同样需要从基础

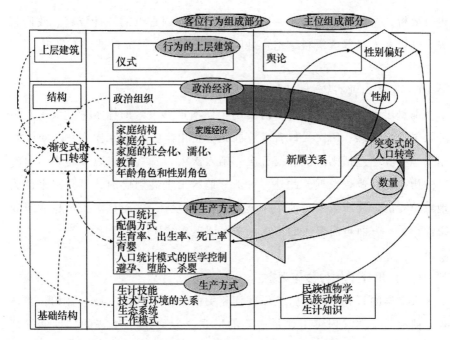

图1—3 生育转变、性别偏好与社会文化系统的关系

结构和结构中的人口相关因素入手：如打破现有封闭的空间，改变生产方式，改变家庭经济模式，控制再生产中堕胎、杀婴的发生等。

此外，前文提到的费孝通的生育制度、李银河的村落文化以及布迪厄的场域惯习等理论在分析社会文化系统中的一些相关因素，例如对于具体分析家庭经济功能论的生育制度不失为一个分析的角度，村落文化、场域惯习理论强调舆论、竞争的影响，如果与文化唯物论相关联的话，可作为社会文化系统的主位行为发生作用。

第五节 资料来源、研究方法与主要内容

一 资料来源

本书在对几个民族的人口出生性别比现状及变动趋势研究等宏观统计资料分析的基础上，结合田野调查资料，对村寨中与性别偏好相关的问题

进行分析，所以资料主要包括田野调查资料、调查点的统计资料、政府相关文件以及人口普查资料，结合具体问题还采用文献资料进行了分析。

（一）人口普查资料

衡量出生性别比是否正常需要出生样本足够大，即样本量越大，观察结果越稳定可靠。历次人口普查数据是分析出生人口性别比变化的重要数据来源。其中包括第四次、第五次、第六次人口普查数据以及各省市自治区的历次人口普查数据。此外，对于分地区出生性别比的分析是以地区为地域单元的。之所以采用地区一级为分析单位，一方面是由于数据的可获得性，另一方面也需要大的样本量来保证观察结果的可靠性。

（二）田野工作与参与观察

人类学的研究是与田野工作密切相关的，自马林诺夫斯基开始，参与观察便成为人类学田野工作最主要的形式。为了分析 M 寨的性别偏好情况，笔者在 2007—2010 年三次到 M 寨进行田野工作，时间虽然长短不一，但是每一次进入都有一种新的感觉。第一次是感慨于它的偏远、资源的匮乏以及生活的劳累。作为一个北方人，笔者觉得这里只是南方，只是语言不同，衣着更传统，这里的人只是叫"苗族人"，此时笔者更多的是站在客位的角度来思考。但是后面两次的到来，随着与当地人的融洽相处以及他们对笔者的真心接纳，笔者对所要分析的内容了解得越多，也就真正感受到了文化的差异。站在主位的角度，笔者更多的是以一个功能论者的角度来理解这里的文化，从当地的经济和自然环境、继承与养老机制以及生育意愿等来分析性别偏好产生的原因，同时也了解了许多当地人对外秘而不宣的性别选择策略，并从当地的不同方式的求子策略中了解了从性别偏好到性别偏好行为的转化途径。

庄孔韶曾说，人类学应该是不浪费的人类学，而田野工作对笔者来说，一方面，是获得研究内容的过程；另一方面，一人在异乡，体验着异文化带来的震撼的同时，也对田野工作的具体方法有了更深的理解。

1. 田野工作前的准备工作

进入田野前的选题与文献综述阶段，既是研究工作的开始，也是田野工作主题的选定过程。而这一过程形象地说是一个转圈的过程，只是圈越转越大，但主要还是以下几个方面的内容：（1）研究问题与文献综述。这是最开始的圈，也就是圆心，围绕这个研究问题别人研究了什么，还有什么不足，或是没有考虑到的，这是文献综述的过程。（2）研究设计与理论分析。这个过程是自己准备怎么做，围绕研究问题如何进行理论分析，需要哪些资料，是数据还是田野调查资料，同时与这个问题有关的要关注哪些方面，这些都需要在去田野前了解，这是自己的研究设计。（3）初步访谈提纲。在进入田野前一定要有一个初步的访谈提纲，将需要了解的内容大致列出来，但访谈提纲是在田野中不断补充的，根据新的发现不断加以调整。

2. 进入田野以及田野关系的处理

田野关系是另外一个至关重要的内容，是研究工作能否顺利的重要保证之一。

（1）行政资源的利用与摆脱

利用行政资源到达田野是非常有效的手段，在笔者的研究中起到了很大的作用。如果利用行政资源就一定要遵循其规则，需要注意的是不能越级，一旦动用了行政资源就得按这个规则到达田野。同时与各级行政官员打交道时，不要忽视人际交往，要以一个研究者的身份，阐明自己的研究目的，通过交流与沟通得到帮助。

行政资源是帮助研究人员到达田野的一个途径，但同时也有负面影响。真正进入田野后，必须摆脱这个资源的负面影响。比如笔者的田野工作是在各级计生部门的帮助下进入 M 寨，研究人口生育问题，如果以计生部门的同行身份是很难得到真实资料的，所以必须表明自己的中立身份以及研究内容的中立性，并重新建立自己在寨子中的田野关系。

（2）田野关系的建立与报道人的选取

开始进入田野时是按照自己的访谈提纲与他人沟通，需要在这一过程中逐步发现报道人。真正进入田野时需要善待他人，对田野中的弱者要有同情心，这时是不图回报的，但是往往不经意的帮助却会带来意外的收获。这一点笔者深有体会。最后一次去 M 寨，由于研究内容的需要，笔者非常想认识寨子里的鬼师和接生婆，结果发现鬼师和接生婆是夫妻。笔者在第一次到 M 寨时，曾到他们家进行过访谈，当时他们的儿媳去世了，留下一个很可爱的孙女，笔者曾经给这个小女孩寄过很多东西。而到后来笔者再去 M 寨时才知道夫妻俩的身份，这对田野工作有非常大的帮助。

此外，要打消田野对象的顾虑，也确实需要做到保密和研究的中立，需要阐明这里的资料对自己研究的价值，自己的工作是以点带面的分析。再有就是与当地人同吃，尊重其习惯，使其从情感上接纳自己。田野工作中送礼物也是十分必要的，一包糖也是对对方的尊重。另外，应在住的人家留下食宿的钱，尤其是收入较低的地区。

3. 田野中资料的获得方式

参与观察与资料收集中需要采用主位研究与客位研究相结合的方式。主位研究（emic approach）和客位研究（etic approach）是文化人类学的两个重要概念。对于人口现象分析数据的获得，研究者是站在局外立场，采用通用的文化概念和术语，对所观察到的文化现象进行分析和解释，并从研究者的角度建构理论体系，也就是所谓"外部看文化"的研究；而在人类学或者民族志的研究中，主位和客位的方法是互补的而不是互相排斥的。只有在调查中将这两者结合运用，以主位的观点来理解文化，以客位的观点来分析文化事项，将两者有机结合起来，才会得出深入的见解，才可以从文化表象透视出深层的含义结构。所以站在被调查对象的角度，用这个文化里特有的概念和术语来认识这一文化，用被调查对象自己的观点去解释他们自己的文化，就是所谓的"内部看文化"。

（1）无知者与好奇者

田野调查时需要围绕自己的问题去挖掘、去问，不要放弃自己的问题，可以迂回，在田野中不要放弃好奇，什么都可以打听，也许会遇到自己要找的东西，因为当地人并不知道你要问什么，他不知道你想知道的，你不知道他知道的，所以双方信息存在不对等性，需要去不断寻找。

（2）询问者与倾听者

在访谈中应一直思考自己还能做什么，问题中还缺什么，对访谈中的点应尽量深问，把被访者谈话中自己想接下来问的记下来，把他正在讲的内容让他说完，尽量不要打断，保证报道人说的热情。从报道人的数量看，尽量多一些能得到更多的信息资料。

（3）访谈瓶颈期的处理

随着了解内容的增多，访谈有时会进入瓶颈时期，比如头几天别人对外来者的新奇减少后，能得到的信息就变得有限。在面临困境时，可以整理自己的访谈录音，找出没有问好的，继续询问，同时带点小礼物（如香烟）、走家串户，到处看看，照照相，内容可以包括公示的内容、红白喜事的帖子，甚至与老百姓一起去下地、去打草、去看看老人埋葬的地方，问问这里有没有古迹、村规民约，找老人来聊，打听风俗。这样，扩大资料来源途径，一方面有助于打破僵局，另一方面也是研究过程的深入。

4. 背景资料的收集与核查

数据资料是对当地基本情况的记载，村委会有人口与计划生育信息登记资料，也有其他的资料，这些对了解村寨的现状与发展历史有很大帮助。可以在村委会收集数据，到镇上找本村和镇上的资料，查看这个村的周边环境，询问这里的相关政策。到县上找县志、统计资料，到市里找找介绍当地的书籍，对于了解村寨都是有效的途径。

5. 访谈资料的处理

（1）田野中的资料处理

在进行田野工作时要及时写调查总结，每天都要记下自己的感受，总结得失，并列出第二天的访问计划，同时还要记录当天访问人员的基本情况，并对录音文件和照片进行编码、备份。

（2）访谈录音整理

整理访谈录音，要边整理边标注。根据写作内容的初步提纲，设置类目，把整理好的录音资料按照类目进行批注。批注包括两种，一种是类别标注，这个过程有助于把资料分类；另一种是记录感受，包括日后论文中要用到的内容，或要查的文献、观点，需要进一步做的事情等。

访谈资料标注后再围绕中心细化研究的内容，把田野资料按文章形式整理好。整理录音资料，并开始初步的写作。

（三）人口计生档案资料的分析及与人类学研究的结合

如前所述，在田野中需要收集当地的数据资料，但是此时研究者的身份应该是一个怀疑者，应在田野中对数据资料进行核实，还原后再进行分析。

1. 收集数据资料的途径

在资料收集过程中，对于小区域资料的获得与利用都需要良好的田野关系。由于计生档案的简单的数字背后涉及了不同人、不同部门的利益，行政部门并不希望田野中工作的研究者获得这份资料，所以资料的获得有一定的难度。笔者第二次去调查地，用了将近一周的时间来建立关系、取

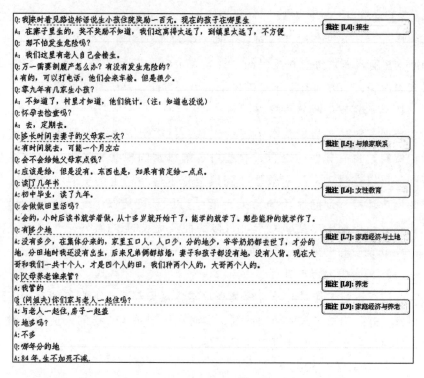

图1—4 类别标注示例

得信任，最终才私下拿到 M 寨计生档案资料。

2. 在田野中核实数据资料

对于获得的资料还要核实真伪。核实主要包括两个层面，包括乡镇级和村寨内部。在乡镇主要是了解计生档案与上报资料之间的关系、与实际情况之间的差别；在寨子里是了解与实际情况的差异以及数据背后的故事。

以 M 寨的人口计生档案系统资料作为小区域人口资料，通过在当地的田野工作对计生档案中的数据的可靠性进行核查，分析哪些资料与实际不符，是否有造假的情况，其背后的机制是什么，谁造假，为什么造假，以及造假背后的利益群体。

3. 将官方数据与田野调查不相符合的原因作为研究内容之一

核实计生档案后，再对其中的数据进行分析。对于生育与家庭问题的研究而言，这是一份非常宝贵的资料，可以就很多问题进行细致分析，档案中的初婚时间、婚龄差、通婚半径等可以用于婚姻研究；出生、死亡等

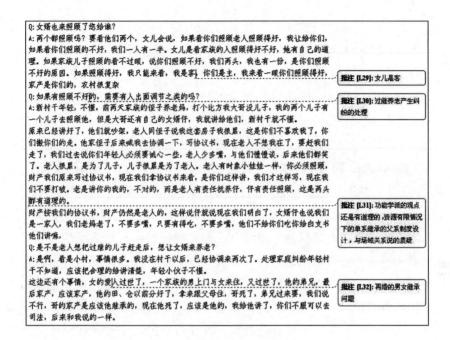

图1—5 主观感受标注示例

人口变动资料、生育的数量与性别、生育间隔以及孩次性别递进等也可以用于进行生育研究；还包括家庭结构、养老支持等可用于家庭研究的内容。而与宏观的数据不同的是，作为一个村寨的翔实的资料，更容易与田野中活生生的人结合起来，既能从数据资料中总结规律，又可以在田野中得到鲜活的案例。

总的来说，数据资料来自于田野，但因为各种利益关系，资料已经不同程度地变形，我们的工作是核实资料、分析资料，再把数据放到田野中进行还原。

（四）以人口普查数据、人口抽样调查数据和计划生育调查数据作为背景资料分析性别比的宏观状况

该项工作主要是利用全国人口普查抽样数据、人口抽样调查数据、计划生育调查数据，分析不同民族出生人口性别比状况以及不同普查间同一队列的数据变化情况。此外，应利用国外的人口数据包括美国人口普查数据了解其他民族的孩次递进信息，并与现有信息进行比较研究。

二　主要研究方法

笔者对性别偏好与出生性别比问题的研究采用人口学定量分析的同时，还运用人类人口学的方法，侧重对村寨的人类学田野调查。出生人口性别比问题作为一个人口学研究的主要问题，需要人口学分析来对这一问题的影响程度在总体上做出判断。而对于性别偏好研究利用人类学方法进行分析主要是因为人类学侧重于以往人口研究少有关注的文化传统、家庭内部结构、风俗习惯对人的行为的影响，需要通过田野资料的分析来发现问题产生的原因。

本着定量分析与现场调查相结合、宏观统计推断与微观作用机制研究相结合的研究方法和研究思路，笔者从典型家庭户深入访谈到村寨社区文化研究，从全国人口普查原始数据资料到县、乡、村出生人口登记原始资料分析，力图使整个研究从多民族、多区域、多维度和多尺度等方方面面进行尽可能全面、深入、细致的考察。首先对全国的少数民族出生人口性别比状况进行分析，作为一个宏观判断来反映面上的主要问题。同时以人口普查宏观原始数据为基础，通过构建新的测量指标和出生性别比状态空间，对少数民族出生性别比问题的作用机制进行探讨。在此基础上，选择有代表性和典型意义的少数民族村寨进行实地调查和入户深入访谈，即在点上进行深入的探讨，结合现场调查情况来进行深入的剖析，分析性别比升高的原因以及治理的情况。也就是在对少数民族出生人口性别比问题做出一个基本判断的基础上，回答少数民族出生人口性别比升高问题是否存在，探讨少数民族出生人口性别比解决的办法和政策思路。在研究过程中，运用比较的方法，通过少数民族与汉族的对比，分析少数民族出生性别比在不同阶段、不同地域以及不同民族的差异，进一步总结少数民族出生人口性别比变化的基本规律和变动趋势。

（一）运用人口学方法对出生人口性别比现状做出判断，同时分析性别偏好的微观机理

出生人口性别比偏高的根源是性别偏好，首先需要对一个民族或一个地区出生人口性别比的现状进行分析，而出生人口性别比问题的研究要求样本量足够大才具有统计学意义，所以不能在较小区域进行分析。利用分

民族的普查数据和相关生育调查数据，用人口学方法分析出生人口性别比的现状、孩次性别递进的变化情况、不同民族的生育意愿等，并通过不同时期的数据进行历史比较。

（二）通过参与观察和访谈结合村寨人口数据从微观层面探讨性别偏好产生的背景，分析婚姻、居住模式以及风俗习惯在性别偏好产生中的作用，以此进行人类人口学分析

1. 以人类人口学对小传统的关注来分析性别偏好

性别偏好是造成出生人口性别比升高的根本原因，但是在不同的"小传统"下，性别偏好的原因是有差异的，所以需要通过田野调查，在村寨中收集资料、参与观察以及深度访谈，分析性别比不同的民族性别偏好的程度与产生的原因。村寨中田野调查主要采取参与观察和访谈法从生计方式、择偶方式、婚嫁方式、居住形式、生育状况、生育的数量和性别意愿、养老状况、婚嫁习俗以及计划生育的开展情况进行分析，重点是从家庭资源分配角度对村寨中生产、养老、财产继承方面分析（家庭生产依靠谁、养老送终依靠谁、传宗接代——传什么、传给谁）；中心是分析性别偏好存在的原因以及如何影响儿子与女儿的，包括物质的和精神的价值，进而影响偏好程度的不同。

2. 在研究中采用文化比较的方式

出生人口性别比问题是在生育水平下降、生育的数量空间被压缩的情况下出现的，那么就有必要对在同一社区、同一民族的性别比变化及产生原因内部进行历时性比较，对同一区域不同时代的资料进行比较，以揭示变迁的模式。

性别偏好行为的理论无一例外强调社会文化背景和场域在性别偏好形成中的作用，从人类学视角分析出生性别比这一人口问题，需要突出人类学的整体观，即这一问题的出现是一个综合作用的结果。

三 研究重点与难点

（一）研究重点

运用人类人口学的方法分析人口问题是本书的研究重点，需要恰当地运用人类学的理论，对生育转变背景下的性别偏好问题进行分析。以文化唯物论为分析框架分析性别偏好，有意识地把人类学方法同人口问题结合起来，从村寨角度看性别比偏高的原因和后果，进行人类人口学分析，不仅仅是用民族志资料解释人口，而是有意识地用人类学方法研究人口问题。

（二）难点

性别选择途径的资料获得是本项研究的一个难点，尤其是溺婴的手段在当地是相当秘密的事情，所以很难了解这方面的资料。村民、接生婆以及报道人都把这当作一个秘密，得到这方面的资料是非常困难的。

基层计生资料上报机制是本研究的另一个难点，虽然计划生育部门数据的水分问题在社会上已经是公开的秘密，但是真正到了基层部门，与计生人员沟通，询问有关数据如何造假，他们是不愿意给出一个答案的。

而两个难点又是本研究的关键点，所以都需要在田野工作中通过建立非常好的田野关系，在保证不对报道人和报道人所在地造成影响的前提下获得。

四　研究内容

作为中华民族重要组成部分的少数民族，其出生人口性别比的升高从表面看只是一个性别结构不合理的人口问题，但如果任其发展下去，这一问题带来的严重后果也会成为影响民族繁荣、民族稳定的重要因素之一，所以必须引起重视。从生育政策背景来看，少数民族生育政策与汉族明显不同，需要深入研究这一问题产生的社会、经济和文化背景，尤其需要从多方面入手，既要研究出生人口性别比升高的历史原因，又要探讨其作用机制。根据这样一种思路，本研究的内容主要包括：第一，少数民族人口出生性别比基本状况。主要是对少数民族出生人口性别比状况进行判断，了解历史变化情况和区域差异状况。第二，生育率下降对少数民族出生性别比升高的影响。分析少数民族生育水平下降过程以及生育水平下降出生性别比升高之间的关系。第三，从孩次性别递进的角度研究出生性别比升高的过程和机制。通过构建育龄妇女孩次性别递进状态空间，深入分析出生性别比升高的主要原因和内在机制。第四，以苗族为例，对少数民族出生性别比问题进行实证研究。分析少数民族性别偏好、性别选择的家庭和社会因素。

本书的重点是把出生人口性别比升高作为生育转变中性别偏好转变为性别偏好行为的直接后果，并分析不同民族的出生人口性别比升高的历史与现状、性别偏好的原因以及后果。就内容来看，首先，从社会、社区层面对出生人口性别比升高这一问题进行分析，同时通过宏观和微观资料对出生人口性别比的数据的准确性进行分析。其次，着眼于从人类学角度对少数民族性别偏好的产生背景进行探讨，以文化唯物论的视角对 M 寨的田野资料进行分析。

第一章　导论主要包括研究的目的、意义、方法、相关文献综述、理论回顾、分析框程、资料来源和主要研究方法。

上篇运用人口学方法对出生人口性别比问题进行分析。

第二章　出生人口性别比升高基本情况。主要是对宏观数据进行分析。

第三章　生育转变与出生人口性别比升高。对少数民族出生人口性别比升高过程进行分析，内容包括几个重点分析的民族的性别比变化的历史、现状，并与全国相比，分析其变化特点。

第四章　少数民族孩次递进研究。运用宏观数据，使用孩次性别递进模型，研究重点区域和部分民族是否存在性别偏好。运用孩次性别递进方法衡量性别偏好，以及对出生人口性别比提高造成的影响。同时尝试根据中国 20 世纪 80 年代的生育调查数据、美国等国的人口普查数据进行孩次性别递进分析，期望能建立现代性别鉴定技术出现之前的孩次性别递进的常模指标，并与所要分析的民族进行对比，衡量重点民族的偏好程度。

第五章　出生人口性别比数据质量分析。对出生人口性别比数据的准确性进行分析，同时结合村寨调查对数据的漏报、瞒报以及基层机构对数据的"加工"流程及原因进行了分析。（1）出生人口数据的准确性分析。研究统计数据的可靠性。出生人口性别比偏高是性别偏好的结果，对少数民族出生人口性别比问题进行研究是否偏高。宏观上通过两次人口普查数据的同一队列人口的分析探讨不同民族出生性别比数据的漏报规律，分析不同民族的分性别的数据差异率的规律；同时利用乡村家庭人口档案数据探讨漏报发生的规律与机制，分析瞒报、漏报对出生人口性别比的影响。（2）村寨计生档案资料核实。结合田野调查中漏报案例，以一个村寨为例，在获得计生登记系统对该村的登记记录后，由当地人协助分析每一户的实际信息，对比后分析瞒报、漏报的目的以及村寨及基层政府瞒报、漏报的途径与实现办法。

下篇运用田野调查的相关资料分析性别偏好的原因与性别选择的实现途径等问题。

第六章　M寨基本情况与性别偏好判断。首先对M寨所在县、乡的基本情况加以简介，同时描述M寨的自然状况、简要历史、民风民俗等内容。其次是对M寨的人口情况加以简介，同时结合核实之后的人口与计划生育家庭档案卡从现存儿童的性别分布、孩次性别递进情况、最后子女法、不同性别子女生育间隔等几方面对M寨的性别偏好进行判断。

第七章　基础结构、性别需求与突变式的人口转变。第一，生育转变发生的背景与过程，分析生育转变的突变性，得出是结构中的政治组织的推动带来生育水平的下降，是外部强制发生的，而不是由于基础结构的需要和社会经济的发展带来的渐变式的转变。第二，分析基础结构中的生产方式和结构中的家庭经济在生育转变发生前后的变化情况，分析相对封闭、经济发展水平落后的田野点各种结构的稳定性。基础结构中的生产方式和结构中的家庭经济对男孩的需求保持不变，从生计方式、工作模式等都保持着对男孩的需求，而生育转变的数量控制压缩了原来通过数量保证性别需求的空间，对性别偏好转化为性别偏好行为提供契机。

第八章　家庭经济、继承方式、舆论压力与性别偏好——结构与上层建筑中的影响因素。结构中的家庭经济对男孩的需求保持不变，家庭结构、继承方式等都保持着对男孩的需求，分析家庭财产继承方面儿子和女儿继承方式的不同以及无子户的养老与继承的制度安排。分析在资源有限条件下，村寨中一儿一女的生育意愿的成因，并对儿子与女儿的意义以及日常生活中身份上的差异经济进行探讨。

第九章　性别选择途径——性别偏好的实现。男孩偏好的实现通过与基础结构中人口再生产相关内容的相互作用来实现，生育水平下降、出生率的下降强化了性别偏好行为，而这种行为通过医学控制、堕胎、溺婴等方式来实现。

第十章 破局之举——降低性别偏好的举措与效果。在出生人口性别比偏高问题引起社会各界的重视之后，各级部门采取了很多措施，这些举措实施以后，是否取得成效，尤其是在村寨内部的效果如何，需要进行探讨。目前改善性别偏好行为同样需要从基础结构、结构中的各相关因素入手，如打破现有封闭的空间，改变生产方式，改变家庭经济模式，控制再生产中堕胎、溺婴的发生等。

第十一章 主要结论、可能贡献与不足及若干研究议题。

上　篇

出生人口性别比状况
—— 来自人口普查数据的分析

第 二 章

出生人口性别比升高基本状况

第一节　中国出生人口性别比区域差异研究

自 1990 年全国第四次人口普查汇总数据公布以来，中国出生人口性别比问题就越来越引起学术界的广泛关注和激烈争论。20 世纪 90 年代围绕出生性别比是否升高，是"实高"还是"虚高"的问题展开了深入、细致的研究和探讨。多数学者认为 1990 年出生人口性别比升高问题主要是数据质量不高等原因造成的，尤其是受女婴漏报的影响[①]。2000 年全国第五次人口普查数据公布后，出生人口性别比问题再次成为政府相关部门、学术研究的焦点和热点问题。出生人口性别比升高的人口、社会后果等方面的研究也进入一个新的阶段。尤其通过对"五普"与"四普"数据的对照研究确认，中国出生人口性别比不仅偏高，而且处于不断升高的发展过程之中，与此同时开始探讨出生人口性别比升高可能产生的社会问题和严重后果。虽然目前对出生人口性别比持续升高可能产生问题的严重程度还没有达成共识，但上述研究结果不仅结束了中国出生人口性别比是否升高和数据质量问题带来影响的争论，而且人口学界对 1984 年以来出生人口性别比

---

① Zeng Yi, Tu Ping, Gu Baochang, Xu Yi, Li Baohua, Li Yongping, 1993, Causes and Implications of the Recent Increase in the Reported Sex Ratio at Birth in China, *Population and Development Review*, Vol. 19, No. 2; 郭维明，徐毅：《中国出生性别比的现状及有关问题的探讨》，《人口与经济》1991 年第 5 期；高凌：《中国人口出生性别比的分析》，《人口研究》1993 年第 1 期；乔晓春：《对中国人口普查出生婴儿性别比的分析和思考》，《人口与经济》1992 年第 2 期。

不断升高问题达成共识①。因此，2000 年中国出生人口性别比偏高问题已经成为一个无可辩驳的事实②。

　　第五次人口普查表明，中国出生人口性别比高达 116.86，这一结果不仅引起了政府相关部门、学术界的震动，而且引起了全社会的广泛关注。因此，对出生人口性别比问题区域差异的深入研究是非常重要和十分必要的。同时，需要特别关注和重视的研究问题是出生人口性别比的地区差异和孩次差异，这些差异可能成为出生人口性别比研究需解决的难点和重点问题。

　　虽然出生性别比区域差异问题引起国内外学者的高度关注，但对出生性别比区域差异的研究主要集中在省际差异和城乡差异方面。当前出生人口性别比问题的研究仅仅从总体上确立了出生性别比升高的事实，或者是从宏观层面上对区域差异进行讨论，如仅对大陆 31 个省、市、自治区出生人口性别比问题进行讨论③，目前的研究结果还比较宏观。但中国疆土辽阔，即使是存在差异的各个省份内部也存在着差异，过于宏观层次的研究掩盖了微观层次的主要问题和问题的严重程度。因此，需要从微观和可操作层面对出生人口性别比问题进行深入探讨。另外，综合治理出生人口性别比问题需要相应的政策环境和投入。因此，深入研究出生性别比区域差异问题不仅对正确认识出生性别比问题具有重要意义，而且对综合治理出生性别比升高问题、相关政策制定和有效措施的落实具有重要的参考价值。

一　数据与方法

　　本项研究采用的数据主要为全国的第四次和第五次人口普查数据以及

---

　　① 涂平：《我国出生婴儿性别比问题探讨》，《人口研究》1993 年第 1 期；顾宝昌、罗伊：《中国大陆、中国台湾省和韩国出生婴儿性别比失调的比较分析》，《人口研究》1996 年第 5 期；马瀛通、冯立天、陈友华、冷眸：《出生性别比新理论与应用》，首都经济贸易大学出版社 1998 年版。

　　② 马瀛通、冯立天、陈友华、冷眸：《再论出生性别比若干问题》，《人口与经济》1998 年第 5 期；马瀛通：《重新认识中国人口出生性别比失调与低生育水平的代价问题》，《中国人口科学》2004 年第 1 期；乔晓春：《性别偏好、性别选择和初生性别比》，《中国人口科学》2004 年第 1 期；楚军红：《我国农村生育率与出生性别比关系探讨》，《市场与人口分析》2000 年第 6 期。

　　③ 王燕、黄玫：《中国出生性别比异常的特征分析》，《人口研究》2004 年第 6 期。

各省市自治区第四次和第五次人口普查数据。虽然全国各省区第四次和第五次人口普查汇总数据都已经出版发行，但由于数据公开的范围和指标体系不是完全统一的，因此，也存在数据缺失的问题，如甘肃省农村0岁人口没有公布，因此，在研究过程中只作为缺失处理。

本项研究的分析单位是以地区为地域单元。之所以采用地区一级为分析单位，一方面是由于数据的可获得性，另一方面在于衡量出生性别比是否正常需要足够大的出生样本，即样本量越大，观察结果越稳定可靠。此外，如果仅以省级的数据来判定出生性别比的高低，会掩盖不同省份内部的差异，而如果取区县一级为分析单位，由于样本量过小则会影响结果的可信程度和稳定性。所以本研究选用各省人口普查中地区一级的出生人口数或0岁人口数来作为出生性别比区域差异研究的基础数据。

需要强调的是全国第五次人口普查公布的漏报率为1.81%，尤其是低龄组漏报问题严重，这就意味着普查得出的数据并不能完全反映总体情况。由于低龄组漏报问题严重会直接影响对出生人口性别比问题的判断和深入研究，因此只能把出生人口数据作为抽样数据看待，并进行比较保守的估计。同时，由于各地区样本量大小不一，不具有可比性，所以将出生人口性别比点估计转为区间估计，并考虑出生人口性别比的置信区间，然后加以分析和比较。出生性别比置信区间的具体估计方法见文献①。

二　出生性别比区域差异分析

（一）出生性别比偏高具有普遍性

2010年第六次人口普查数据出生性别比偏高地区的地域范围分布广、覆盖人口多，偏高地区的地区数所占比重超过正常地区。全国除15.6%的地市出生性别比为102—107，覆盖人口7.58%外，其余地市的出生性别比均不正常，其中全国48.2%的地市出生性别比为107—117，覆盖全国51.32%的人口，还有35.6%的地市出生性别比超过117，覆盖全国约41.05%的人口。出生人口性别比超过107的地区占83.8%，覆盖人口超

---

① 马瀛通、冯立天、陈友华、冷眸：《出生性别比新理论与应用》，首都经济贸易大学出版社1998年版。

过 92.38% （见表 2—1）。由此可见，出生人口性别比升高问题在全国具有普遍性。

2000 年第五次人口普查数据表明，全国除 14.2% 的地市出生性别比为 102—107，覆盖 8.46% 的人口外，其余地市的出生性别比均不正常，其中全国 47.8% 的地市出生性别比为 107—117，覆盖全国 47.93% 的人口，还有 34.5% 的地市出生性别比超过 117，覆盖全国约 39% 的人口。出生人口性别比超过 107 的地区占 82.3%，覆盖人口超过 86.93% （见表 2—1）。由此可见，出生人口性别比升高问题在 2010 年人口普查结束时是继续扩大的。

表 2—1　　　　　　　　全国分地区出生人口性别比状况 （%）

出生性别比	2010 年			2000 年			1990 年		
	覆盖人口的比例	地区数	地区数所占百分比	覆盖人口的比例	地区数	地区数所占百分比	覆盖人口的比例	地区数	地区数所占百分比
<102	0.05	2	0.6	0.95	12	3.5	2.02	19	5.4
102—107	7.58	53	15.6	8.46	49	14.2	19.11	94	26.7
107—117	51.33	164	48.2	47.93	165	47.8	60.46	190	54.0
>117	41.05	121	35.6	39.00	119	34.5	18.41	49	13.9
合计	100	340	100	96.34*	345	100.0	100	352	100.0

注：*部分地区数据缺失。

（二） 出生性别比西北低、东南高，区域差异明显

从图 2—1 可以看到，出生人口性别比超过 107 的地区主要分布在东南地区，与人口分布的地理界线 ［云南腾冲—黑龙江黑河（爱辉）一线］ 基本相同。102—107 的正常地区主要集中在中国西部和北部地区，包括内蒙古、新疆、西藏和云南的部分区域。低于正常出生性别比下限 102 的地区主要分布在西部地区，这类地区面积很大，但大多人口密度较低，其中西藏的阿里、那曲，贵州的毕节地区为 96—99，而内蒙古的阿拉善旗、新疆的吐鲁番地区、四川的甘孜藏族自治州等在 101 左右，非常接近正常值。

低于全国平均水平 116.86 的地区主要分布在黄河以西和黄河以北地区，而高于全国平均水平的地区主要分布在黄河以南的广大人口密集地

区。可见，黄河是出生人口性别比偏高的主要地理界线。即出生人口性别比具有西北低、东南高的特点。

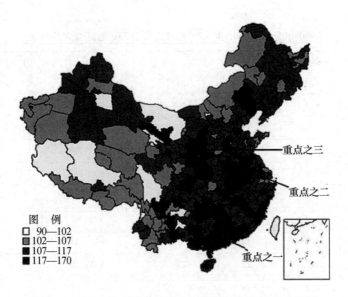

图2—1 2000年全国各地市出生性别比偏高地区分布图

（三）出生性别比偏高问题重点突出、问题极其严重

虽然黄河成为出生人口性别比较高地区的地理分界线，但黄河以东、以南地区仍存在明显的差异。从图2—1还可以看到，出生人口性别比较高地区主要集中在分别以广东、安徽和陕西为中心的三个重点地区。第一个重点地区由广东、广西、海南、贵州和湖南的部分地区构成；第二个重点地区是以安徽为主体，加之河南、河北、湖南、山东的部分地区构成；第三个重点地区以陕西省为主，加之河南西部和四川部分地区构成。

此外，出生人口性别比问题严重地区的分布也是很不均匀的。"五普"调查数据表明，2000年全国出生人口性别比在130以上的地区达50个，同时出生性别比高于130的地区在各自省区的分布也很不均匀。在安徽、湖北、湖南、广东和海南，出生人口性别比高于130的地市所占比例极高（见表2—2）。从表2—2可以看到，海南、广东、湖北和安徽出生性别比问题尤为突出，涉及人口范围在50%以上，出生人口性别比不正常区域已远远超过了性别比正常区域。保守地估计（95%置信区间下限值衡量），

2000 年出生人口性别比高于 130 的地市也有 25 个。从表 2—3 可以看到，出生人口性别比极高地区的分布也呈现东南高、西北低的格局。

表 2—2   2000 年全国各省出生人口性别比高于 130 地区分布统计表

省份	≥130 的地区数	地区数	≥130 地区人口（万）	总人口（万）	≥130 地区占总人口的比重（%）
江苏	2	13	1348.388	7304.358	18.46
浙江	1	11	755.764	4593.065	16.45
安徽	6	16	2982.208	5899.995	50.55
山东	1	17	809.7973	8997.179	9.00
河南	1	17	226.2404	9123.685	2.48
湖北	7	13	3289.57	5950.887	55.28
湖南	6	14	2722.366	6327.417	43.02
广东	12	21	4734.351	8522.501	55.55
广西	6	14	1880.729	4385.454	42.89
海南	2	3	707.6739	755.9035	93.62
四川	2	21	901.1342	8234.83	10.94
陕西	1	10	313.804	3536.507	8.87
甘肃	3	14	354.031	2512.428	14.09

表 2—3   2010 年全国各省出生人口性别比高于 130 地区分布统计表

省份	≥130 的地区数	地区数	≥130 地区人口（万）	总人口（万）	≥130 地区占总人口的比重（%）
内蒙古	1	14	434.12	4374.63	9.92
浙江	1	11	912.21	5442.69	16.76
安徽	4	17	2574.91	5950.05	43.28
福建	4	9	1597.00	3689.42	43.29
江西	1	11	113.89	4456.78	2.56
山东	1	17	578.99	9579.27	6.04
湖北	6	14	2053.36	5723.77	35.87
湖南	2	14	836.82	6570.08	12.74

续表

省份	≥130 的地区数	地区数	≥130 地区人口（万）	总人口（万）	≥130 地区占总人口的比重（%）
广东	1	20	369.84	10165.10	3.64
贵州	2	9	633.32	3474.86	18.23
陕西	1	10	335.14	3732.74	8.98
甘肃	2	14	166.36	2557.53	6.50

表2—4 2000年全国出生人口性别比95%置信区间下限高于130的地区分布表

地区	出生人口性别比	95%置信区间下限	95%置信区间上限	地区	出生人口性别比	95%置信区间下限	95%置信区间上限
菏泽地区	134.63	132.95	136.34	湛江市	140.12	138.35	141.92
孝感市	135.12	132.51	137.78	连云港市	141.82	139.30	144.39
汕尾市	135.64	132.90	138.44	肇庆市	142.49	140.05	144.97
清远市	136.05	133.35	138.80	云浮市	142.97	139.55	146.49
武威地区	136.37	132.98	139.86	娄底地区	143.82	141.17	146.53
张掖地区	136.62	132.37	141.03	阳江市	146.19	142.59	149.90
郴州市	136.74	134.28	139.25	海南省直辖行政单位	146.45	143.84	149.11
东莞市	137.30	134.48	140.19	衡阳市	147.03	144.95	149.14
邵阳市	137.89	135.99	139.82	黄石市	148.38	144.33	152.56
咸宁地区	138.27	134.63	142.03	茂名市	155.23	153.08	157.43
阜阳市	138.94	137.23	140.67	黄冈市	159.81	157.14	162.54
永州市	139.29	136.98	141.63	鄂州市	169.62	162.82	176.78
玉林地区	139.72	137.87	141.60				

表2—5 2010年全国出生人口性别比95%置信区间下限高于130的地区分布表

地区	出生人口性别比	95%置信区间下限	95%置信区间上限
阜阳市	131.63	130.22	133.06
宿州市	131.86	130.09	133.66
温州市	132.72	131.10	134.36
淮南市	133.07	129.93	136.29

续表

地区	出生人口 性别比	95%置信 区间下限	95%置信 区间上限
张掖市	133.23	128.56	138.10
金昌市	134.14	125.90	143.01
娄底市	134.32	132.01	136.68
新余市	134.62	129.89	139.55
黄冈市	135.20	133.15	137.28
孝感市	135.45	133.16	137.79
鄂州市	136.40	131.37	141.65
亳州市	137.08	135.27	138.92
六安市	137.76	135.75	139.80
泉州市	139.40	137.55	141.29
黄石市	140.29	137.44	143.31

（四）出生性别比升高地域范围迅速扩散

马瀛通的研究表明，出生人口性别比偏高问题始于 1984 年，到 1990 年人口普查时已经比较明显地表现出来[①]。1990 年第四次人口普查表明，1990 年出生人口性别比高于正常值上限 107 的地区出现在全国大量出现，而高于 117 的地区在浙江温州、台州、金华，广西北海、南宁、玉林，山东枣庄、潍坊、泰安，甘肃金昌市、武威地区，江苏扬州、连云港市等 49 个地市。高于 130 的地区只有浙江温州市和广西北海市（见图 2—2）。1990 年出生人口性别比最高的温州市的出生性别比下限值只有 143.36，而 2000 年出生人口性别比最高的鄂州市的出生性别比下限值高达 162.82。保守地估计，出生性别比在 140 以上的超过 9 个。

出生性别比正常地区的地区数占全国的比重由 1990 年的 26.7% 下降到 2000 年的 14.2%（见表 2—1）；而 1990 年全国超过一半的地区（54%）出生性别比为 107—117，而 2000 年则达 47.8%；1990 年出生性别比大于 117 的地区比例只有 13.9%，而到 2000 年则达到了 34.5%，也

---

① 马瀛通：《重新认识中国人口出生性别比失调与低生育水平的代价问题》，《中国人口科学》2004 年第 1 期。

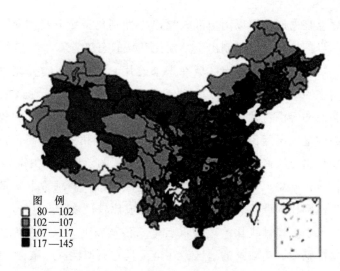

图例
　80—102
102—107
107—117
117—145

图 2—2　1990 年全国各地市出生性别比偏高地区分布图

就是说，第五次人口普查全国有超过 1/3 的地区出生性别比高于全国的平均水平。

1990 年出生性别比为 107—117 的地区覆盖了 60.46% 的人口，2000年覆盖的人口是 47.93%，而 2000 年在 117 以上的地区覆盖了高达 39% 的人口，这一比例在 1990 年是 18.41%。

比较 1990 和 2000 年出生性别比的区域变化情况可以看到，1990 年不正常的出生性别比在东部和东南部已经呈现，而到 2000 年这一趋势非但没有停止，反而在东南沿海大有蔓延之势（出生性别比达 120 以上）。其特点是：（1）由点到面，集中连片；（2）覆盖总人口由少到多；（3）出生性别比较高地区持续升高，迄今没有得到遏制和逆转。

三　结论与讨论

从出生人口性别比的区域差异和区域变化过程来看，出生人口性别比持续偏高具有普遍、由点到面、由覆盖人口少到覆盖人口多、出生人口性别比持续升高和迄今没有得到遏制和逆转的特征。其空间呈由东南向西北扩散的过程。因此，综合治理出生人口性别比持续升高问题需要突出重点。

第一，出生人口性别比问题突出的地区主要集中在黄河以东和以南地区。当务之急是遏制黄河以南地区人口出生性别比持续升高问题，将有限的资源进一步集中，全面遏制出生性别比升高的态势。

第二，防止三个大的重点区域在未来连片。治理重点首先是以三个区域中心为出发点，降低新增人口的出生性别比。由于高危地区的中间地带，既有相似的经济背景和文化氛围，又具有类似的人口条件和较小的婚姻半径，因此毫无疑问出生人口性别比集中、连片和持续升高，将会使这一问题更加突出，所产生的婚配年龄性别比失调的矛盾更加尖锐。

第三，防止出生人口性别比严重失调地域范围向黄河以北扩散，尤其是防止出生性别比失调不太严重的地区转化成比较严重的地区。

第四，出生人口性别比治理的重点是二孩及以上。以广东为例，广东是出生人口性别比升高较早的地区，在全国具有典型性。广东省 2000 年出生人口性别比为 130.30，为全国第二高的省份，各地市人口出生性别比 95%置信区间的下限为 111.01—153.08。从广东的情况来看，虽然出生人口性别比升高问题在一孩上也或多或少地存在，但重点仍是二孩、三孩和多孩（见表 2—6）。

表 2—6　　　　　　　　　2000 年广东出生人口性别比

地区	全体	一孩	二孩	三孩	四孩及以上
广州市	119.54	108.45	160.34	176.64	248.00
韶关市	119.85	105.16	182.32	177.78	228.57
深圳市	132.08	121.28	182.98	167.16	72.73
珠海市	134.69	120.00	224.56	233.33	
汕头市	117.82	102.71	120.14	136.19	163.73
佛山市	127.52	114.58	166.83	261.54	
江门市	128.62	116.73	165.88	152.94	333.33
湛江市	155.93	122.55	179.74	208.05	248.69
茂名市	173.78	126.65	252.34	243.84	225.23
肇庆市	165.59	130.99	242.09	226.61	161.80
惠州市	138.42	126.10	181.42	124.07	221.43
梅州市	138.00	116.01	186.73	205.56	227.27
汕尾市	143.36	117.66	143.19	160.76	185.04

地区	全体	一孩	二孩	三孩	四孩及以上
河源市	141.29	108.54	205.59	297.37	180.00
阳江市	154.42	119.06	398.81	333.33	200.00
清远市	156.65	127.37	265.17	240.48	148.39
东莞市	145.31	126.50	193.67	216.39	150.00
中山市	123.95	116.62	131.54	462.50	300.00
潮州市	142.13	117.36	181.78	146.43	283.33
揭阳市	127.65	115.82	140.00	138.96	126.59
云浮市	146.78	116.21	200.64	235.14	400.00

　　最后需要说明的是，由于第五次人口普查低龄组漏报问题比较严重，因此可能造成在一定程度上对各地区出生人口性别比问题的误判。同时，由于部分出生人口性别比正常的地区0岁人口性别比奇高，存在出生人口性别比普遍低于0岁人口性别比的现象，所以仅仅以出生人口的出生性别比作为判断标准可能引起对出生人口性别比问题和发展趋势的误判。

　　总之，中国出生人口性别比问题是一个关系到人口再生产过程与社会和谐发展的大问题，是一个可能产生严重社会后果、人口安全问题和需要较长时间才能够充分表现出来的复杂问题，因此对中国出生人口性别比可能产生的社会后果需要不断深入研究和认真面对，在出生人口性别比问题研究上应当采取既不夸大也不缩小，既不盲目乐观也不耸人听闻的科学态度。

第二节　出生人口性别比的民族差异

　　中国通过实行计划生育政策，使生育水平迅速下降，但随之而来的是出生人口性别比升高的问题，本部分将系统地分析中国少数民族性别比状况与发展趋势，并对目前少数民族出生性别比现状从区域、民族和不同时期变化趋势方面进行分析和比较。

一 数据与方法

本部分对少数民族人口出生性别比问题的研究主要以全国第三次、第四次人口普查，尤其是第五次人口普查数据为基础。由于全国第五次人口普查数据公布的漏报率为 1.81%，尤其是低龄组漏报问题严重，这就意味着普查得出的数据并不能完全反映总体的情况。由于低龄组漏报问题严重会直接影响对出生人口性别比问题的判断和深入研究，因此只能把出生人口数据作为抽样数据看待，并进行比较保守的估计。同时，由于各地区、各民族出生人口的数量不一致，样本量大小不同，不具有可比性，所以将出生人口性别比点估计转为区间估计，并考虑出生人口性别比的置信区间，然后加以分析和比较。出生性别比置信区间的具体估计方法见文献①。

第五次人口普查出生人口数据为长表数据，其抽样比为 9.50%，而出生性别比符合大数定理，样本量过小不具有代表性。所以除讨论少数民族总体状况外，本部分仅对总人口在百万以上的民族出生人口性别比状况进行探讨。

二 基本结论

（一）少数民族出生人口性别比偏高，但低于汉族

出生人口性别比是一种有严格值域界定的指标，超过或低于出生性别比的界定值域都会被视为异常②。出生人口性别比正常范围为 102—107，这一比值区间成为判断出生性别比是否异常的标志。

2000 年全国第五次人口普查结果表明，少数民族出生人口性别比高达 111.93。虽然出生性别比还远远低于汉族（121.10），但也明显高于出生性别比正常值的上限 107。考虑到样本量大小的影响，少数民族 95% 置信区间为 110.79—113.08，因此，根据现有数据可以断定少数民族人口出生性别比已经进入不正常较高的范围。

---

① 马瀛通、冯立天、陈友华、冷眸：《出生性别比新理论与应用》，首都经济贸易大学出版社 1998 年版。

② 同上。

2005 年全国人口 1% 抽样调查数据显示，汉族的出生人口性别比为 120.59，少数民族为 111.66（根据原始数据抽样数汇总）。

另外，为了进一步确认少数民族出生性别比的发展过程和发展趋势，以 0—5 岁儿童性别比的变化对出生人口性别比的状况提供佐证。从图 2—3 可以发现，汉族和少数民族 5 岁以下各年龄的人口性别比同样高于正常值，少数民族人口的 1 岁组和 2 岁组都在 114 左右，与汉族的发展趋势完全相同。0 岁人口性别比与汉族的规律也相同，都明显低于 1 岁人口性别比，考虑到"五普"出生人口漏报等方面的因素，可以进一步断定，2000 年少数民族出生人口性别比的实际水平应该不低于 111.93，甚至有可能不低于 114。

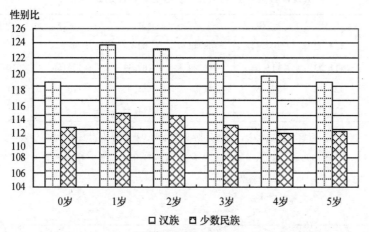

图 2—3　第五次人口普查少数民族与汉族出生人口性别比对比

数据来源：根据《2000 年人口普查中国民族人口资料数据》汇总。

（二）20 世纪 80 年代以来少数民族出生人口性别比由正常发展到不正常，并且持续升高

从 1982 年第三次人口普查到 2000 年第五次人口普查，汉族和少数民族的出生人口性别比都处于上升趋势（见表 2—7）。第三次人口普查时少数民族出生人口性别比为 102.27，还处于正常范围内，第四次人口普查时为 107.11，略高于 107，而到第五次人口普查则达到了 111.93，已经高于正常值，而且 95% 置信区间的上下限也都高于正常值。同时可以看到，少数民族第四次人口普查时的出生人口性别比（107.11）与汉族第三次人口

普查的出生人口性别比（107.42）非常接近，而少数民族"五普"的出生
人口性别比与汉族"四普"的出生人口性别比相当。

为了避免因出生人口的漏报而造成对少数民族出生人口性别比问题的
误判，对照三次普查0—5岁儿童分年龄性别比的变化情况同样可以发现，
从"三普"到"五普"少数民族出生人口性别比一直处于升高的态势，同
时由"三普" "四普"的正常范围发展到"五普"时的偏高状态（见
图2—4）。由此再一次证实少数民族人口出生性别比不仅偏高，而且处于
不断升高的态势之中，同时表明少数民族人口出生性别升高与汉族的发展
历史类似，只是处于汉族或全国1990年前后的水平。

表2—7   4次人口普查汉族与少数民族出生人口性别比的对比

普查	汉族	下限	上限	少数民族	下限	上限
三普	107.42	106.44	108.42	102.27	99.34	105.29
四普	111.93	111.85	112.00	107.11	106.88	107.34
五普	121.10	120.64	121.57	111.93	110.79	113.08
六普	122.03			114.75		

数据来源：本表数据根据三次人口普查数据推算得出，数据分别出自于1982年人口普查1%
抽样数据和《中国1990年第四次人口普查资料》《2000年人口普查中国民族人口资料数据》
《2010年人口普查中国民族人口资料数据》。

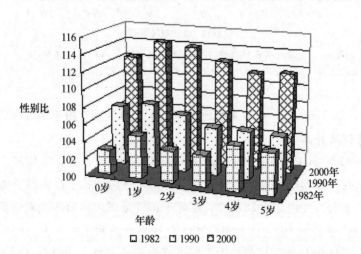

图2—4　三次人口普查少数民族0—5岁人口出生性别比变化的情况

（三）少数民族人口出生性别比偏高存在明显的省际差异和城乡差异

从全国来看，少数民族性别比处于偏高地区的分布区域差异与汉族一样（见图2—5、图2—6），即不同省区之间少数民族性别比也有很大差异。

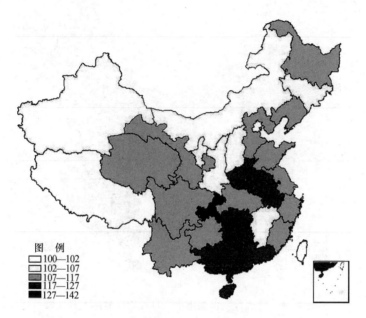

图2—5　"五普"少数民族出生人口性别比省际差异比较

数据来源：根据《2000年人口普查中国民族人口资料数据》汇总。

从图2—5可以看到少数民族出生人口性别比升高地区的分布，以海南、广东、广西等南部沿海省份为核心，以云南、四川为左翼，以福建、浙江、江苏、山东、河北为右翼，分别向青海和辽宁、黑龙江两个方向扩散，同时带动两翼之间的省份形成从东南沿海向内地发展的包围之势。

具体地看，在全国31个省（自治区、直辖市）中，除天津和上海数据缺失外，有10个省（自治区、直辖市）的少数民族出生性别比低于107，有19个省高于107。其中北京和西藏的少数民族出生人口性别比为100—102，略低于正常值下限；少数民族出生人口性别比为102—107的有7个省（自治区），除江西外，都位于我国北部地区，即新疆、陕西、山西、内蒙古、吉林、宁夏；少数民族出生人口性别比为107—117的有13个省份，即浙江、云南、青海、江苏、湖北、

黑龙江、辽宁、四川、甘肃、贵州、山东、福建、河北；而高于全国
平均水平116.86的有7个省（自治区、直辖市），由低到高依次为海
南、湖南、广东、安徽、广西、河南、重庆。

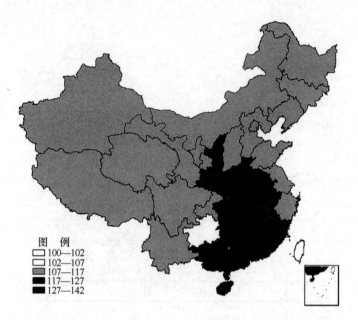

图2—6   "五普"汉族出生人口性别比省际差异比较

数据来源：根据《2000年人口普查中国民族人口资料数据》汇总。

　　需要注意的是，不同省份少数民族出生人口相差很大，为了研究的准
确性，需要考虑置信区间，通过对比发现，95％置信区间下限仍高于107
的省份有17个，95％置信区间上限高于107的省份则高达25个。

　　除贵州外，少数民族出生性别比偏高省份的汉族人口出生性别比也偏
高，而偏高的幅度远远超过少数民族，那么少数民族出生性别比今后的发
展趋势是否也与汉族相同，如何防止少数民族出生性别比继续攀升是一个
值得高度重视的问题。

　　少数民族出生人口性别比的差异不仅表现为地区差异，同时还存在着
城乡差异，由于第五次人口普查资料没有关于分城乡、分民族的出生人口
数据，所以选择以0—5岁儿童的性别比近似地发现城乡差异，从图2—7
可以看到，0—5岁各年龄中乡村人口的性别比远远高于城市。

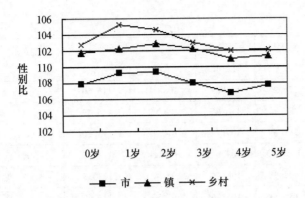

图2—7 "五普"少数民族0—5岁儿童性别比的城乡差异

数据来源：根据《2000年人口普查中国民族人口资料数据》汇总。

（四）不同少数民族（人口在百万以上）出生人口性别比差异很大，且变化幅度不同

出生性别比偏高的少数民族主要居住在贵州、湖南、广西、湖北及云南等西南地区的省、自治区（见表2—8）。

2000年人口普查中总人口超过100万的18个少数民族中，出生人口性别比最高的是侗族（126.72），最低的为傣族（100.79），说明少数民族内部出生人口性别比差异很大。

从表2—8还可以看到，有13个民族的出生人口性别比超出正常值下

表2—8 总人口在百万以上的少数民族"五普"出生人口性别比及置信区间

民族	总人口（万人）	出生人口性别比	95%置信区间		聚居地
			下限	上限	
侗族	296.02	126.72	119.25	134.72	贵州、湖南、广西
土家族	802.81	121.82	117.13	126.72	湖南、湖北、贵州
瑶族	263.74	121.76	113.53	130.65	广西、湖南
壮族	1617.88	120.07	116.70	123.55	广西
哈尼族	143.97	115.96	107.26	125.41	云南
苗族	894.01	114.22	110.67	117.90	贵州、湖南
回族	981.68	112.44	108.63	116.39	宁夏、甘肃、河南
黎族	124.78	112.08	102.39	122.74	海南、贵州

民族	总人口（万人）	出生人口性别比	95%置信区间		聚居地
			下限	上限	
彝族	776.23	111.89	108.31	115.60	云南、四川、贵州
布依族	297.15	110.55	104.92	116.49	贵州
蒙古族	581.39	109.79	104.51	115.36	内蒙古
满族	1068.23	109.54	105.21	114.06	辽宁、河北、黑龙江
朝鲜族	192.38	108.44	95.42	123.33	吉林、黑龙江、辽宁
白族	185.81	105.36	97.73	113.60	云南、贵州
哈萨克族	125.05	104.95	96.29	114.40	新疆
维吾尔族	839.94	104.68	101.39	108.08	新疆
藏族	541.6	101.70	97.48	106.11	西藏
傣族	115.9	100.79	91.18	111.41	云南

数据来源：根据《2000 年人口普查中国民族人口资料数据》汇总。

限 107，有 2 个民族低于正常值上限 102（傣族、藏族），白族、哈萨克族、维吾尔族的出生人口性别比则处于正常范围内；哈尼族、苗族、回族、黎族、彝族、布依族、蒙古族、满族、朝鲜族为 107—117；侗族、土家族、瑶族、壮族都已经超过了 120，而且高于全国 116.86 的平均水平。如果将点估计转为区间估计，侗族、土家族、瑶族、壮族、哈尼族、苗族、回族和彝族 8 个民族 95%置信区间的下限也超出正常值。

从第五次人口普查结果还可以发现，与第四次人口普查相比，满族、哈萨克族、藏族、傣族出生人口性别比降低，其他民族都不同程度地上升（见图 2—8）。

1990 年第四次人口普查时这 18 个少数民族中有 6 个民族的出生人口性别比超过 107，其中侗族最高为 116.49，然后从高到低依次为壮族、满族、哈尼族、瑶族、土家族。

从变化的程度看，与"四普"相比，"五普"时 18 个少数民族中除满族、哈萨克族、藏族、傣族出生人口性别比下降外，其他 14 个少数民族都不同程度地上升，其中上升幅度最大的是土家族，由 107.92 上升到 121.82。

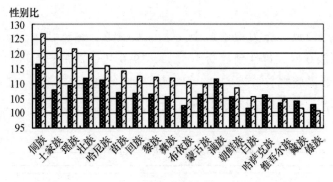

■1990年 □2000年

图2—8 百万人口以上少数民族出生人口性别比

数据来源：1990年数据根据《中国1990年第四次人口普查资料》推算，2000年数据根据《2000年人口普查中国民族人口资料数据》汇总。

三 小结

从与汉族的对比来看，少数民族性别比偏高问题确实存在，虽然问题没有汉族严重，但问题发展的趋势与汉族相当接近。少数民族出生人口性别比偏高表现出较强的区域差异、城乡差异和民族差异，因此在综合治理出生人口性别比持续升高问题时需要注意。

（一）治理少数民族性别比偏高问题的紧迫性需要引起重视

汉族人口出生性别比在1990—2000年的10年间由111.93攀升到121.10，具有持续性和普遍性的特点，而少数民族的性别比恰好处在十年前汉族的水平上。因此，对出生人口性别比偏高的少数民族需要引起足够的重视，否则将会面临更严峻的局面。

（二）治理少数民族出生人口性别比问题要突出重点

在汉族出生人口性别比异常偏高的区域——西南地区和中南部分省份，少数民族出生人口性别比问题也相当严重，尤其需要关注西南的少数民族聚居地区，以及农村地区。同时以侗族、土家族、瑶族和壮族为切入点，有针对性地对问题较严重的少数民族的性别比问题进行治理。

以侗族为例，作为中国第十一大少数民族，总人口为296.03万人，1982年侗族0岁人口性别比为105.32，1990年侗族的出生人口性别比已经是各少数民族之首，为116.49，2000年已经高达126.72（见表2—9）。从孩次上看，二孩和三孩及以上的出生人口性别比偏高。

表2—9   2000年侗族各孩次出生人口性别比

孩次	出生人口性别比	95%置信区间	
		下限	上限
全体	126.72	119.25	134.72
1孩	112.55	103.72	122.17
2孩	144.57	130.58	160.37
3孩及以上	156.08	127.47	192.93

数据来源：根据《2000年人口普查中国民族人口资料数据》汇总。

最后需要说明的是，由于第五次人口普查的瞒报、漏报主要集中在低年龄组，可能影响对少数民族人口出生性别比问题严重程度的判断，同时研究结果还可能受到少数民族身份识别变化的影响。对少数民族出生人口性别比的省际差异的判断也有可能受到个别省份少数民族出生人口样本量过小的影响。

第三章

生育转变与出生人口性别比升高

第一节　少数民族人口的生育转变

一　研究意义

生育状况是影响人口自身的发展过程和变动规律的基础性因素，生育水平的高低和变化直接关系到未来的人口总量和结构。仅从生育水平高低的变化来看，育龄妇女的生育水平从更替水平以上向更替水平以下的变化过程所产生的长期影响是根本性的，这不仅标志着育龄妇女的生育模式从传统生育模式向低生育水平生育模式转变，同时也标志着人口再生产规律的根本变化，是人口转变的重要组成部分。从 20 世纪 70 年代起，中国的生育水平开始显著下降，生育率转变（fertility transition）是当代中国最大的人口事件。它以世界上绝无仅有的规模、史无前例的速度在短时间内迅速完成[①]。然而，对中国生育转变的认识还有许多不同的观点：一类观点认为，中国的生育转变是在生育政策的严格控制下完成的，换句话说就是人为的生育控制是完成生育转变的重要条件，认为真正形成不可逆转的生育水平下降大趋势，是在国家通过行政手段干预个体生育行为之后[②]。另

---

① 李建新、涂肇庆：《滞后与压缩：中国人口生育转变的特征》，《人口研究》2005 年第 3 期。

② 尹文耀、钱明亮：《中国生育率转变的人口自效应研究》，《浙江大学学报》（人文社会科学版）2010 年第 6 期。

一类观点认为，20 世纪 70 年代以来发生在中国的生育革命虽然有政府计划生育政策强力推进的作用，但是社会经济发展仍是这场革命的深层动因。特别是 1992 年以来的生育率下降更是体现了生育革命的本质。中国的生育率转变已经完成，开始进入以成本约束驱动为主导的低生育率阶段[①]。社会经济发展大大促进了生育转变，即使没有生育政策或放开生育政策，中国育龄妇女的生育水平也不会发生大幅度反弹[②]。

中国少数民族人口是中国人口的重要组成部分，但少数民族由于历史、文化、宗教、语言和政策等方面的原因，其人口的发展明显有别于汉族，人口转变历程明显落后于汉族[③]；此外，新中国成立初期制定了扭转民族人口下降、发展民族人口的"人口兴旺"等政策[④]。即便实行了计划生育政策，但 1984 年以来少数民族实行的是宽于汉族的生育政策，主要生育政策包括：1000 万以上人口少数民族的生育政策与汉族基本相同；1000万以下人口的少数民族农业人口可以生育两个；还有一些边远农牧区及人口稀少的少数民族可以生育三孩；对部分民族没有数量限制，如内蒙古对达斡尔族、鄂温克族和鄂伦春族的生育数量没有限制。

近年来，调整完善计划生育政策一直是民众与学界关注的热点问题之一，放开政策是否会引起生育水平反弹是主张继续严格执行现行生育政策的理由之一。研究少数民族生育水平变化的过程和生育转变规律不仅可以从不同的角度来分析不同生育政策下的人群的生育水平变化情况，同时可以研究无生育政策或生育政策宽松条件下的生育转变问题。

二   数据与方法

分析少数民族生育水平变化需要各年度生育水平数据。从现有数据来看，1982 年 1‰生育率调查通过回顾性调查，对 1950—1981 年汉族和少数民族妇女的生育水平进行了推断。1981 年以来没有直接的具有代表性的关于全国分民族生育史的调查资料。虽然可以使用人口普查数据进行研究，

---

① 李建民：《中国的生育革命》，《人口研究》2009 年第 2 期。

② 陈友华：《关于生育政策调整的若干问题》，《人口与发展》2008 年第 1 期。

③ 张天路：《中国少数民族人口政策及其转变》，《人口与经济》1985 年第 5 期。

④ 同上。

但是普查数据属于时点数据，不能完整、连续地反映出生人口性别构成和生育水平的变化过程。因此，1982 年以后的分民族的生育水平分析需要在现有时点数据的基础上，对人口发展的历史过程进行重构。由于 1982 年人口普查数据没有分民族的年龄结构数据，因此，本项研究可以依据的分民族、分性别的普查数据只有 1990 年第四次人口普查数据、2000 年第五次人口普查数据和 2010 年第六次人口普查数据。

具体生育史重构间接估计方法可以分为以下四个步骤：第一，构造分民族、分性别单岁组生命表；第二，利用"存活倒推法"倒推各年份分民族、分性别的人口年龄结构，以"四普"推算 1980—1989 年、以"五普"推算 1990—1999 年、以"六普"推算 2001—2009 年的年龄别人口数据；第三，用遗传算法推算分年份、分民族的年龄别生育率和总和生育率，具体算法和原理见文献①。

从现有数据看，重构 1982 年以来中国分民族的妇女生育水平，需要 1990 年、2000 年和 2010 年的单岁组的分民族的年龄结构数据、死亡人口数据以及育龄妇女年龄别生育率数据。其中，分民族的年龄别死亡人口数据和育龄妇女年龄别生育率数据除 1990 年第四次人口普查汇总数据可提供以外，2000 年和 2010 年数据中都没有这两类数据，但可以假设少数民族的死亡率和育龄妇女的年龄别生育率均高于全国平均水平，所以以这两次普查的乡村人口的死亡率和生育率来替代用于间接估计。

需要说明的是，反映生育水平的指标中总和生育率和递进生育率可以有效地衡量育龄妇女的生育水平，递进生育率不仅剔除了时间进度效应的影响，而且能够更好地与生育政策相结合，反映妇女的生育水平。但由于受现有数据和计算复杂程度的限制，本部分仅以总和生育率来衡量生育水平的变化。

1982 年以来的人口普查数据中都提供了妇女的平均活产子女数和存活子女数，为了进一步检验和测量妇女的终身生育水平，可以平均活产子女和现存子女状况作为衡量生育水平变化的指标，来分析少数民族生育转变的过程。

---

① 王广州：《年龄别生育率与总和生育率间接估计方法与应用研究》，《中国人口科学》2002年第 3 期。

三 少数民族生育水平下降过程分析

（一）利用调查数据和间接估计数据分析

结合调查数据和间接估计结果，对新中国成立以来少数民族和汉族生育水平的下降趋势进行分析（见图3—1）。根据生育水平变化的特点和规律，可以把少数民族生育转变的过程划分为以下四个阶段。

图3—1 1950—2010年汉族与少数民族总和生育率变化情况

数据来源：1950—1981年数据来自1982年1‰生育率调查汇总数，1982—2010年数据为间接估计数。基础数据：1982—1990年数据来自1990年第四次人口普查数据、1991—2000年来自2000年第五次人口普查数据、2001—2010年来自2010年第六次人口普查数据。

汇总数据分别出自：（1）中国人口信息研究中心编《中国1‰人口生育率抽样调查主要数字汇编》，新世界出版社1988年版；（2）国务院人口普查办公室、国家统计局人口和就业统计司编《中国1990年人口普查资料》，中国统计出版社1993年版；（3）国务院人口普查办公室、国家统计局人口和就业统计司编《中国2000年人口普查资料》，中国统计出版社2002年版；（4）国务院人口普查办公室、国家统计局人口和就业统计司编《中国2010年人口普查资料》，中国统计出版社2012年版。

第一阶段，生育水平上升时期（1950—1968 年）。新中国成立之初，从当时少数民族人口状况的实际情况出发，中国积极推行"人口兴旺"政策，鼓励和提高生育率，降低死亡率。从生育水平的变化看，这一政策取得了成效。1950 年少数民族的总和生育率为 4.23，此后一直上升，到 1958 年上升到 5.95，而后的三年自然灾害时期，生育水平也随之下降，1961 年降到 3.67，随后的 1962 和 1963 年出现补偿性生育，1963 年育龄妇女的总和生育率高达 7.33，随后为 6.0—7.0，1968 年为 7.11。在 1963 年以前，少数民族生育水平与汉族非常接近。从 1964 年起，少数民族与汉族的生育水平之间开始产生差距，两者相差 0.7—0.9。

第二阶段，生育水平急剧下降，生育转变开始（1969—1981 年）。少数民族总和生育率从 1969 年的 6.66 持续下降，1972 年降到 6.0 以下，1977 年降到 5.0 以下，1978 年下降到 4.19，而后为 4—4.5，1981 年的总和生育率为 4.54。与此类似，在此期间汉族的总和生育率也在下降，在 1972 年以前，汉族总和生育率在 5.0 以上，1972—1974 年为 4.97—4.02，1975—1976 年在 3.0 以上，1978 年以后低于 3.0，1981 年的总和生育率为 2.50。由此可见，20 世纪 70 年代的汉族生育水平是急剧下降的，而该阶段，少数民族生育水平虽然也在下降，但是降低的幅度远远低于汉族，致使汉族与少数民族之间生育水平差距拉大，一些年份差距甚至在 2.0 以上。可见，这一阶段少数民族生育水平迅速下降，并不是计划生育政策引导的结果，这段时间正在酝酿开展计划生育[①]，20 世纪 70 年代提倡实施计划生育，但在 1972 年 11 月中共中央 4 号文件中指出，"在城乡人民中，要大力宣传和提倡计划生育，少数民族地区除外"。1977 年 9 月国务院计划生育领导小组在全国计划生育工作汇报会上所作的《关于全国计划生育工作汇报会的报告》中说，"在人口稀少的少数民族地区，采取有利于发展人口的政策，为了保护妇女、儿童的健康，也应积极宣传、普及妇幼卫生、节育科学知识，对子女多、间隔密，有节育要求的夫妇给予指导和帮助"。1980 年 9 月 25 日发表的《中共中央关于控制我国人口增长问题致全体共产党员、共青团员的公开信》则指出，"对于少数民族，按照政策规定，

---

① 张天路、黄荣清：《中国少数民族人口调查研究》，中国人口出版社 1996 年版。

也可以放宽一些"①。

第三阶段，生育水平持续下降，生育转变完成（1982—1992 年）。1982 年 2 月，中共中央、国务院《关于进一步做好计划生育工作的指示》中提出，"对于少数民族，也要提倡计划生育，在要求上可适当放宽一些"。1984 年 4 月，中共中央批转的国家计划生育委员会党组《关于计划生育工作情况的汇报》中说："对少数民族的生育政策，可以考虑人口在一千万以下的少数民族，允许一对夫妇生育二胎，个别的可以生育三胎，不准生四胎。"此阶段少数民族总和生育率从 4.0 降到接近更替水平。1983 年起生育水平继续下降，从 4.01 降到 1987 年的 3.64，而后从 1988 年的 3.35 降到 1992 年的 2.27。与少数民族在此阶段生育水平持续下降相比，汉族生育水平在此阶段经历了一个小的波动，从 2.46 提高到 1987 年的 2.77，而后下降至 1990 年的 2.42，1991 年低于 2.0，直接进入更替水平以下，而后继续下降至 1992 年的 1.65。少数民族与汉族生育水平的差异在此阶段继续缩小，二者间的差距从 1.3 降至 0.5。

第四阶段，低生育水平阶段（1993—2010 年）。少数民族生育水平从 1994 年起，从 2.0 左右降到 1.8 左右，并保持在 1.8 左右，在 2008 年超过 1.9，而后的 2009 年又下降至 1.8 以下。生育水平降至更替水平以下，并趋于平稳。汉族的生育水平从 1993 年的 1.65 降到 1994 年的 1.41，而后提升到 1.46，1996—2003 年在 1.3 左右，2004 年生育水平略有提升，从 1.41 上升到 1.48，2009 年降到 1.28 左右。另外，随着少数民族生育水平的下降，汉族与少数民族的生育水平的差距继续缩小，从 1996—2003 年的 0.5 以上降到 2004 年的 0.4 左右。

（二）利用活产子女数与存活子女数进行分析

除利用调查数据的生育史资料得到生育水平数据和利用普查数据进行生育水平的间接估计外，历次普查的妇女的活产子女数和存活子女数资料从另一个角度反映生育水平的变化过程。

1982 年以来的四次人口普查中，15—64 岁少数民族妇女的平均活产子女数，1982 年为 2.99，1990 年为 2.38，2010 年为 1.55。2000

---

① 张天路、黄荣清：《中国少数民族人口调查研究》，中国人口出版社 1996 年版。

年人口普查由于统计口径的变化，记录的是 15—50 岁妇女的生育情况，2000 年 15—50 岁少数民族平均活产子女数为 1.51，而生育子女数较多的 51—64 岁妇女的生育情况没有统计，这使活产子女数的均值降低，也无法与其他年份进行比较。对比 1990 年和 1982 年的数据，1990 年少数民族妇女平均活产子女数比 1982 年低 0.61 个，8 年间平均每年减少 0.076 个；2010 年少数民族妇女平均活产子女数比 1990 年少 0.83 个，20 年间平均每年减少 0.042 个。

表 3—1　　　　　　　　妇女平均活产子女数与平均存活子女数　　　　单位：个,%

年份	汉族			少数民族			总人口		
	活产	存活	存活/活产率	活产	存活	存活/活产率	活产	存活	存活/活产率
1982	2.59	2.20	84.94	2.99	2.37	79.26	2.62	2.21	84.35
1990	2.08	1.94	93.27	2.38	2.09	87.82	2.10	1.96	93.33
2000	1.31	1.28	97.71	1.51	1.44	95.36	1.32	1.30	98.48
2010	1.33	1.32	99.25	1.55	1.52	98.06	1.35	1.33	98.52

数据来源：1982 年数据出自国务院人口普查办公室、国家统计局人口和就业统计编《中国 1982 年人口普查资料：电子计算机汇总》，中国统计出版社 1985 年版；基础数据：1982—1990 年的数据来自 1990 年第四次人口普查数据、1991—2000 年的数据来自 2000 年第五次人口普查数据、2001—2010 年的数据来自 2010 年第六次人口普查数据。

注：2000 年人口普查平均活产子女数与平均存活子女数的对象为 15—50 岁妇女，其余年份为 15—64 岁妇女。

（三）政策限制较少民族的生育转变

少数民族的生育政策是与民族、所在省份、户口性质密切相关的。如内蒙古自治区于 1988 年 12 月制定的《内蒙古自治区计划生育暂行管理规定》中不同民族在城乡的政策生育数是不同的，"区内各民族都要实行计划生育"，汉族提倡一对夫妇只生育一个孩子，符合条件者可有计划地安排生育第二胎；蒙古族在城市的允许生育二胎，在农村的比照汉族第二胎的条件，经过批准可有计划安排生育第三胎；边境纯牧区的允许生育三胎；达斡尔族、鄂温克族、鄂伦春族，提倡优生，适当少生，对要求实行节育的应给予支持和技术上的服务，区内其他少数民族允许生育二胎，少数民族的生育间隔要在四年以上。

　　在政策较为宽松的条件下，达斡尔族、鄂温克族和鄂伦春族的生育水平并不是很高，在 2000 年人口普查公布的总和生育率数据中，这三个民族分别为 0.90、1.23 和 1.67，均低于更替水平，达斡尔族的总和生育率更是低于 1.0，虽然 2000 年人口普查数据的漏报问题较为严重，即使把漏报的数据因素考虑在内，这几个无严格生育政策限制的民族尤其是达斡尔族和鄂温克族总和生育率高于更替水平的可能性也不是很大。通过 2010 年人口普查数据对达斡尔族生育水平进行间接估计发现，各年的总和生育率均为 1.10—1.45，最高值也没有超过 1.5。

表 3—2　　　　　　　　　达斡尔族妇女总和生育率间接估计数据

年份	TFR 均值	TFR 上限	TFR 下限
2000	1.18	1.21	1.15
2001	1.17	1.21	1.14
2002	1.18	1.21	1.15
2003	1.09	1.12	1.06
2004	1.35	1.38	1.32
2005	1.35	1.38	1.32
2006	1.35	1.39	1.32
2007	1.43	1.46	1.39
2008	1.44	1.47	1.41
2009	1.33	1.36	1.30
2010	1.31	1.34	1.28

　　数据来源：根据 2010 年第六次人口普查数据间接估计。基础数据：1982—1990 年的数据来自 1990 年第四次人口普查数据、1991—2000 年的数据来自 2000 年第五次人口普查数据、2001—2010 年的数据来自 2010 年第六次人口普查数据。

　　从以上几个民族妇女曾生子女情况也可以发现，在较为宽松的政策条件下，妇女的平均活产子女数依然在持续下降，2000 年和 2010 年均低于汉族妇女。

　　通过调查数据、间接估计的总和生育率、平均活产子女数和计划生育政策宽松少数民族生育状况的变化来看，中国少数民族人口生育转变已经完成，即便是生育政策规定宽松，由于受社会经济发展等因素的影响，少数民族的生育水平也发生了根本性变化。

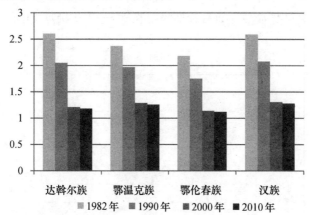

图3—2 达斡尔族、鄂温克族、鄂伦春族、汉族妇女平均
活产子女数变化情况

数据来源：基础数据：1982—1990 年的数据来自 1990 年第四次人口普查数据、1991—2000 年的数据来自 2000 年第五次人口普查数据、2001—2010 年的数据来自 2010 年第六次人口普查数据。

注：1982 年、1990 年和 2010 年数据统计口径为 15—64 岁妇女，2000 年数据统计口径为 15—50 岁妇女。

四 生育转变过程中的主要问题

（一）超低生育水平问题

在生育转变过程中，生育水平持续下降，如进入超低生育率阶段，也将带来一系列问题，有研究表明，一个国家的总和生育率长期低于 1.3，将会带来一系列影响深远的后果，诸如人口规模缩减、人口老龄化加剧等①。

2000 年第五次人口普查公布了分民族的总和生育率数据，朝鲜族、俄罗斯族、达斡尔族、门巴族、锡伯族的总和生育率低于 1.0，即使考虑到人口漏报的因素，这一生育水平也需要引起重视，其中生育水平最低的朝鲜族总和生育率仅为 0.70。以朝鲜族为例，以几次人口普查数据的间接估计结果分析朝鲜族的生育水平变化历史，可以看到朝鲜族育龄妇女生育转

---

① 张羽：《走向低生育率——欧洲国家低生育率问题研究》，《江苏社会科学》2007 年第 S1 期。

变的过程（见图3—3）。具体地，朝鲜族的生育水平在20世纪70年代中期就已经低于更替水平，而后长期稳定在1.8—2.0接近15年，90年代继续降至1.0以下。

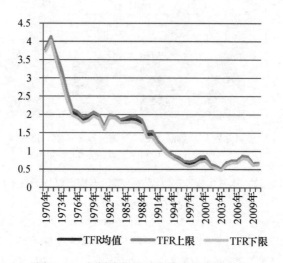

图3—3　朝鲜族妇女总和生育率变化情况

数据来源：基础数据：1970—1990年数据来自1990年第四次人口普查数据、1991—2000年来自2000年第五次人口普查数据、2001—2010年来自2010年第六次人口普查数据。

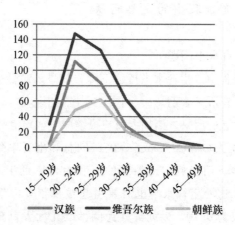

图3—4　2000年汉族、维吾尔族、朝鲜族年龄别生育率

数据来源：国务院人口普查办公室、国家统计局人口和就业统计司编《中国2000年人口普查资料》，中国统计出版社2002年版。

　　生育率下降是一个复杂的过程，是经济、政治、社会、文化、心理等多种因素综合作用的结果。生育水平下降的原因是多方面的，从图3—4可见，朝鲜族妇女的生育模式明显有别于其他民族，年龄别生育率低，峰值生育年龄高。另外，朝鲜族在改革开放后流动人口比例增加，而流入地不仅仅限于国内，国际流动比例也较高，从图3—5的人口年龄金字塔可以发现，与2000年相比，2010年朝鲜族育龄妇女比例大幅度降低，已经对人口再生产产生影响。

　　仅从人口结构本身来看，长期的超低生育水平和人口国际流动使朝鲜族的年龄结构发生了很大改变。1990年朝鲜族的年龄结构虽然女性比例偏低，但总体呈现以少儿人口为主的结构，0—14岁人口占34%；2000年，14岁以下人口比例降低，但劳动年龄人口占比非常大；而到2010年，少儿人口比例严重失调，0—14岁人口仅占8.39%，65岁及以上人口占11.27%。

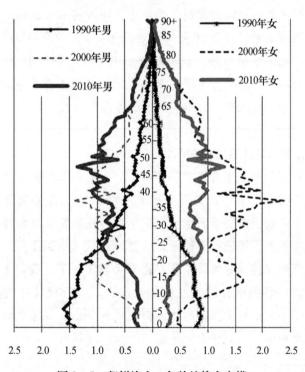

图3—5　朝鲜族人口年龄结构金字塔

　　数据来源：根据1990年第四次人口普查、2000年第五次人口普查、2010年第六次人口普查数据整理。基础数据：1982—1990年的数据来自1990年第四次人口普查数据、1991—2000年的数据来自2000年第五次人口普查数据、2001—2010年的数据来自2010年第六次人口普查数据。

另外，有研究者分析指出，吉林省朝鲜族妇女总和生育率，由 20 世纪 40 年代的 5.18，上升为 20 世纪 50 年代的 5.90，60 年代其总和生育率下降为 4.60，进入 70 年代又进一步下降到 2.51，而且从 1974 年开始总和生育率（1.89）降至生育更替水平以下，此后的每个年度都始终保持在 1.90 左右的低水平，1981 年又降至 1.79。全国朝鲜族妇女的总和生育率，也由 1981 年的 1.91 降至 1986 年的 1.85，为全国 56 个民族中最低者①。田野调查的资料也证明了这一结论，延边朝鲜族作为边疆地区的少数民族，享有充分的二胎生育的政策空间，但 20 世纪 90 年代以来，一胎生育极其普遍，正常政策生育空间内的二胎生育现象逐渐减少②。为了刺激生育，当地政府通过政策来推动和宣传引导民族人口生育。尽管享受国家和地方政府的各种鼓励政策，延边朝鲜族人口生育始终处于一胎生育为主的状态。

朝鲜族妇女的超低生育水平问题提醒我们要注意中国还有一些较低生育水平的少数民族，也需要警惕低生育率陷阱的存在。汉族的总和生育率如果不考虑漏报因素，在 2000 年就已经低于 1.3，考虑漏报因素，也在更替水平以下。如果继续下降，也需要密切关注和监测低生育陷阱的出现。此外，一些发达省份的生育水平在 1.0 以下，如果生育政策放宽，生育水平是否如朝鲜族一样无法回升也需要加以考虑。

（二）出生人口性别比异常问题

生育转变不仅仅是生育水平的下降，"一个完整的生育转变的概念也应体现这三个方面，而不应该只说成是一个从高生育率到低生育率的过程。因此，个人是否彻底全面地实现了生育转变也需要从数量、时间和性别三个方面去考察，提出三个标准，即要实现从多生到少生、从早生到晚生、从性偏好到无性偏好的转变只有这三条都实现了，我们才能称一个人口全面地完成了它的生育转变过程"③。由于缺少分民族年龄别生育率数据，所以，无法完成对生育时间和生育模式的分析，仅能从数量和性别两方面讨论生育转变。

---

① 张天路、黄荣清：《中国少数民族人口调查研究》，中国人口出版社 1996 年版。
② 朴美兰：《延边朝鲜族人口多胎生育行为及人口学后果》，《延边大学学报》（社会科学版）2009 年第 2 期。
③ 顾宝昌：《论生育和生育转变：数量、时间和性别》，《人口研究》1992 年第 6 期。

研究发现，20世纪80年代初期汉族出生人口性别比就开始处于偏高状态，并在80年代末、90年代初开始持续攀升。而少数民族的出生人口性别比在1989年以前一直很正常，1989年以后超出正常值上限，进入偏高状态，与汉族人口一样也保持持续升高的态势[1]。从少数民族出生性别比的升高趋势来看，整体持续升高的趋势没有发生改变。2000年第五次人口普查，少数民族出生人口性别比为111.93，到2010年上升为115.68，而汉族则由121.1继续上升到123.76，也就是说，虽然汉族和少数民族的性别比都高于正常值，但是10年间汉族的出生人口性别比上升趋缓，而少数民族则依旧处于上升态势。

表3—3　　　　　三次人口普查汉族与少数民族出生人口性别比对比

年份	汉族	下限	上限	少数民族	下限	上限
1982 年	107.42	106.44	108.42	102.27	99.34	105.29
1990 年	111.93	111.85	112.00	107.11	106.88	107.34
2000 年	121.10	120.64	121.57	111.93	110.79	113.08
2010 年	123.76	123.28	124.24	115.63	114.37	116.91

数据来源：根据1990年第四次人口普查、2000年第五次人口普查、2010年第六次人口普查数据整理。基础数据：1982—1990年的数据来自1990年第四次人口普查数据、1991—2000年的数据来自2000年第五次人口普查数据、2001—2010年的数据来自2010年第六次人口普查数据。

考虑到出生人口漏报等原因，同时也为了进一步确认不同民族出生性别比的发展过程和发展趋势，以0—9岁儿童性别比的变化来对出生人口性别比的状况提供佐证。汉族和少数民族4岁以下各年龄的人口性别比同样高于正常值，少数民族人口的1岁组和2岁组都在114左右，汉族1岁组性别比达到121.91，其他年龄组也在119左右，汉族和少数民族0岁人口性别比都明显低于1岁人口性别比，考虑到"六普"出生人口漏报等方面的因素，可以进一步断定，少数民族出生人口性别比的实际水平应该不低于112，汉族出生人口性别比应该在119左右（见图3—6）。

---

① 张丽萍：《八十年代以来我国少数民族出生人口性别比与生育水平变化的历史回顾》，《人口与经济》2006年第5期。

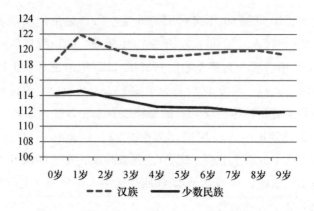

图3—6　汉族与少数民族0—9岁性别比

数据来源：根据2010年人口普查数据计算。基础数据：1982—1990年的数据来自1990年第四次人口普查数据、1991—2000年的数据来自2000年第五次人口普查数据、2001—2010年的数据来自2010年第六次人口普查数据。

五　讨论与建议

计划生育政策已经实施超过30年，对控制中国人口数量起到了很大作用，但也随之带来一系列问题。调整完善计划生育政策的呼声一直存在。但一部分人对目前生育水平是否真的如人口普查数据公布的那么低持怀疑态度，同时担忧放开政策会引起生育水平反弹。由于少数民族多数实施的是有别于汉族的生育政策，分析其在不同政策背景下的生育转变过程有助于研究不同生育政策下人群的生育水平变化情况。

研究发现，少数民族生育转变开始于20世纪70年代，在没有专门的计划生育政策约束的情况下，少数民族生育水平迅速下降，虽然降幅低于汉族。在1982年提倡少数民族计划生育、1984年推行计划生育政策后，少数民族的生育水平从4.0左右降到更替水平，而后在接近更替水平左右保持稳定。少数民族的生育政策在相对宽松的条件下并没有超过更替水平，所以担心中国计划生育政策放开二胎会引起生育水平的大幅度反弹是没有道理的。

少数民族所在区域和人口规模不同，生育政策也有很大差别，以实行了较为宽松的生育政策的达翰尔族为例，其目前的生育水平为1.0—1.5，并没有无限制地升高。

在生育转变过程中，生育水平下降也存在一系列问题：一是生育水平持续下降带来的超低生育水平问题。少数民族中生育水平最低的朝鲜族的总和生育率在 20 世纪 80 年代之前就已经低于更替水平，且生育水平并未稳定下来，而是继续下降，到 2010 年已经长达 20 年低于 1.0，各项鼓励措施并没有使生育水平反弹，对人口结构等产生了非常大的影响。朝鲜族的生育水平与中国的一些发达省份非常接近，低生育水平陷阱问题不容忽视。二是出生性别比偏高问题，快速的生育水平降低与传统生育观念之间依然存在的矛盾是我国除个别民族外多数出现出生性别比高于正常值问题的原因。

从调查数据、运用人口普查数据间接估计的总和生育率、平均活产子女数和计划生育政策宽松少数民族生育状况的变化等不同角度分析，都证明中国少数民族人口生育转变已经完成，即便是生育政策规定很宽，由于受社会经济发展等其他生育因素的影响，少数民族的生育水平也发生了根本性变化。未来在稳定低生育水平的同时，警惕低生育水平陷阱、治理出生性别比偏高等问题将是人口工作的重点。对少数民族人口转变过程的分析也从另一角度证明在社会经济持续发展的今天，放宽生育政策不会引起反弹，反而是超低生育水平的出现提醒我们需要抓住时机，及早完善生育政策，解决人口结构变化带来的一系列问题。

本部分的研究主要是根据人口普查数据进行间接估计，可能会由于数据质量影响对生育水平的判断，但是把间接估计的结果作为生育水平的下限分析也能从一定程度上反映当前生育水平的现状。另外，由于第六次人口普查分民族分年龄生育数据暂时无法获得，关于少数民族生育水平变化的具体过程还需要进一步的分析。

第二节　生育水平下降对出生人口性别比升高的影响

从中国的基本情况来看，出生人口性别比升高不仅存在持续攀升的特点，而且在不同民族、地域间也存在显著差异。少数民族的生育水平也与汉族一样处在下降过程中，那么少数民族的出生人口性别比变化是否与生育水平的下降有直接联系，在未来几年生育水平下降过程中会否出现与汉族一样高的出生人口性别比，值得我们思考。

本部分将对中国大陆不同民族的总和生育率下降的幅度与出生性别比升高之间的关系进行探讨，以便为治理出生人口性别比问题提供理论依据。

一 数据与方法

中国出生人口性别比是在 20 世纪 80 年代以后开始升高的，研究少数民族生育水平变化与出生人口性别比之间的关系需要各年度的生育水平和出生人口数据。从现有数据来看，没有直接的关于全国具有代表性的分民族生育史的回顾性调查资料。虽然可以使用人口普查数据进行研究，但是普查数据属于时点数据，不能完整、连续地反映出生人口性别构成和生育水平的变化过程。因此，需要在现有时点数据的基础上，对人口发展的历史过程进行重构。由于 1982 年人口普查数据没有分民族的年龄结构数据，因此，本项研究可以依据的分民族、分性别的普查数据只有 1990 年第四次人口普查和 2000 年第五次人口普查数据。

而重构 1980 年以来中国分民族人口出生性别比和生育水平，需要 1980—2000 年单岁组的分民族、分性别的年龄别人口数据和死亡人口数据，但 2000 年分民族的死亡数据只有 5 岁分组数据，因此只能以 5 岁分组数据为基础，重新构造分民族、分性别单岁组生命表，间接估计不同民族人口的年龄结构和生育水平。

具体间接估计方法可以分为以下四个步骤：第一，构造分民族、分性别单岁组生命表，按照"五普"5 岁组的人口数据分别计算不同民族人口的生命表，得出预期寿命，然后根据预期寿命和 5 岁组死亡率通过仿真得出分年龄、性别人口的死亡率和生命表；第二，利用"存活倒推法"倒推各年份分民族、分性别的人口年龄结构，以"四普"推算 1980—1989 年、以"五普"推算 1990—1999 年的年龄别人口数据；第三，计算分民族出生人口性别比，以推算得出的 0 岁人口数代替出生人口数；第四，用遗传算法推算分年份、分民族的年龄别生育率和总和生育率，具体算法和原理见文献[1]。

需要说明的是，反映生育水平的指标中总和生育率和递进生育率可以有效地衡量育龄妇女的生育水平，递进生育率虽然剔除了时间进度效应的影响而能够更好地反映妇女的生育水平，但由于受现有数据和计算复杂程度的限制，本书仅以总和生育率来衡量生育水平的变化。

二　基本结论

（一）总和生育率下降的同时，出生人口性别比呈上升趋势

回顾少数民族生育水平下降的历史可以看到（见图3—7），1980—2000年的20年间，少数民族总和生育率从4.01急剧下降到1.81（不考虑数据漏报问题）。下降过程可以具体分成三个阶段：第一阶段是波动下降阶段，1980—1989年的10年间，总和生育率一直在4.36到3之间波动；第二阶段是接近低生育水平的下降阶段，1990—1996年的5年间从3下降到2；第三个阶段是处于低生育水平的下降阶段，这一过程是在1996—2000年完成的，总和生育率从2下降到1.8左右。

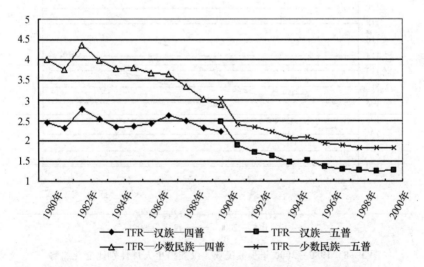

图3—7　1980—2000年少数民族、汉族总和生育率变化趋势

数据来源：根据1982年人口普查1‰抽样数据、1990年人口普查1‰抽样数据、2000年人口普查1‰抽样数据估算。

从总体上看，少数民族和汉族生育水平都处于下降过程中，由于特殊

的人口计划生育政策和社会经济发展水平等因素的影响，少数民族生育转变明显晚于汉族，历年的生育水平都高于汉族，需要注意的是，少数民族与汉族生育水平的差距在逐渐缩小，1980—1985年，少数民族的总和生育率高于汉族1.4—1.6，在此之后两者的差距急剧缩小（从1986年的相差1.25到1991年的相差0.52），从1992年起少数民族的生育水平一直高于汉族0.6左右。

与总和生育率急剧下降的过程相反，由图3—8可见，20年来，无论是汉族还是少数民族，出生人口性别比的发展趋势都是上升的。汉族出生人口性别比20世纪80年代初期就开始处于偏高状态，并在80年代末、90年代初开始持续攀升；而少数民族的出生人口性别比在1989年以前一直很正常，1989年以后超出正常值上限，进入偏高状态，并在1999年达到114的最高值，在2000年略有下降。不过少数民族出生性别比整体水平低于汉族，但变化的趋势完全相同。

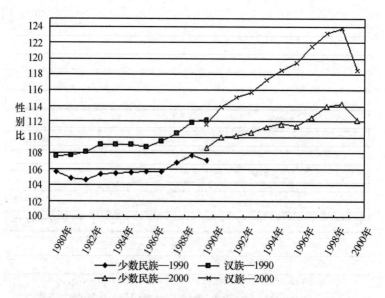

图3—8　1980—2000年少数民族、汉族出生人口性别比变化趋势

数据来源：根据1982年人口普查1‰抽样数据、1990年人口普查1‰抽样数据、2000年人口普查1‰抽样数据估算。

（二）出生人口性别比偏高的出现因各民族生育水平的不同而不同

不同民族的生育观念、生育政策、生育模式各不相同，生育水平的变化程度也有很大差别。以回族、蒙古族和维吾尔族为例（见图3—9），总体上，这几个民族的生育水平下降速度都很快。维吾尔族总和生育率从20世纪80年代初的5左右下降到2000年的2.2左右，下降了约61.4%，其中，1985年总和生育率的值由于受年龄堆积的影响而无法估计，1984年和1986年生育水平的准确性也就受到了影响。蒙古族和回族的总和生育率在20年间也同样迅速下降，蒙古族的总和生育率从3.5—4.0下降到1.4左右，下降幅度达63.3%，回族则从3.5左右下降到1.6左右，下降幅度为52.9%。

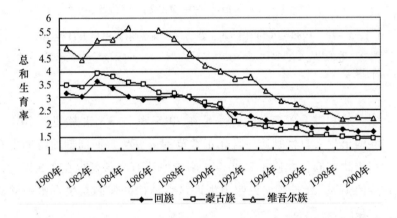

图3—9　1980—2000年回族、蒙古族、维吾尔族生育水平变化

数据来源：根据1982年人口普查1‰抽样数据、1990年人口普查1‰抽样数据、2000年人口普查1‰抽样数据估算。

在生育水平急剧变化的同时，出生人口性别比也在波动之中，从图3—10可知，维吾尔族的出生人口性别比在20年间一直处于100—106的正常范围，回族的出生人口性别比于1991年起就超过正常值上限107，而蒙古族的出生人口性别比从1996年起开始偏高。

从对图3—9和图3—10的研究发现，当生育水平维持在较高水平时，出生人口性别比始终保持在正常范围内，而当总和生育率下降到某一较低水平时，出生人口性别比则高于正常值。

有研究认为，出生人口性别比的偏高与生育水平急剧下降有关，但从蒙古族与维吾尔族生育水平和出生人口性别比变化过程的对比发现，生育水平的急剧下降不一定都会引起出生性别比的升高，而是要看下降到什么

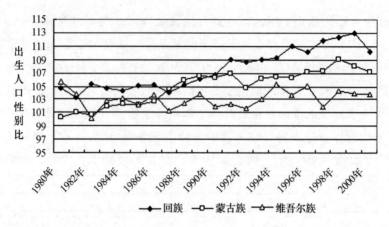

图 3—10   1980—2000 年回族、蒙古族、维吾尔族出生人口性别比

数据来源：根据 1982 年人口普查 1‰抽样数据、1990 年人口普查 1‰抽样数据、2000 年人口普查 1‰抽样数据估算。

程度。蒙古族和维吾尔族的生育水平在 20 年间下降幅度都超过 60%，但维吾尔族的出生人口性别比一直在正常范围内变化，而同期的总和生育率都远远高于蒙古族，即使在 2000 年，其总和生育率最低也在 2.3 以上，高于蒙古族的 1.8。通过对比说明出生人口性别比的偏高与生育水平的高低有很大关系。

（三）出生人口性别比偏高与生育水平的下降相关程度很高

对少数民族出生人口性别比与总和生育率之间进行相关分析发现，二者呈负相关，相关系数为 0.965。从不同民族来看，汉族、蒙古族、回族出生人口性别比与总和生育率相关程度都很高，即出生人口性别比随着总和生育率的下降而上升（见表 3—4）。

表 3—4　　不同民族的出生人口性别比与总和生育率的相关程度

民族	相关程度
汉族	− 0.953 **
蒙古族	− 0.887 **
回族	− 0.931 **
维吾尔族	− 0.330

注：** 0.01 水平（双尾）。

维吾尔族的出生人口性别比与生育水平的相关程度则很低，与其他三个民族对比，维吾尔族生育水平的显著不同在于其生育水平较高，也就是说当生育水平较高时出生人口性别比与生育水平的相关程度较低，即出生人口性别比不会随生育水平的变化而变化，而当生育水平变化至更替水平以下时，与出生人口性别比呈明显的负相关。

不过仅以维吾尔族为例，得出生育水平较高情况下，出生人口性别比一定正常的结论未免武断。维吾尔族出生人口性别比能保持正常水平是受本民族文化影响没有较强的性别偏好，还是因为生育水平较高，根本就不需要进行性别选择，还有待于进一步探讨。其他出生人口性别比正常的少数民族的生育水平是否也很高呢？由于对"五普"公布的 2000 年少数民族人口总和生育率存在疑问，有研究利用 1989 年总和生育率推算 2000 年的总和生育率（见表 3—5），发现出生人口性别比正常的少数民族总和生育率均在 2.1 以上，也就是说生育水平都相对较高。

表 3—5　　　　　　　部分出生人口性别比正常民族的生育水平

民族	1990 年总和生育率	2000 年总和生育率（推算值）	2000 年出生人口性别比
白族	2.81	2.218	105.36
哈萨克族	4.74	3.195	104.95
维吾尔族	4.65	3.156	104.68
藏族	3.80	2.755	101.70
傣族	2.68	2.141	100.79

数据来源：2000 年总和生育率推算值来源于黄荣清等《20 世纪 90 年代中国各民族人口的变动》，民族出版社 2004 年版。

所以，从与生育水平下降的关系来看，出生人口性别比偏高有两个前提条件，一是生育水平下降的速度快，二是生育水平下降到一个较低的程度。生育水平急剧下降，在这一过程中生育观念并未发生相应转变，尤其是某些民族存在较强的孩子性别偏好，例如，重男轻女，这种生育观念没有条件也没有时间发生转变。根据 G. S. 贝克尔（G. S. Becker）的孩子数量质量替代理论，当子女的数量选择余地较小时，人们会转向对孩子质量的追求。在出生人口性别比问题上，我们认为，所偏好的子女性别其实也是一种生育过程中所追求的质量。当生育水平较低时，所偏好的子女性别需求受数量限制而无法得到满足，一旦 B 超等性别鉴定技术出现使其更容易实现，这种偏好则得以实现；当现有子女的性别满足需要，则停止生育，如生男即止。无论哪种方式都会带来出生人口性别比的升高。所以生育水平短期内急剧下降导致生育观念并没有条件随之改变，当生育水平下降到某一较低水平时，数量得不到满足则以所追求的子女性别作为质量来满足需要。

三　小结

出生人口性别比的升高是在生育水平下降过程中表现出来的，受社会、经济和文化等多方面的影响，由科学技术手段提供便利条件得以实现。在少数民族出生人口性别比升高的趋势与汉族类似，但还没有达到汉族的水平时，要防止其继续升高。

生育水平急剧下降所伴随的出生人口性别比升高的现象需要引起两点注意：一是防止现有已经处于偏高状态的少数民族的出生人口性别比继续升高，2000 年普查的百万人口以上的 18 个少数民族中有 13 个民族的出生人口性别比高于正常水平，虽然程度各有不同，但生育水平都在 3 以下，与 1990 年相比都有所下降，所以如果生育水平继续降低，在现有的社会经济条件下，出生人口性别比继续升高的可能还是存在的。尤其是少数民族的出生人口性别比与生育水平都与汉族 20 世纪 90 年代初水平相近，防止少数民族在未来的十年出生人口性别失衡的急剧恶化局面的出现更是当务之急。二是对于"五普"时出生人口性别比正常，但生育水平处在下降过程中的民族也不能掉以轻心，尤其是某些重男轻女较严重的民族更应引起足够的重视。

由于少数民族的特殊性，治理出生人口性别比问题的难度要更高。要尊重不同民族的文化差异，对其性别偏好进行正确引导，以提高经济水平为基础，以技术控制为手段，以创造全社会尊重女性的氛围、提高人口的文化素质为目标，形成良好的社会环境，对出生人口性别比失衡问题进行综合治理，使新生人口的出生性别比逐渐趋于正常，以合理的人口性别结构来为和谐社会的建设奠定基础。

需要说明的是，对生育水平的估计未考虑数据漏报、不同民族通婚、少数民族人口国际迁移以及民族成分变更的影响，而且"五普"中单岁组死亡数据是间接估计得到的，所以生育水平和出生人口性别比的变化仅仅是对其发展趋势进行研究。

第三节　生育意愿与出生人口性别比升高

生育意愿是人们在特定条件下形成的一种价值观念，是生育行为的决定性因素之一。意愿生育数量及性别是生育意愿的主要内容。通过生育意愿，分析影响生育的数量和性别。莫丽霞利用 2002 年中华人民共和国国家卫生和计划生育委员会宣教司的"农村居民生育意愿调查"数据，研究了当前中国农村居民的生育意愿与性别偏好，认为在有条件生育 2 个孩子的前提下，"儿女双全"是当前中国农村居民的最高理想，而在只能生育 1 个孩子的前提下，男孩性别偏好强度最大①。

由于侗族出生人口性别比在全国少数民族中最高，同时作为黔东南苗族侗族自治州的主要民族之一，侗族的生育意愿也是本研究所关心的。侗族是我国南方地区历史悠久的稻作民族之一，据 2000 年第五次全国人口普查统计，共有约 296 万人。侗族主要分布在贵州、湖南、广西三省（自治区）交界地。由于生产活动和习俗的需要，侗族对子嗣极为重视，尤其偏好男性。早婚早育、多生多育的观念渗透到人们社会生活的诸多方面。侗族青年男女 14—15 岁就开始参加社交活动。过去侗族盛行早婚，个别人在 7—8 岁、大部分在 13—14 岁定亲，17—18 岁结婚者最为普遍。但由于有"不落夫家"的习俗，这种婚姻多为形式婚姻。新娘常住夫家，开始过正常的夫妻生活，常常要 20 岁左右。如果某人 25 岁以后还没有嫁（娶），就会遭到别人的讥笑。

苗族是中国一个古老的少数民族，也是本次生育意愿调查的民族之一。苗族人口规模位列全国第五位，苗族主要分布在贵州、湖南、湖北、重庆、四川、广西、云南、海南等省（自治区、直辖市），属于典型的

---

①　莫丽霞：《村落视角的性别偏好研究——场域与理性和惯习的构建机制》，中国人口出版社 2005 年版。

"大分散、小聚居"民族,在贵州以黔东南州、黔南州和黔西南州最为集中。由于生产劳动和社会生活以及自身安全、保障等方面的需要,苗族人对生育十分重视,认为多子女是一种吉祥、兴旺、发达的象征。传统上苗族普遍存在早婚早育的思想观念。主要信仰原始宗教,自然崇拜、鬼神崇拜和祖先崇拜十分盛行,且渗透到了苗族人生产、生活、礼仪的各个方面。分布在各地的苗族基本以农耕为主要的生计方式,从事山地耕作,采集和狩猎则是农耕之外的一种重要的补充形式。

一 数据与方法

为了解西南少数民族的生育意愿情况,2007 年在实地调研中对苗族102 人、侗族575 人进行调查,与生育意愿有关的内容包括理想的生育数量、生育性别以及生育目的、婚后居所等内容。

二 基本结论

(一)理想子女数量多数为 2 个,也有少数被访者希望生育 3 个及以上子女

分析数据后发现(见表 3-6),超过 65% 的调查对象意愿生育数量都是两个孩子,其中苗族为 65.9%,侗族为 69.4%,还有超过 15% 的被调查对象希望生育 3 个孩子。

表 3—6　　　　　　　　　　意愿生育数量分布　　　　　　　　　单位:%

	不要孩子	1 个孩子	2 个孩子	3 个孩子	4 个孩子及以上	合计
苗族	0.3	2.9	65.9	19.1	11.8	100
侗族	0.2	8.0	69.4	17.9	4.5	100

数据来源:根据实地调查数据整理。

(二)儿女双全、优先保证男孩是被访者的理想性别结构

对于希望生育 2 个孩子的被调查者,希望生育 2 个男孩的比例非常低,而希望生育 2 个女孩的则更少,无论是苗族还是侗族,希望"儿女双全"

的被访者都超过了 70% 。

在生育子女的顺序中（见表 3—7），52.2% 的苗族、45.4% 的侗族被调查者希望先生 1 个男孩，再生 1 个女孩，这也是一种保险的安排，避免了先生女孩，第二个孩子也是女孩而使儿女双全的梦想落空。

侗族有重男轻女的传统，据悉侗族的父母只给出生的男孩子和儿子将来的媳妇挑选和保留寿木，女儿就没有这个待遇。侗族人对子嗣极为重视，尤其偏好男性。他们认为男孩越多越好，那是家庭有实力、家庭兴旺的象征。在人们的生育观念中，没有儿女的家庭是不完整的家庭，有女无儿的家庭是不完善的家庭。在生育男孩的愿望得到满足之后，侗族人也非常希望能有个女孩，"儿女双全"是很多侗族人的愿望。

苗族的传统生育文化中有非常明显的男孩偏好，男孩子多的家庭，被人们认为是发达的，而没有男孩的家庭，往往被视为"绝户"。苗族甚至有这样的习俗，没有儿子的人死后只能当作牛马来埋，坟墓横埋，不砌石头不垒坟。因此，没有儿子的人往往受尽歧视。在注重男孩的同时，女孩对一个家庭来说也是必不可少的。如果说男孩是家庭纵向传承的保证，那么女孩就是家庭横向联系的纽带。

表 3—7　　　　　　　　希望生育 2 个孩子的性别及次序分布　　　　　　单位：%

	男女	女男	男男	女女	无所谓	合计
苗族	52.2	20.9	3.0	0	23.9	100
侗族	45.4	16.4	6.2	0.8	31.2	100

数据来源：根据实地调查数据整理。

（三）传统的传宗接代、养老送终的生育目的依然占主流

儿女双全、保证男孩是两个民族被调查者的生育意愿，从表 3—8 可以看到，传统的生育目的养老送终、传宗接代、家族兴旺中占比最高的是养老送终，苗族被调查者接近 35% ，侗族被访者为 28.11% ，而传宗接代在两个民族被访者中都在 28% 左右，这样，这两种生育目的就超过一半，而追求精神慰藉和家庭稳定的则分别为 11.76% 、15.67% ，考虑家族兴旺的在 5% 左右。所以被访者的生育目的主要还是以为自己养老送终和为家庭传宗接代为主，这也可以理解为何生育性别意愿中必须有男孩。

这种意愿与侗族的家庭结构有很大关系，侗族的家庭结构以父系核心家庭为主，三代以上同堂的家庭所占的比重不大。儿子长大结婚后要与父母分居，父母则与其中一个儿子同住，主要是幼子。侗族实行父系继嗣制度，家庭财产主要由儿子继承；属于母亲的财产，则由女儿继承。

苗族也普遍实行以父系为中心的小家庭结构，家庭成员以两代或三代同住者居多，四代以上同住的则比较少见。儿子成年结婚后，要与父母分居，另立门户。父母则与幼子或喜欢的儿子共同居住。分居时，儿子要给父母留下"养老田"，其余财产平均分配。"养老田"由负责照料老人的儿子耕种，或者兄弟轮流耕种，待父母死后，再由兄弟们平分。女儿没有家庭财产继承权。

表3—8   生育目的   单位:%

	精神慰藉	养老送终	家庭稳定	传宗接代	增加劳力	家族兴旺	顺其自然	舆论压力	继承财产
苗族	11.76	34.49	9.29	27.55	4.59	4.26	7.17	0.22	0.67
侗族	15.67	28.11	10.20	28.10	1.00	5.10	9.95	0.87	1.00

数据来源：根据实地调查数据整理。

(四) 生育意愿与出生人口性别比升高的关系

生育意愿与生育行为之间还存在着一定的距离，但也会朝着生育意愿努力。有学者研究表明，按照农村现行生育政策，独女户可以生育二孩。忽略计划外生育，得到农村人口极限出生性别比范围为202—207，这种情况可能在实行独女户生二孩政策的农村发生；另一极端情况是一孩全生女孩，二孩全生男孩，则出生性别比降为100。就全国人口而言，如果第一孩出生性别比正常，实行独女户生二孩政策的农村人口占全国人口的60%，且独女户全生男孩，则全国人口出生性别比的极限为160[1]。

从表3—9至表3—12中可见，被访者希望生育1个孩子的更多地认为性别无所谓，但明确性别的更期待生育男孩；希望生育2个孩子的期待先

---

[1] 杨书章、王广州：《生育控制下的生育率下降与出生性别比失衡》，《人口与市场分析》2006年4期。

生男孩后生女孩的比例更高；希望生育 3 个孩子的想要 2 个男孩 1 个女孩的人数要更多一些；而希望生育 4 个及以上孩子的想要 2 男 2 女的人数多一些。

表 3—9　　　　　　　　　　希望生育 1 个孩子的性别

性别	男孩	女孩	无所谓
人数	17	2	35

表 3—10　　　　　　　　　　希望生育 2 个孩子的性别

性别	男女	女男	男男	女女	无所谓
人数	240	82	28	3	151

表 3—11　　　　　　　　　　希望生育 3 个孩子的性别

性别	3 个男孩	3 个女孩	2 个男孩、1 个女孩	2 个女孩、1 个男孩	无所谓
人数	10	1	72	21	21

表 3—12　　　　　　　　　　希望生育 4 个及以上孩子的性别

希望的性别	1 个	2 个	3 个	4 个	无所谓
男孩	1	30	4	3	3
女孩	4	28	3	3	3

假设可以实现被访者希望的子女数量和性别结构（无所谓的按照男女平分来处理），可以发现能够生育的男孩数约为 877，女孩数为 730，这样计算出来的性别比为 120.14。这也就意味着现有的生育意愿是一个更希望生育男孩的意愿，如果得以实现则意味着出生人口性别比的升高。

三　小结

少数民族的意愿生育数量和实际生育数量都在下降，当前性别意愿还是偏男，这种儿女双全、保证男孩的生育意愿如果实现也一定会对性别比升高造成影响。尤其是从这次调查的结果中可以看到，在养老送终、传宗接代等传统的生育目的下，如果生育了两个女孩，第二个女孩的境遇则是令人担忧的。所以，对于出生人口性别比的关注更应该放在纯女孩户尤其是一女户上。为了达到生育意愿，一旦条件具备，无论是出生前还是出生后的性别选择都有可能发生，尤其是偏远的山区，在一些产前的选择不是很容易获得的情况下，受伤害或者受到忽略的可能是那些已经出生了的活生生的女婴。

第 四 章

少数民族孩次性别递进研究

　　中国出生性别比持续升高问题越来越受到社会各界的高度重视，虽然关于出生性别比升高问题的研究非常多，但以往对出生人口性别比的研究主要集中在孩子身上，即研究全部孩子或不同孩次的出生性别比。然而，生育本身也是一个家庭决策过程，会受母亲现有子女的数量和性别的影响，妇女/母亲处在不同的生育孩次性别状态是否生育下一孩子的可能性是完全不同的，因此，我们需要研究妇女的生育意愿等问题①。2006 年杨书章、王广州对出生性别比升高问题提出了新的研究和分析方法②，来分析出生性别比升高的过程和内在机制，但新方法的应用研究还远远不够。

　　中国少数民族生育水平下降和出生性别比持续升高问题也和全国出生性别比升高类似，只是过程和水平上大致晚 10 年③。少数民族出生性别比升高的过程和内在机制如何，需要我们应用新的分析技术和观察方法，从新的视角研究少数民族出生性别比升高与生育选择的关系，研究少数民族妇女什么时候进行生育性别选择和什么人进行选择等问题。

　　马瀛通等研究认为，"大量实证分析结果证明，近数十年来中国妇女生育孩子的性别比随曾生孩子数及其性别构成（男孩数与女孩数）的不同而显示明显差异。然而是否与曾生孩次性别序列（男女次序）相关，尚无

---

　　①　杨书章、王广州：《孩次性别递进人口发展模型及孩次性别递进指标体系》，《中国人口科学》2006 年第 2 期。

　　②　杨书章、王广州：《生育控制下的生育率下降与出生性别比失衡》，《人口与市场分析》2006 年第 4 期；杨书章、王广州：《孩次性别递进比研究》，《人口研究》2006 年第 2 期。

　　③　张丽萍：《中国少数民族人口出生性别比问题研究》，《西北人口》2006 年第 1 期；张丽萍：《八十年代以来我国少数民族出生人口性别比与生育水平变化的历史回顾》，《人口与经济》2006 年第 5 期。

任何理论或实证依据。也可以说，在曾生子女数相同的条件下，得不到子女性别顺序与妇女生育下一孩性别比的确定关系"[1]（见表4—1）。

表4—1   曾生子女性别序列与妇女生育下一孩的性别比

时期	1男1女		2男1女			1男2女		
	MF	FM	MMF	MFM	FMM	MFF	FMF	FFM
1950—1959年	107.2	108.75	97.95	113.22	105.68	92.35	110.00	92.82
1960—1969年	104.45	108.31	101.73	99.84	101.59	111.25	109.29	117.52
1970—1979年	104.30	104.34	106.43	105.10	101.18	99.20	113.19	113.93
1980—1988年	108.62	104.02	98.36	106.87	100.91	125.09	103.76	118.57
平均	106.14	106.36	101.12	106.26	102.34	106.97	109.06	110.71

数据来源：引自马瀛通、冯立天、陈友华、冷眸《出生性别比新理论与应用》（首都经济贸易大学出版社1998年版）第45—59页。根据1988年中国2‰人口生育节育抽样调查原始数据与修正后的权数汇总得出。

马瀛通等按家庭中已有的男、女的孩次性别结构分析性别比，得出非常有价值的研究结果，但是这种排列组合的表达方式只能知道已经生育的孩子的性别结构，没有对妇女生育过程整个状态空间进行完整的描述。例如，表4—1包括三个部分，第一部分是已经生育了1男1女的生育下一孩的性别比，第二和第三部分是生育了3个子女的生育下一孩的性别比。如果进行排列组合，从中获得的信息没有完整地描述不同妇女生育状态下的性别递进过程，还有其他的情况没有反映出来，包括：从0孩到1孩，也就是从没有孩子生育下一孩的性别比状况；从1孩到2孩包括1男和1女的孩次递进性别比；从2孩到3孩，表中所列的是1男1女的先男后女和先女后男情况，但对2男、2女这种纯男户和纯女户生育下一孩的性别比状况没有进行分析。因此，我们需要从新的视角研究少数民族出生性别比升高与生育选择的关系，研究少数民族妇女什么时候进行生育性别选择、什么人会进行选择等问题。

---

[1]   马瀛通、冯立天、陈友华、冷眸：《出生性别比新理论与应用》，首都经济贸易大学出版社1998年版。

一　研究方法与数据

（一）研究方法

为了描述妇女的孩次性别状态及其递进过程，杨书章、王广州创建了妇女生育孩次性别的状态空间，即可以用妇女的孩次性别递进路线图来形象地表示（见图4—1）[1]。图中以带两个数字的方框表示妇女的类，方框中左边的数字表示曾生男孩数，右边的数字表示曾生女孩数，框中的01表示的是生育了0男1女的妇女，10表示生育1男0女的妇女；箭头表示状态转变，其中单实线箭头表示生育男孩，双实线箭头表示生育女孩。带箭头的线既表示递进方向，也表示性别不同，反映出妇女孩次性别递进过程是单向不可逆的。图4—1绘出了0孩到3孩的妇女状态及相应的递进过程。

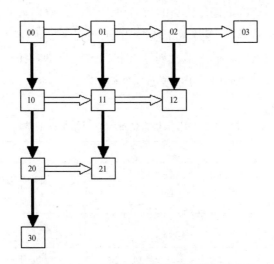

图4—1　妇女的孩次性别状态递进过程示意

根据妇女的孩次性别状态空间的研究思路可以构建时期孩次性别递进生育性别比等指标来衡量妇女生育孩次性别递进状况。时期孩次性别递进生育性别比用三角阵 $PSR(t)$ 表示，其元素为 $PSR_{m,f}(t)$：

---

① 杨书章、王广州：《孩次性别递进人口发展模型及孩次性别递进指标体系》，《中国人口科学》2006年第2期。

$$PSR_{m,f}\left(t\right)=\frac{B_{m,f}^{(1)}}{B_{m,f}^{(2)}}\times 100 \tag{4—1}$$

其中：$B_{m,f}^{(1)}\left(t\right)$，$B_{m,f}^{(2)}\left(t\right)$ 分别为 t 年 m，f 类妇女生育下一孩（第 m +f+1 孩）中的男、女孩数；$m=0$，1，…，$ps-1$；$f=0$，1，…，$ps-m$ -1；时期孩次性别递进的具体含义和全国出生性别比应用研究可以参考文献①。

总之，孩次递进核心思想就是按妇女的生育次数来把妇女划分为无孩（0 孩）、1 孩、2 孩等，每一次生育，妇女就从当前的孩次状态进入下一孩次的状态，孩次性别递进是在孩次基础上还要记录所生孩次的性别②。

（二）数据

由于需要计算不同民族妇女的时期递进性别比，对数据的要求一是要有分民族登记，二是要有分性别的生育情况登记，所以只有使用全国的人口普查和人口抽样调查等原始数据才能进行计算。从表 4—2 可以看到 1982 年全国第三次人口普查数据对生育状况的调查没有按性别登记，所以本书使用 1990 年、2000 年的数据进行分析。

表 4—2 　 　 　 　 　 关于曾生子女与当年生育情况调查原始数据的结构

调查名称	曾生子女情况	当年生育状况
1982 年人口普查	生育子女总数 存活子女总数	1981 年生育情况
1990 年人口普查	存活子女状况（生育过、现存活）（分性别）	1989 年 1 月 1 日以来生育状况（分性别）
1995 年 1% 人口抽样调查	生育子女数（分性别） 存活子女数（分性别）	1994 年 10 月 1 日以来生育状况（分性别）

① 杨书章、王广州：《孩次性别递进人口发展模型及孩次性别递进指标体系》，《中国人口科学》2006 年第 2 期；杨书章、王广州：《生育控制下的生育率下降与出生性别比失衡》，《人口与市场分析》2006 年第 4 期；杨书章、王广州：《孩次性别递进比研究》，《人口研究》2006 年第 2 期。

② 杨书章、王广州：《孩次性别递进人口发展模型及孩次性别递进指标体系》，《中国人口科学》2006 年第 2 期。

调查名称	曾生子女情况	当年生育状况
2000 年人口普查	生育子女数（分性别） 存活子女数（分性别）	1999 年 11 月 11 日至 2000 年 10 月 31 日生育状况（分性别）
2005 年 1% 人口抽样调查	生育子女数（分性别） 存活子女数（分性别）	2004 年 11 月 1 日至 2005 年 10 月 31 日生育状况（分性别）

　　普查数据既登记了普查时点前一年的生育状况，也有现存子女信息，因此，可以用来计算时期孩次性别递进生育性别比（简称递进性别比）。具体数据处理和计算步骤如下：第一步，在原始数据中选取育龄妇女，标记上一年的孩次递进状态，如 2000 年人口普查需要记载 1999 年 10 月 31 日以前的生育状态。例如某育龄妇女现存子女为 1 男 2 女，在 1999 年 12 月生育 1 男孩，第一步，标记她 1999 年 10 月 31 日的生育状态为 02，即 $m=0$，$f=2$；第二步，按照根据现存分性别的子女情况标记当年的状态，如 2000 年该育龄妇女现存子女数为 1 男 2 女，则当前状态为 12；第三步，汇总数据并计算 $PSR_{m,f}(t)$。

二　基本结论

（一）出生性别比失调的主要原因是纯女户递进生育性别比偏离正常值

　　如前所述，"四普"时，少数民族的出生人口性别比为 107.11，接近正常值的上限，但从表 4—3 递进性别比中却可以发现，纯女户孩次性别递进生育性别比明显低于纯男户妇女孩次递进生育性别比。由此可见，出生性别比失调的主要原因是纯女户递进生育性别比严重偏离正常值。从表面来看，出生性别比是正常的，但如果观察不同孩次的性别递进情况可以看到，递进性别比已经表现出异常。

　　第一，从表 4—3 可以看到 0 孩妇女的递进生育性别比是正常的，即 0 孩妇女（00 类）生育下一孩时没有明显的偏男和偏女的表现，所以生育 1 男与 1 女的妇女的比为 100.36，基本是平衡的。

　　第二，从表 4—3 还可以看到，1990 年生育了 1 女的妇女（01 类）在向前递进时可以生育 1 男，也可以生育 1 女，递进为 1 男 1 女或 2 女。01
类妇女的递进生育性别比为 118.91，即 01 类妇女再生育的 1 男孩数是生
育女孩数的 1.19 倍。

第三，1990 年生育了 2 女的妇女（02 类）再次生育，增加 1 男或 1
女，递进方向分别是 1 男 2 女和 3 女，02 类妇女的递进生育性别比为
167.95，高于 01 类妇女的递进生育性别比；依此类推，03 类到 04 类妇女
的递进生育性别比为分别是 157.89、110，可见，纯女户向下一孩递进时，
生育男孩数多于生育女孩数。

类似地，再观察纯男户的递进情况，1 男户（10 类）的递进方向分别
是 2 男和 1 男 1 女，2 男户（20 类）的递进方向是 3 男和 2 男 1 女，其
PSR 分别是 99.82 和 97.44，递进生育性别比基本是平衡的；3 男户向 4 男
和 3 男 1 女递进的 PSR 为 83.05，4 男的 PSR 为 55，都表现出生育的女孩
比男孩多的情况。

另外，比较 00 类、11 类、22 类妇女，还可以发现，PSR 是从 100 到
114 再到 117，逐渐升高的，而且是向偏男方向，也就是说，1 男 1 女的 11
类，向 2 男 1 女递进的比向 1 男 2 女递进的高一些，2 男 2 女的 22 类，向
3 男 2 女递进的也要高于向 2 男 3 女递进的。

表 4—3　　　　　1990 年少数民族时期孩次性别递进生育性别比

PSR_{00}	PSR_{01}	PSR_{02}	PSR_{03}	PSR_{04}	100.36	118.91	167.95	157.89	110.00
PSR_{10}	PSR_{11}	PSR_{12}	PSR_{13}		99.82	114.00	111.06	147.37	
PSR_{20}	PSR_{21}	PSR_{22}			97.44	93.75	117.11		
PSR_{30}	PSR_{31}				83.05	105.36			
PSR_{40}					55.00				

数据来源：根据 1990 年全国人口普查 1% 抽样数据估算。

总之，出生性别的这种选择性开始于 1 女户和 1 男户。纯男户妇女孩
次递进生育性别比明显低于纯女户孩次性别递进生育性别比，由此可见，
出生性别比失调的主要是纯女户递进生育性别比严重偏离正常值。

为了进一步考察少数民族孩次性别递进生育性别比的变化趋势和特
点，从 2000 年普查数据看，少数民族的出生人口性别比为 111.93，与

1990 年孩次性别递进生育性别比相比，2000 年仍然主要是纯女户的 PSR 急剧升高。如 2000 年 01 类妇女的 PSR 为 168.25（见表 4—4），与 1990 年的 02 类妇女的 PSR 相近，02 类和 03 类妇女的 PSR 更是升高到 200 以上，下一孩生育男孩的是生育女孩的 2 倍以上。纯男户的选择倾向也出现偏女，PSR_{20} 为 76.98。儿女双全的妇女的 PSR 与 1990 年相比，PSR_{11} 与 1990 年接近。总之，对比十年前和十年后，2000 年 2 女户的偏男倾向与十年前 3 女户的偏男倾向相同。

表 4—4　　　　　　　　2000 年少数民族时期孩次性别递进生育性别比

PSR_{00}	PSR_{01}	PSR_{02}	PSR_{03}	103.79	168.25	223.77	200.00
PSR_{10}	PSR_{11}	PSR_{12}		91.24	115.64	142.55	
PSR_{20}	PSR_{21}			76.98	80.00		
PSR_{30}				—			

注：—表示 PSR_{30} 的样本量太小，数据波动大。

数据来源：根据 2000 年全国人口普查 1‰抽样数据估算。

（二）2000 年少数民族出生人口性别比与 1990 年汉族相同，递进性别比的结构也相似

2000 年少数民族的出生人口性别比与 1990 年的汉族是相同的，都是 111.93，两者的递进性别比结构是否也相同呢？与 1990 年汉族的对比来看（见表 4—4、表 4—5），汉族 00 类妇女的 PSR 与 2000 少数民族一样都是正常的，01 类的 PSR 为 151.18，比 2000 年少数民族的 PSR_{01} 低，但 PSR_{02}、PSR_{03} 都略高；而从纯男户看，1990 年汉族的 PSR_{10} 为 99.82，没有偏男或偏女的倾向，其他各类则与 2000 年少数民族的数据相近，如不考虑 PSR_{20}，计算它们的相关系数达到 98.32%（0.01 双尾检验）。也就是说，2000 年少数民族与 1990 年汉族的出生人口性别比相同，状态空间结构高度相似（见表 4—6）。

表 4—5　　　　　　　　1990 年汉族时期孩次性别递进生育性别比

PSR_{00}	PSR_{01}	PSR_{02}	PSR_{03}	PSR_{04}	105.04	151.18	228.54	223.06	234.72
PSR_{10}	PSR_{11}	PSR_{12}	PSR_{13}		99.82	114.77	145.00	126.75	
PSR_{20}	PSR_{21}	PSR_{22}			73.82	87.90	116.07		

PSR_{30}	PSR_{31}			52. 04	90. 00		
PSR_{40}				60. 47			

数据来源：根据1990年全国人口普查1%抽样数据估算。

表4—6　　　　汉族与少数民族时期孩次性别递进生育性别比对照表

PSR	1990 年汉族	2000 年少数民族
PSR_{00}	105. 04	103. 79
PSR_{01}	151. 18	168. 25
PSR_{02}	228. 54	223. 77
PSR_{03}	223. 06	200. 00
PSR_{10}	99. 82	91. 24
PSR_{11}	114. 77	115. 64
PSR_{12}	145. 00	142. 55
PSR_{20}	73. 82	76. 98
PSR_{21}	87. 90	80. 00
PSR_{30}	52. 04	200. 00

2000 年少数民族的出生性别比与1990年汉族处于同一水平上，但2000 年的汉族性别比则升高得非常快，高达121.10，而且不同孩次性别递进生育性别比差异非常大（见表4—7），PSR_{00}正常，向纯女户方向，汉族纯女户从1女户到4女户的性别比则从215增加到了400以上，而向纯男户方向，从1男户到4男户的递进是逐渐降低的，向偏女方向递进，但不足以抵消纯女户的偏男造成的奇高的比例。

表4—7　　　　2000 年汉族时期孩次性别递进生育性别比

PSR_{00}	PSR_{01}	PSR_{02}	PSR_{03}	105. 86	215. 82	416. 80	465. 00
PSR_{10}	PSR_{11}	PSR_{12}		87. 63	139. 10	184. 04	
PSR_{20}	PSR_{21}			61. 49	101. 52		
PSR_{30}				53. 33			

数据来源：根据2000年全国人口普查1‰抽样数据估算。

如前所述，需要防止少数民族性别比朝汉族的方向发展，汉族的递进性别比从 1 女户开始急剧上升，而少数民族的 1 女递进性别比也达到了 168，需要加以关注，是监控性别比的重点。

（三）侗族、苗族、维吾尔族孩次递进生育性别比情况

虽然从人口计划生育政策来看，少数民族生育政策具有较汉族人口宽松的特点，但从 2000 年人口普查可以看到，少数民族之间出生性别比也存在很大的差异。在总人口超过 100 万的 18 个少数民族中，出生人口性别比最高是侗族（126.72），最低的为傣族（100.79），说明少数民族内部出生人口性别比差异很大。为了进一步研究少数民族孩次递进生育性别比状况，以及少数民族人口出生性别比变化的基本规律，本部分考虑到人口规模和出生性别比状况，有针对性地选取 2000 年出生人口性别比处于不同水平的三个民族（其中维吾尔族 104.68、苗族 114.22、侗族 126.72）进行研究。

从 1990 人口普查数据来看，1990 年侗族的出生人口性别比为 116，苗族和维吾尔族的出生人口性别比为 103—106，是正常的。从孩次性别递进生育性别比来看，可以更清楚地看到，出生人口性别比偏高的侗族 01 类妇女递进性别比开始严重升高，02 类妇女更是高得出奇，这虽然与 02 类妇女人数较少有关，但严重偏高的事实是可以肯定的。相比之下，1990 年苗族 02 类妇女生育性别比与侗族 01 类妇女类似，都在 160 左右（见图 4—2）。苗族 03 类妇女生育性别比高于 02 类，达到 240 左右。与侗族和苗族明显不同，1990 年维吾尔族育龄妇女孩次性别递进生育性别比除了 02 类达到 120 以外，其他孩次都是比较低的，这就是为什么维吾尔族出生人口性别比正常的原因，但 1990 年 02 类维吾尔族育龄妇女孩次性别递进生育性别比也明显偏高，这预示着维吾尔族出生性别比将进入出生性别比升高的行列。

从 2000 人口普查数据来看，2000 年侗族和苗族孩次性别递进生育性别比基本类似。从图 4—3 可以更清楚地看到，侗族和苗族 01 类、02 类妇女生育性别比不仅严重偏高，而且两者的差距明显缩小。不同的是 2000 年 11 类侗族育龄妇女生育性别比也有升高的趋势。与侗族、苗族的变化历史比较相似，2000 年维吾尔族 02 类育龄妇女孩次性别递进生育性别比继续

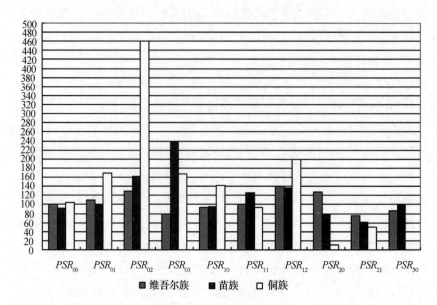

图 4—2　1990 年维吾尔族、苗族、侗族孩次递进生育性别比

数据来源：根据 1990 年全国人口普查 1% 抽样数据估算。

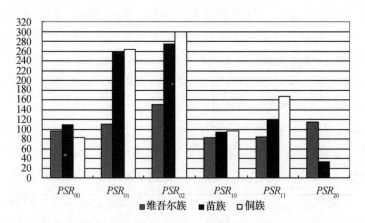

图 4—3　2000 年维吾尔族、苗族、侗族孩次递进生育性别比

数据来源：根据 2000 年全国人口普查 1‰ 抽样数据估算。

升高，达到 140 以上，由此可见，维吾尔族出生性别比开始持续升高，虽然总出生性别比没有超出正常范围，只是出于纯女户比例较低、升高孩次较晚和幅度较低的原因。

三　小结

性别比处于正常范围，一种可能是不存在性别偏好，另一种是如果不同类型的偏好都存在，彼此之间互相抵消，性别比也可能正常。以孩次递进性别比分析妇女性别选择的过程，这样获得的信息更加丰富，仅从出生人口性别比的出生男、女两个数值的比较中是无法得到这样的资料的，从不同角度细致观察孩次递进性别比的变化，更深入地剖析了出生人口性别比升高的数值背后的选择过程。

从普查原始数据分析结果来看，2000 年少数民族出生人口性别比与1990 年的汉族相同，递进性别比状态空间的结构也非常相似。

表面上不高的民族已经进入了升高的过程，其变化过程与已经升高的民族比非常相似。

出生性别的选择开始于 1 女户和 1 男户。纯男户妇女孩次递进生育性别比明显低于纯女户孩次性别递进生育性别比，出生性别比失调的主要是纯女户递进生育性别比严重偏离正常值。

从研究结果可以看到，治理出生性别比问题需要对纯女户予以高度关注，这不仅可以防止少数民族性别比朝汉族的方向发展，同时可以比较敏感地监控性别比变化过程，尤其是通过重点监控一女户妇女生育行为，提前预知出生性别比的动态变化。

总之，从新的视角不仅可以研究少数民族出生性别比升高与生育选择的关系，而且可以更确切地提前反映，在出生性别比总体比较正常的情况下，少数民族妇女什么时候进行生育性别选择，什么人进行选择等问题。

第五章

出生人口性别比数据质量分析

在 20 世纪 90 年代对出生人口性别比"实高"还是"虚高"的争论中,很多研究者认为出生人口尤其是女婴的瞒报和漏报是出生人口性别比数值升高的原因之一[①]。但要了解这种漏报的影响有多大,就有必要对出生人口性别比数据的准确性进行分析,同时结合村寨调查对数据的漏报、瞒报以及漏报的实现途径进行剖析。

第一节 基于人口普查数据的低龄组漏报情况分析

一 两次普查间相同队列人数的差异率分析

在全国范围内同一队列人口因为人口死亡的原因,人数是逐渐减少的。但如果在人口普查时有漏报,会出现下一次普查的同一队列人数增加的情况。从同一年龄组的人口在两次普查中的数据变化情况可以看出这种差异的大小。为了分析低龄人口的漏报情况,在 1990 年第四次全国人口普查中 0 岁人口在 2000 年为 10 岁,可以计算 2000 年 10 岁人口数与 1990 年 0 岁人口的差异率 e(见式 5—1)。

$$e = \frac{Pop2000_{(a+10)} - Pop1990_a}{Pop2000_{(a+10)}} \times 100 \tag{5—1}$$

[其中 a 为 1990 年时年龄,$Pop1990_a$ 为 1990 年年龄为 a 的人口数,

---

① 郭维明、徐毅:《中国出生性别比的现状及有关问题的探讨》,《人口与经济》1991 年第 5 期。

$Pop2000_{(a+10)}$ 为 2000 年时该年龄组的人口数。]

如果 $Pop1990_0$ 与 $Pop2000_{10}$ 相等，差异率 e 应为 0。从理论上讲，两次普查间由于死亡原因，1990 年的 0 岁人口数量要低于 2000 年的 10 岁人口数量，差异率应低于 0，但对比两次普查数据发现这一比值 e 在不同民族不同年龄间还是有很大差异的。

（一）同一队列总人数的差异率分析

笔者选取了苗族、壮族、侗族和傣族这四个民族，对比同一队列人口在 10 年间的变化值 e 发现（见图 5—1），苗族、壮族、侗族在 6 岁（指 1990 年时年龄）以前的 e 值基本都大于 0，7 岁以上的小于 0。其中苗族和侗族在 6 岁以下的比值都非常接近，其中 0 岁和 3 岁都在 15% 左右，1 岁、2 岁和 4 岁都在 10% 左右，而壮族除 5 岁外，也都在 10% 左右；而傣族相同队列的人口在两次普查中的数据都非常接近，也就是说，比值都在 10 左右波动。除傣族外，7—14 岁的比值都低于 0。

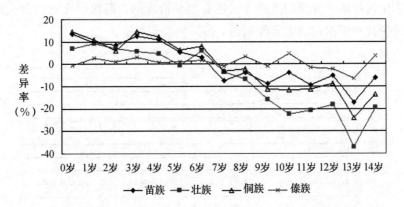

图 5—1　1990 年部分民族 0—14 岁人口与 2000 年 10—24 岁人口差异比较

数据来源：根据 1990 年和 2000 年人口普查数据计算，默认为 1990 年当时的年龄。

由于人口死亡，1990 年人口普查时的苗族、壮族、侗族的 0—6 岁人口数在十年以后的 2000 年人口普查时应该减少，但是从 2000 年人口普查结果发现，每个年龄组的人口数不但没有减少，反而有不同程度的增加。出现这种现象，一种原因是在 1990 年人口普查时存在着漏报，在 2000 年人口普查时这些漏报的低龄人口得以申报；另一种原因是民族成分变更，1990 年人口普查时其他民族的人口在 2000 年人口普查时登记为苗族、壮族或侗族。但不论是漏报还是民族成分变更，本书分析的四个民族中傣族的人口在两次普查间变化不是很大，而苗族、壮族和侗族 1990 年 0—6 岁人口数在 2000 年增加了 10%—20%。

（二）同一年龄组人数的分性别的差异率分析

分性别来看，两次普查间的差异率在不同民族间有各自的特点。由于 0—6 岁人口的差异率异常，所以着重分析低龄组的情况，分析的几个民族在分性别的 e 值上各有特点，具体来看，包括以下几种情况。

一是男女差异率都很高，而且十年后的男性差异率明显高于女性，如图 5—2 苗族的 0—6 岁男性差异率一直高于女性，也就是说，如果这两次普查间同一年龄组的现存人口的差异假设是由漏报造成的，那么苗族男性的漏报率高于女性。但是也有另两种可能：一种是女婴的死亡人数多，而男婴死亡人数少，则同样漏报情况下，男性的 e 值大于女性；另一种可能是发生民族成分变更的男性与女性有差异造成的。漏报、死亡以及民族成分变更几种因素造成了分性别的 e 值男性大于女性。

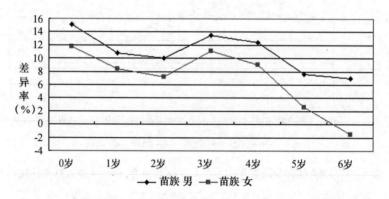

图 5—2　苗族 1990 年 0—6 岁人口与 2000 年 10—16 岁人口差异比较

数据来源：根据 1990 年和 2000 年人口普查数据计算，默认为 1990 年当时的年龄。

二是男女的差异率接近，如图 5—3 中的侗族，侗族 3 岁以前的差异率男女非常接近，4 岁以后是男性略高于女性。

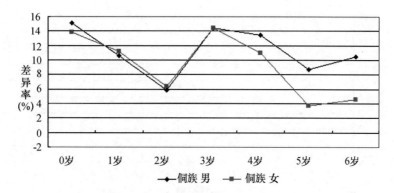

图 5—3 侗族 1990 年 0—6 岁人口与 2000 年 10—16 岁人口差异比较

数据来源：根据 1990 年和 2000 年人口普查数据计算，默认为 1990 年当时的年龄。

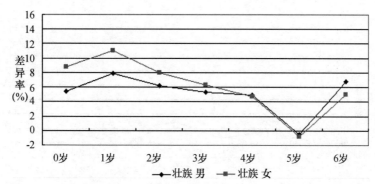

图 5—4 壮族 1990 年 0—6 岁人口与 2000 年 10—16 岁人口差异率比较

数据来源：根据 1990 年和 2000 年人口普查数据计算，默认为 1990 年当时的年龄。

三是女性的差异率高于男性，图 5—4 中的壮族就是这种情况。

以往的研究认为女婴漏报是造成出生人口性别比数值升高的原因之一，图 5—5 中汉族低龄儿童的差异率 e 男性低于女性，说明现存人口中女婴的差异率确实高于男婴，壮族与汉族也类似，但是由于男女婴的死亡率不同，需要进行进一步的分析。

（三）差异人口数的性别比分析

两次普查间现存人口差异的性别比分析是将两次普查间同一队列在 10 年间分性别的人数差的性别比进行分析。分析分性别的差异可以用一个公式表示出来，如：

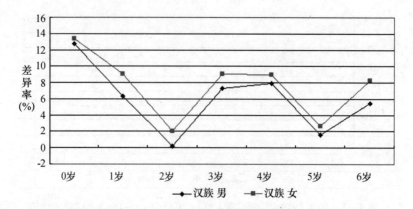

图 5—5 汉族 1990 年 0—6 岁人口与 2000 年 10—16 岁人口差异率比较

数据来源：根据 1990 年和 2000 年人口普查数据计算，默认为 1990 年当时的年龄。

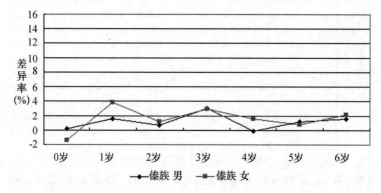

图 5—6 傣族 1990 年 0—6 岁人口与 2000 年 10—16 岁人口差异率比较

数据来源：根据 1990 年和 2000 年人口普查数据计算，默认为 1990 年当时的年龄。

$$sr = \frac{Pop2000_{(a+10,m)} - Pop1990_{(a,m)}}{Pop2000_{(a+10,f)} - Pop1990_{(a,f)}} \times 100 \tag{5—2}$$

［sr 为差异人口数的性别比，m 为男性，f 为女性，a 为 1990 年时年龄，如 $Pop1990_{(a,m)}$ 为 1990 年年龄为 a、性别为男的人口数。］

假设 10 年间没有死亡、没有民族成分变更，计算出的差异性别比 sr 可以称为漏报的性别比，但实际上 sr 的值只是与统计漏报有关。图 5—7 中可见不同民族的 sr 还是有一些差异的，汉族的 sr 除 2 岁组外，都在 100 或略低于 100；壮族的 sr 与汉族类似，也在 100 左右波动；傣族的 sr 数值波动很大，但是多为 50—100；侗族的 sr 在 0—4 岁时略高于 100，在 5—6 岁时急剧升高到 250 以上；苗族各个年龄组的 sr 都很高，其中 0—5 岁都在 150 左右，5 岁组更是超过了 300。

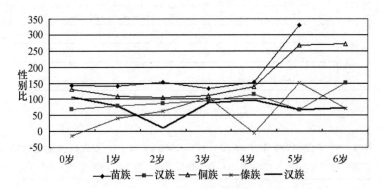

图 5—7　2000 年 10—16 岁人口与 1990 年 0—6 岁人口数量之差性别比

数据来源：根据 1990 年和 2000 年人口普查数据计算，默认为 1990 年当时的年龄。

二　两次普查间性别比比较

十年之后，由于死亡、民族成分变更以及原有的瞒报、漏报人口被重新登记等原因，1990 年的低龄人口性别比会发生变化。

第一，各年龄组性别比均下降。汉族低龄人口 0—6 岁人口在 1990 年的性别比均低于 2000 年 10—16 岁的性别比（见图 5—8），壮族低龄人口的性别比变化规律与汉族相似（见图 5—9）。

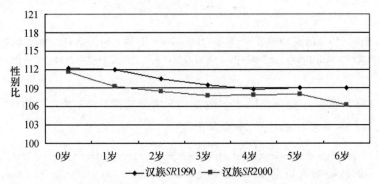

图 5—8　汉族 1990 年 0—6 岁人口与 2000 年 10—16 岁人口性别比比较

数据来源：根据 1990 年和 2000 年人口普查数据计算，默认为 1990 年当时的年龄。

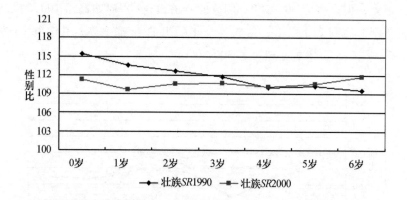

图5—9　壮族1990年0—6岁人口与2000年10—16岁人口性别比比较
数据来源：根据1990年和2000年人口普查数据计算，默认为1990年当时的年龄。

　　第二，各年龄组性别比均上升。图5—10中苗族低龄人口在1990年时均在107左右，但在2000年都上升到109以上，有的年龄组甚至上升到接近118。

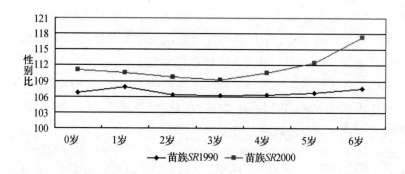

图5—10　苗族1990年0—6岁人口与2000年10—16岁人口性别比比较
数据来源：根据1990年和2000年人口普查数据计算，默认为1990年当时的年龄。

　　第三，性别比变化范围小。图5—11中侗族的0—3岁人口的性别比变化小，但4—6岁性别比在2000年升高。
　　第四，性别比变化很小，而且都在正常水平（见图5—12）。傣族1990年的低龄组人口到2000年变化仍然不大。

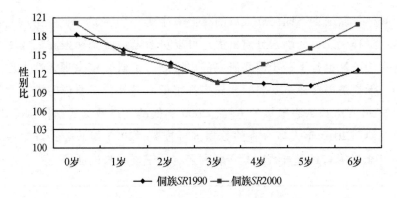

图5—11　侗族1990年0—6岁人口与2000年10—16岁
人口性别比比较

数据来源：根据1990年和2000年人口普查数据计算，默认为1990年当时的年龄。

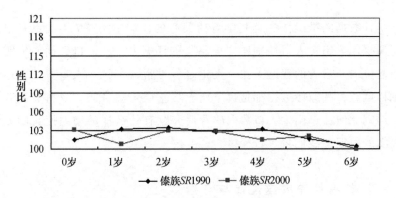

图5—12　傣族1990年0—6岁人口与2000年10—16岁
人口性别比比较

数据来源：根据1990年和2000年人口普查数据计算，默认为1990年当时的年龄。

三　小结

以往的研究认为女婴漏报造成了统计数据不实，在出生人口性别比升高中也起到了一定作用。但分析不同民族的低龄人口数据发现，不同民族相同队列的人口数在两次普查间相差的水平不同，尤其是0—6岁存在漏报，不同民族漏报的比例是不同的。分性别看，不同民族的差异率也明显不同，是死亡、漏报还是民族成分变更造成的影响，还有待于进一步分析，具体可以根据不同民族人口的死亡率计算出 10 年间不同年龄的死亡人口数，这样把死亡的因素分离出去，可以更清晰地看到漏报和民族成分变更的影响，这也是下一步需要研究的内容。但是研究也发现，性别比正常的傣族无论是男婴还是女婴的差异率都很低。另外，需要说明的是这仅仅是对 1990 年人口普查数据的考察，2000 年低龄人口数据的漏报情况如何，还需要使用 2010 年人口普查的数据进行校验，2000 年低龄人口的差异与 1990 年低龄人口的差异规律是否相同还有待于进一步论证。

第二节　以村寨调查计生档案资料的核实看人口数据的产生过程分析

　　统计数据的准确性一直是学者所关心的，20 世纪 90 年代也有很多学者把漏报作为出生人口性别比"虚高"的证据之一。人口数据的失实失真已引起境内外学者的普遍关注。无论是各种常规统计、人口普查，还是大型抽样调查，其原始数据都是自下而上从基层采集来的，乡村数据有问题的症结究竟何在，出生人口数据的背后究竟有什么样的动力使我们无法获得真实的数据，我们将进行探讨。

一　数据核查方案设计与实施

　　为了了解基层数据的准确性，分析低龄人口的漏报情况，从村寨和乡镇入手，进行一些田野工作核实统计数据的准确性。

（一）调查点的选择

　　为了保证资料的全面，我们对 3 个村寨的数据进行了核实，其中 2 个苗寨、1 个侗寨。除了研究者本人在 1 个苗寨核实数据外，另外 1 个苗寨和 1 个侗寨是由家住在寨子中的在外地读书的大学生来完成的。从经济发展水平看，这 3 个寨子一个是在省会城市附近的县，经济相对发达，另一个属于中等水平，还有一个村寨则相对落后。

（二）核查内容

目前对出生人口性别比数据的分析主要是从人口普查资料获得，另外还有人口抽样调查、计划生育调查，人口与计划生育登记系统也是计划生育部门获得人口资料的重要来源，这些资料都是不同时期对人口变动情况的登记。在基层对以往人口普查数据中出生与低龄人口漏报的情况进行核实几乎无从下手，但在乡镇有人口与计划生育登记系统，这是一个随时更新的人口信息系统，在村寨有"人口与计划生育家庭登记卡"，记录的是育龄妇女的婚育情况以及家庭人口情况。

从数据产生途径看，登记卡数据由村和乡计生专干收集、乡录入并上报，数据的内容包括家庭成员基本信息、计生信息、人口变动信息。就数据获取环节而言，涉及三个层次，一是家庭，二是村级，三是乡镇，每一层数据因为各自的利益，都有可能不实，需要从不同角度核实。对其中登记结果的准确性的核实，同样可以发现出生人口与低龄人口漏报的规律。

（三）资料获得途径与难度

这项工作设计之初，是由家在村寨的民族学院的 5 个学生到自家所在的村寨收集人口信息，这样设计的理由是学生是本乡本土人，家中的老人了解本村寨情况，有利于获得真实的信息。而这样的工作如果由一个外来的研究人员去完成，必须要有本乡的适合的报道人，但短时间内很难在几个点同时收集信息。在开展工作却遇到了一定的困难。由于计生部门对这项工作非常敏感，在收集信息的过程中有 3 个学生经过很多努力也没有得到基层的"人口与计划生育家庭登记卡"，主要包括两种情况：一类是村里需要上级计生部门的同意才能给，另一类档案卡已经上交到乡里，而乡里也同样不愿提供。这种情况下，没有档案卡，也就谈不上核实信息了。而另外一个学生没办法获得本村信息后，通过朋友拿到其他乡镇一个苗寨的人口信息，但是不了解这个寨子的情况，所以也无法核实。而核实了信息的两个学生的档案资料的获得，一个是母亲曾在计生部门工作，这个学生由母亲通过关系拿到数据拿到档案卡，另一个拿到档案的同学的近亲是村长。加上笔者本人，共完成了 3 个村寨的计生档案的核实工作。

二　村级资料——选择性漏报与误报

为了便于表述，在核查的几个村寨中，选取发展水平处于中等的 D 寨来说明数据漏报情况。

（一）D 寨的基本情况

D 寨在当地相对发达，教育发展水平也较高，生育水平相对较低，实际上，超生的情况在 D 寨不多，这个寨所在的县是当地非常重视教育的一个县，每年高考考上大学的人很多，省内很多干部都是从这个县出去的，所以在当地已经形成了重视教育的风气，很多家庭都希望自己的孩子多读书，但由于读书太贵了，所以也就不想多要孩子。孩子数量以 2 个居多。

调查者按照要求对 D 寨人口数据进行了登录，同时找亲属、邻居及其家人核实登录的情况是否准确，其中的第一自然村是调查人的家所住的地方，对情况更容易了解，所以核实得更细致。

（二）数据不实的几种类型与规律

数据分析与核查的结果显示，数据不实主要有几种情况，一种是漏报，一种是瞒报，还有一种是有意地错报。为了解儿童数据的准确性，我们对照 2000—2008 年登记卡上的数据进行了核实，分孩次、分性别以及漏报情况的汇总结果见表 5—1。

分析发现，D 寨第一自然村的新生儿（瞒）漏报有如下规律：

第一，男孩漏报多。2000—2008 年村中的登记卡记载出生人数为 54 人，其中男孩 34 人，女孩 20 人。但核实的结果是，有 61 人出生，其中男孩 39 人，女孩 20 人，瞒（漏）报的人数为 7 人，其中男孩 5 人，女孩 2 人，分性别看，男孩漏报率高于女孩。

第二，高孩次漏报多。除 2000 年出生的被收养的女孩外，漏报一孩的男孩、女孩各 1 人，二孩漏报的男孩 3 人、女孩 1 人，三孩漏报的男孩 1 人。按比例看，一孩漏报比例低，二孩、三孩漏报比例高。

表 5—1　　　　　D 寨第一自然村 2000—2008 年现存儿童档案与
核实情况（登记人数与漏报人数）

	一孩		二孩		三孩		收养		总计	
	男	女	男	女	男	女	男	女	男	女
2000	3	2	2					1*	5	3
2001	5	1	3	1					8	2
2002	1	3		2					1	5
2003			2						2	
2004	3	2	3	1					6	3
2005	2	1	3*		1			1	6	3
2006	2*	1	4						6	1
2007	1	1	2*						3	1
2008		1*	1*	2*	1*	1			2	4
登记卡合计	17	12	20	7	2	1	0	1	34	20
实际出生	18	13	23	8	3	1	0	2	39	20

注：* 表示 1 个漏报。

第三，新出生的漏报多。漏报的年份集中在最近几年，除了 2000 年一户（1996 年已生有 1 子）家庭收养的女孩被漏报外，其他的漏报都集中在 2005 年以后，孩子年越小，漏报越多，2008 年共出生 6 人，其中的 4 人在计生档案上没有登记。

第四，村级的瞒报和漏报，多是外出打工者。除收养的一例外，其余 6 个孩子的父母均在打工，打工的地点包括广东、浙江等地。具体看，据访问者 YQ 介绍，漏报的孩子父母情况如下：

　　杨姓村民，夫妻中的女方未到结婚年龄，举行了结婚仪式但是没有登记，婚后在外打工，于 2008 年生育一女孩，由于不到生育年龄，在登记卡中未登记，是通过核实后得知的。
　　另外有对父母，分别出生于 1967 和 1969 年，在 1993 年生一女孩，后到广东打工，在 2005 年和 2008 年各生一男孩，2008 年出生的男孩漏报。

还有对夫妻，丈夫是独生子，生于 1978 年，妻子生于 1981 年 4 月，在 2003 年 2 月生有一女，登记在档案卡中的只有这一个女儿。夫妻两人分别在 2004 年和 2006 年到浙江打工。据村中知情人讲，在 2008 年这对夫妇又生了一个女孩，女孩现在浙江与父母在一起，并没有登记在档案卡上。

从 D 寨的村级数据的核实结果可以看出，育龄夫妇的外出流动增加了统计工作的难度，统计工作不到位，流动外出人员生育上报不及时，另外，高孩次、男孩的瞒（漏）报率高，尤其是三孩或者生育间隔未满的二孩，如果申报，可能意味着需按照计划外生育交纳社会抚养费。这种漏报规律在调查的 M 寨也一样，受人口流动、出生时间以及是否超生的影响的。

同时，还发现一些其他指标的更新不及时，如人已经死亡，但健康状况依然是健康，女儿出嫁搬出，可能开始是未领证，但已经到了领证年龄，婚姻状况还是未婚等情况。

三　乡级数据——无奈的"加工"

乡村人口统计是机构化了的基层行政——政治权力的组成部分[1]。自实行计划生育以来，村级自下而上将数据报至乡计划生育部门，乡计生部门对人口数据的汇总指标在上报之前会进行各种处理。如果说，数据在报至乡级以前是一种官民间的博弈的话，那么乡级数据的上报则是官官间的博弈了。这种博弈是与计划生育指标的考核密切相关，开始于 1992 年的"一票否决制"使计划生育数据层层加水，这已经成为公开的秘密。在笔者的调查地，近年来为了加强中西部计划生育工作，将沿海地区的指标作为标准对当地工作进行考核，检查人口的出生、死亡、出生性别比、妇女的生育水平以及计生服务情况，但实际的情况是经济发展水平与群众意愿并没有达到那样的水平，这样仅仅以指标进行控制，最后的工作也就是把

---

[1]　Lavely, William, 1982, China's Rural Population Statistics at the Local Level, *Population Index*, Vol. 48, No. 4；张风雨：《全国人口统计数据失真原因与对策分析研讨会综述》，《中国人口科学》1995 年第 4 期。

没法达到指标的数据进行"加工"变成期望的指标的数据。这样的解决之道是上面下指标，基层编数据，根据指标决定哪些超生的人上报。

（一）"加工"内容

据知情者介绍，在计生部门，两本账已经成为公开的秘密，但是那本暗账只是掌握在某些计生干部的手中，如果这本暗账公开，不知会涉及多少人的乌纱帽，这是计生干部"担待"不起的。按照图5—13所示，乡镇从村级获得的数据，包括计划内生育和计划外生育两部分数据，其中计划内的出生数是可以如实上报的，而计划外生育则需要作一些调整，具体包括以下几个方面。

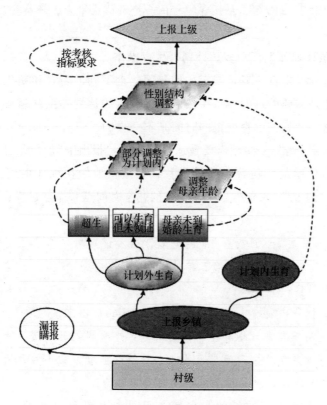

图5—13　出生人口数据上报示意图

1. 对于早婚造成的一孩计划外生育的操作

这一类主要是不到生育年龄发生的计划外生育。在有的民族地区，由于习俗的影响，早婚现象非常严重，在 M 寨 20 岁以前结婚的非常普遍，有些人结婚未领证，但外出打工并在外地生育，回家时抱着孩子就回来了，甚至有过 12 岁生育的极端例子。对于这种情况，报道人 S 告诉笔者：

> 有的乡级计生部门会把早婚者的出生年月改大，使她们"变成"正常生育，但这还是不够的，往往上级检查的时候，会要求检查新生人口的父母户口、结婚证、准生证、孕产妇保健卡以及孩子的出生证，有的地方为了不被检查出来，一般在检查前会由乡政府统一要求公安、民政、妇幼保健等配合计生部门，备齐相关证件，等检查结束再销毁。

> 这种办法风险很大，有的村民会把造的证拿走，还得往回追。

2. 二孩计划外生育和多孩计划外生育操作

这类计划外生育一般是规定的四年间隔期不到而生育和超生，这些生育的数据也是需要处理的，每年按照指标要求的计划外生育是有一定额度的，所以这些计划外生育上报的时间是不一样的，只有一部分可以"浮出水面"① 上报，另外一些则需要在适当的时机"报出来"。但是已经出生的人毕竟是活生生的，随着时间的推移，必须将他们在统计渠道上由"地下"转入"地上"，S 介绍了这种转移的几个时间点和操作过程：

> 1. 在"两年回头看"（调查地计生术语）时，即上级考核的只是近两年的数据，而倒数第三年的数据不再作为考核指标，这就可以进行一些调整；
> 2. 把当时没有上报的人"调"（音 tiáo）出来；
> 3. 将三年前计划外生育改为计划内生育的人再改回计划外；
> 4. 母亲年龄未到而生育的，在三年前把母亲的年龄改大，变成了可以按年龄生育的，三年后要改回实际年龄；
> 5. 未登记而结婚的，在登记后要把初婚年月按照登记的日期加上。

---

① 指按照给定的计划外生育的额度，可以按照实际情况上报给上级部门的那部分新生者。

（二）重点工作指标考核与"加工"指标的怪圈

对于这样的注水的数据，基层工作者也很为难，所以相对准确的只是总人口的数据，但内部结构已经发生了很大的变化，一般来说，三年前的数据是乡以上的计生部门掌握的相对真实数据。在出生人口性别比成为考核的指标之后，男孩也开始在乡镇级瞒报：

> 乡里的性别比在2000—2003年时有170，治理后有些成效，数据下来一些。现在上边考核要求控制在107，我们就只好做成107，把性别比也得调了，实际上有140左右呢。我们也很麻烦的，六七张表要搞相互对应，很麻烦的。（S）

随着各级政府对出生人口性别比问题的重视，性别比数据也与生育水平一样出现了水分，形成了一个怪圈：对计生工作的要求需要重视某项指标，该指标进而与领导的乌纱帽挂钩，领导会对基层部门提出要求，抓工作成效的同时对没有达到成效的数字进行操作。

基层的计划生育工作者，他们认为自己是在夹缝（在上级的指标与群众的生育现状之间）里生存，工作时间也被分割为应对上级的检查和到基层进行计生服务工作，但往往会因为频繁的检查而影响基层工作。

随着计划生育育龄妇女信息系统的完善，技术的要求对"操作"提出了挑战，在乡里访谈时发现墙上贴着"今年的出生数按实际出生上报"的标语，不知道这是数字修改的权力上移还是真的需要给一个上级甚至上上级一个真实的数字。

（三）改变指标与计生工作之间的矛盾关系

笔者的研究需追求性别比数据的准确性，但是在核实过程中发现，在乡镇一级，大家的目光仅仅是放在数据上面，而不把目光放在真正的计生服务工作中，使工作流于形式，那么计生人员可能要花更多时间坐在办公室"搞材料"，平衡数字。而目前工作现状是计划外生育问题不容忽视，经常性的计生工作检查对正常的基层工作造成了冲击。

基层的计划生育工作实际是同群众的生育行为之间的拉锯战，工作重点应该放在育龄妇女避孕措施的普及方面，对早婚妇女及时上环，并进行耐心细致的工作，避免计划外的超生。同时加强对新生儿的产后监控，避免溺弃婴行为的发生，这些都需要增加计生人员入村入户的时间，势必要求减少检查次数，降低对指标的权威性要求，以便获得真实的数据。

四　计生登记、户口登记与人口普查

除计生部门的登记外，"户口登记"是乡村人口统计的另一个内容，还有一些计划外生育在计生的登记卡中登记，但没有户口。

> 一对夫妇在 2005 年到浙江打工，在 1998 年和 2004 年分别生育一男一女，但浙江打工期间意外怀孕，又不愿意流产，2005 年 4 月生一女孩，为计划外生育，2008 年回乡后，被计生部门发现，缴纳了罚款，但是至今没有户口。(YQ)

对于没有户口的超生者，据当地的计生干部介绍，在孩子入学时，必须落户，否则无法读书，而公安部门落户时需要看计生部门的证明才能落户，从人口数据统计的渠道来看，无论是计生部门还是公安部门，孩子如果要入学，那些没有在计生部门登记或者在计生部门登记但没有户口的孩子，一旦登记户口，就可以被统计到，用一个形象的比喻来说，是从地下浮出水面了。

但是在实地调查时，也遇到下面这种情况，在乡政府集中办公时，有一苗族妇女要求给收养的女儿办户口，希望计生部门出具证明，但是这个女儿是被收养的第二个女儿，不符合收养规定，所以无法办理户口。另外，还有一些漏报是那些不符合计划生育规定的，包括超生、未到间隔生育、到间隔但未领准生证生育等，因为需要交纳罚款而未如期登记，这部分人在乡村两级都是知道的，但是并未登记，或者登记未落户。

按照曾参加过普查资料收集的当地人说，人口普查时很多资料都是根据派出所的户籍登记记录的，如果计生部门认定的超生人员没有户口，那么这些人很容易在普查中被漏掉。

本章小结

通过分析全国人口普查数据发现，不同民族的低龄人口漏报确实存在。尽管有漏报、民族成分变更等因素影响，这一差异在不同民族间是不同的；分性别的差异率也有很大不同。

为了分析差异产生的原因，笔者收集了计划生育部门的计生档案数据并加以核实。从数据产生的机制上看，出生人口数据经过村级漏报、乡级的"加工"，真实的数据向计划生育考核指标靠拢，尤其是出生人口性别比作为考核指标以后，数据的失真已经在所难免。

下　篇

性别选择与性别偏好
——来自田野调查的分析

第 六 章

M 寨基本情况与性别偏好判断

在 2000 年全国人口普查数据公布后，一些人口学者不断地强调出生人口性别比已经很高了，问题很严重。但对出生人口性别比异常的原因不仅需要从宏观上进行分析，更需要从社区与家庭层面对其内部机制进行研究，不仅要考虑经济因素、技术因素，同样也需要注重文化的影响，所以需要通过人类学的田野方法进行更深层次的分析。在 M 寨（由于涉及基层计生工作以及个人隐私，对相应的地名和被访者的信息进行处理，调查点简称 M 寨）这样一个小的社区探讨人们是否存在性别偏好，偏好的动机有哪些，偏好的结果是否对人口的性别结构造成影响。从另一角度讲，对子女性别的选择是生育观念的一部分，生育观念是生育文化的一部分，生育文化是村寨文化的一部分，对该村寨的社会经济文化等进行全面的了解，可以认识生育观念产生的原因。

第一节　Q 地区出生人口性别比问题的历史与现状

Q 地区是苗族聚居地之一，田野调查点选在这个地区，其出生性别比状况也是我们所关心的。

一　总体情况

1. 出生人口性别比近 20 年处于偏高状态

1964 年，出生人口性别比为 102.64，1982 年为 107.03，而图 6—1 为 1987—2006 年的出生人口性别比。在这 20 年间，该地区的出生人口性别比基本上经历了四个阶段：（1）1987—1989年，出生人口性别比为115—122；（2）1990—1995年，出生人口性别比从115持续升高到130，并在130左右维持了5年之久；（3）1996—2003年在125左右；（4）2004年开始出生性别比数据呈下降趋势，从2003年的124下降到2006年的116。

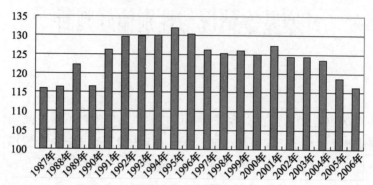

图6—1　Q地区出生人口性别比变化情况

数据来源：当地计生部门，除普查年份，其余年份均为计生报表数。

2. 分孩次出生人口性别比状况

从表6—1列出的部分年份分孩次性别比情况来看，当地计生委的数据显示，在20世纪90年代，一孩性别比为112—116，二孩性别比为122—136，三孩性别比为150—179，一孩性别比在几年间略有下降，二孩及多孩性别比逐步上升。而2000年时一孩性别比为104左右，二孩上升到140—156，多孩为186—254，即一孩性别比正常，二孩及多孩随孩次增高，性别比也提高。但是一孩性别比在短时间下降到正常，有待于进一步分析。

表6—1　　　　　　部分年份Q地区分孩次出生人口性别比

年度	出生性别比	一孩	二孩	多孩
1989年	122.31	115.05	122.76	151.00
1990年	116.43	115.08	124.87	155.75
1991年	126.17	112.86	135.45	178.35
2000年	125.01	104.35	141.77	186.15

续表

年度	出生性别比	一孩	二孩	多孩
2003 年	124.43	104.44	155.44	245.82
2004 年	123.45	104.18	152.5	253.55

数据来源：当地计生部门。

二　不同民族情况

苗族和侗族是 Q 地区的人数最多的少数民族。而 Q 地区的侗族和苗族的出生人口性别比在"三普"到"五普"期间也是不断变化的。从人口普查原始数据分析情况来看（见图 6—2），1982 年，苗族和侗族的出生人口性别比都是正常的，而汉族的出生性别比超出了正常值，1990 年，侗族的出生性别比超过 110，而苗族则超过了 120，到 2000 年，苗族和侗族的出生人口性别比依然超过正常值，其中，侗族的出生人口性别比略高于1990 年，而苗族则超过 130。

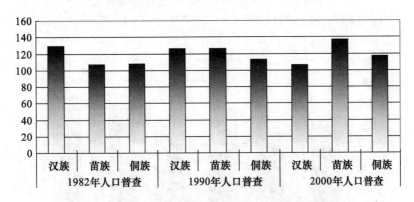

图 6—2　Q 地区汉族、苗族、侗族出生人口性别比状况

数据来源：根据第三次、第四次和第五次人口普查原始数据 Q 地区数据汇总。

图 6—3 是 Q 地区三次人口普查时 0—5 岁苗族性别比状况，在 1982 年0—5 岁儿童的性别比除 2 岁接近 112，其余都非常稳定，在正常值范围内。1990 年，低龄各个年龄组儿童的性别比非常不稳定，而且值都非常高，除2 岁和 4 岁组外，其余都高于 120，尤其是 1 岁组已经在 150 以上；2000 年

第五次人口普查除 1 岁组外，其他年龄组的性别比都较 1990 年有提高，为
140 或接近 140。

从 Q 地区的出生人口性别比基本状况来看（见图 6—3、图 6—4 和图
6—5），几次普查间出生人口性别比是逐步提高的，而不同民族的提高水
平有所差异。

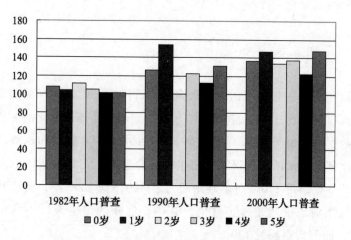

图 6—3　Q 地区苗族 0—5 岁人口性别比状况

数据来源：根据第三次、第四次和第五次人口普查原始数据 Q 地区数据汇总。

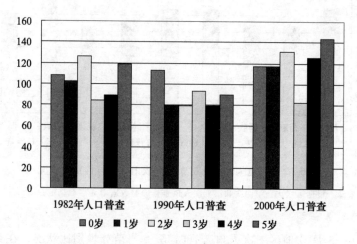

图 6—4　Q 地区侗族 0—5 岁人口性别比状况

数据来源：根据第三次、第四次和第五次人口普查原始数据 Q 地区数据汇总。

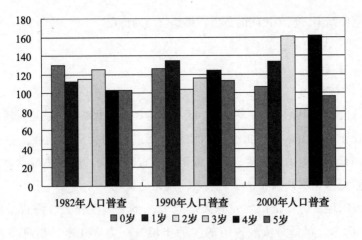

图 6—5 Q 地区汉族 0—5 岁人口性别比状况

数据来源：根据第三次、第四次和第五次人口普查原始数据 Q 地区数据汇总。

第二节 村寨基本情况

从现今的行政区划来看，M 寨属于西南民族地区 A 县 P 镇，隶属于 Q 地区。

一 A 县

A 县位于西南某省的东南部，共有人口 16 万人，境内有苗、侗、水、布依族和汉族。其中苗族包括 7 个亚族群，包括八寨苗、锦鸡苗、白领苗、清江苗、南皋苗等，共同的特点是都崇拜鸟，妇女们的"百鸟衣""锦鸡服""蜡染古装"等都将鸟作为图腾。妇女蜡染布袋上的双鸟戏蝶图、锦鸡苗妇女臀部悬垂的稀疏花带（象征鸟的尾羽），鸟图腾并不丰富。蝴蝶也是当地苗族的图腾，花包上、脖颈上、裙子上都有蝴蝶鲜花相伴，每个八寨苗妇女的青色头巾上更是都别着蝴蝶银簪，这是更女性化、日常化的图案。而鸟图腾更多出现在节日盛装上，平时不容易看到。

A 县在漫长的历史发展进程中，还创造了各具特色、异彩纷呈的优秀民族文化。苗族的古歌、"贾"、习俗仪式歌、情歌、神话等民间文学形式多样，苗族和水族的蜡染，流传民间的苗历，都是当地的特色。

二　P镇

P镇位于A县的东部，距县城43千米。P镇地处高原向丘陵过渡的斜坡地段，位于苗岭山系东段雷公山西南麓，属"江南台隆"地貌，地势西北高，东南低，地表山脉纵横，河谷深切，垂直落差大。属亚热带季风湿润气候，雨量充沛，气候温和，冬无严寒，夏无酷暑。

P镇的地貌为中低山谷，海拔落差大，小气候变化大。海拔最高处的山是1701米，最低是流经该镇的河的出境处，为370米，相对高差1331米。耕地大部分分布于海拔450—1200米的区域。气温变化大，"岔河晒得米，高峰飞毛雨"，温度相差3.3—5.7℃。海拔下降100米，气温平均升高0.52℃。季节性差异也非常明显，这边山坳已春暖花开，燕子翩翩，而那边山坳仍然玉树琼枝，冰冻未解，农事季节相差30天以上。

P镇是一个民风古朴的地方，境内居住有苗、侗、布衣、瑶、汉等7个民族，少数民族占85%。P镇民族风情浓郁，典雅独特，为锦鸡苗族集聚的中心，地处苗疆腹地，苗族同胞众多，民族传统文化保存完好，是"锦鸡苗族文化"之乡，有风情别致的苗家吊脚楼，堪称民族工艺一绝的苗族银饰、挑花、刺绣、蜡染等，其民间蜡染工艺素有"东方第一染"的美誉，倾倒无数中外游客。P镇是锦鸡文化、蜡染文化之乡，锦鸡舞、蜡染工艺已被列为国家级非物质文化遗产。民族节日"三月三""六月六"及吃牯藏、过苗年、跳铜鼓、踩芦笙等都享有盛名。

境内山峦起伏绵延，沟谷交织，岭脉纵横。由于历史和自然因素的制约，导致P镇经济社会发展速度极为缓慢，文化教育发展滞后，生产力极为低下，是Q地区极贫困镇之一，被列为省里新阶段扶贫开发重点二类乡镇。

三　M寨

（一）村寨基本情况

M寨距镇政府直线距离15千米，位于P镇的东部，村镇都位于半山腰上，隔着山谷相望。据地名志记载：

　　M寨地处泥金坡西侧，周围是缓坡梯田。寨边有许多高大古树，寨中有层层的石梯和小路。南北长形聚落，青瓦木楼。海拔1125米，属中山地貌，于寨上向西北眺望，清楚地看到四方山、猫鼻岭、泡木山、望乡台等高山。1月平均气温3.10℃，7月为22.4℃，年平均为13.7℃。年降水量1388.88毫米。无霜期241天。属前震旦系地层。土壤为黄土，水稻土。种植水稻、小麦、油菜、玉米、红薯、小米、辣椒、魔芋、土烟等①。

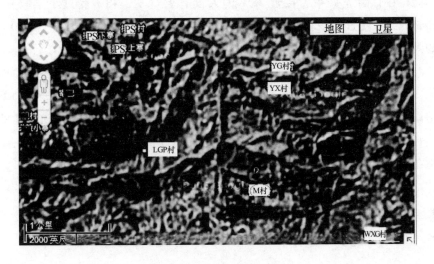

图6—6　M寨卫星地图

资料来源：Googlemap。

　　M寨地处山区，总面积为499.1公顷，森林覆盖率高达72%。共有耕地面积为371.63亩，均为梯田和坡土。人均耕地面积较少，仅有0.51亩。村里的土地是1984年联产承包时分配的，多年来没有变化，一直是增人不增地，减人不减地，所以不同家庭的土地很不均匀，

　　M寨共有172户，总人口741人，据介绍都是苗族②。考证M寨的历

————————

① 引自A县县志，1987年版。

② 这是P镇计生档案登记的信息，但是在访谈中YW的母亲介绍说自己就是汉族，是从附近的汉族村嫁到M寨的。

史，文献记载居住在此的苗族已经有六代了，但当地老人认为是十代。据
介绍 M 寨其实是 Mā Niū 的谐音，Niū 是鼓的意思，Mā 是埋的意思，意思
是 M 寨的地下埋着个铜鼓，Y 姓、B 姓、Z 姓都来挖鼓，鼓没挖到，就在
这里安家落户，生活到今天，但据当地地名志记载，其村名是"卖鼓"的
意思，意思是该地有一面好铜鼓，后来被人买去①。

　　寨里主要是 Y 姓、B 姓、Z 姓的后代。还有几户 L 姓人家是新中国成
立后因工作调动而来此的一户人家的后代。另外的三个姓氏据村民介绍，
是来自于江西珠市巷，已经在村中居住超过了六代。该村的文化程度普遍
不高，在育龄夫妇中，接近 38% 的人没有上过学，48% 受过小学教育，
13% 的人口受过初中教育，而育龄夫妇中女性的受教育程度更低，有 70%
的人没有上过学，25% 的人受过小学教育。

　　村寨的房屋沿着半山腰修建，是典型的苗家吊脚楼建筑，房屋依山而
建，所以高高低低，错落有致，但密度也很大，真正是鸡犬相闻。山脚下
是修成梯田状的农田，中间是村民的吊脚楼，走在寨中，要在依山而建的
碎石搭成的台阶上上下穿行，青石板路、砂石路纵横。村民上山下田主要
是在山路上步行，运送东西要靠挑担子。

（二）锦鸡舞

提起 M 寨，当地人最为自豪的是他们是"锦鸡舞之乡"，据记载：

　　　　锦鸡舞是短裙苗族村寨一带的民间舞蹈，是苗族芦笙舞中独具特
　　色的一种，历史源远流长，在这一地区，无论男女老少均能跳锦鸡
　　舞。尤其是遇到起房建屋喜庆节日时，当芦笙吹起，人们听到后相继
　　拢来，纷纷加入，围成圆圈起舞，姑娘们就头戴打制有数只锦鸡的银
　　花、银角，穿戴着自己刺绣的盛装，翩翩起舞，五彩斑斓的服饰犹如
　　锦鸡展开了漂亮的羽毛，故名"锦鸡舞"。身着盛装的苗族妇女围裙
　　厚实，跳舞时两手斜展于腰间，如锦鸡展翅，并不时扇动，悠然自
　　在，十分优美。②

---

① 引自 A 县县志，1987 年版。
② 资料来源：http://baike.baidu.com/view/2101956.htm。

图 6—7　M 寨一角①

图 6—8　刚刚跳完锦鸡舞的村民

---

① 本书中的照片除特别注明外，均为笔者在 M 寨几次调研中拍摄。

第三节　M寨人口状况与性别偏好分析

性别偏好的度量是性别偏好研究的重要内容，度量方法也很多。比如最后一个孩子性别比、子女性别结构和性别序列、分孩次性别比、胎次递进比、现存子女性别结构下再生育的生育间隔、生育意愿的理想子女数量与性别结构等[①]。雷伟立等[②]还采用心理学的库姆斯（Coombs）尺度[③]测量潜在的性别偏好，并以此测量海南美孚黎族的性别偏好。M寨的田野调查主要运用现有的人口与计划生育档案信息，在核实信息后，通过对14岁以下儿童现存性别比例、存活儿童分孩次性别比、最后子女性别比、现存子女分性别结构的生育间隔等进行性别偏好分析，胎次递进比也是测量性别偏好的度量方法之一，但是孩次递进性别比是对胎次递进比的改进，所以本书尝试借鉴孩次递进性别比的思想对M寨这样一个小区域人口的性别偏好进行判断。

一　人口年龄结构

近十年来，M寨的总人口增长缓慢，从1997年年底的667人增长到2009年年底的741人，平均每年的净增长人数为10人。

从现有人口年龄结构来看（见图6—9），M寨的人口年龄结构为成年人口型结构，少儿抚养比为22.53%，老年抚养比为7.75%。从不同年龄分布来看，35—39岁人口比例相对较高。图中同样可以看到该村的性别结构，总人口的性别结构为106：100，从分年龄组来看，14岁及以下的男性人口多于女性，15—24岁女性多于男性，25—39岁男性多于女性，40—49岁的女性多于男性。

---

① 刘爽：《中国的出生性别比与性别偏好——现象、原因》，《人口研究》1988年第3期。

② 雷伟立（William Lavely），Jianke Li and Juanghong Li, 2001, Sex of Children in a Meifu Li Community inf Hainan, China, *Population Studies*, 55。

③ Coombs Clyde H., Lolagene C. Coombs and Gary H. McClelland, 1975, Pereference Scales for Number and Sex of Children, *Population Studies*, 29 (2).

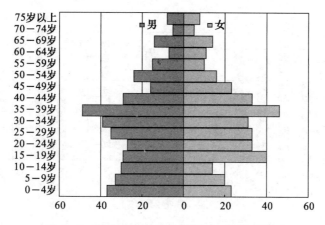

图6—9　M寨人口年龄结构图（2006年年底）

数据来源：根据村寨育龄妇女登记系统数据汇总。

二　0—14岁现存儿童情况

以现存儿童的性别比例判断性别偏好虽然相对粗浅，但是如果没有民族成分变更，没有迁移发生，这一比例只会受到儿童死亡的影响。如果这一指标偏高，意味着女婴死亡率高、女婴漏报比例高，这也反映了性别偏好的存在。本书的资料结合计生数据并加以实地复查，所以漏报的影响会相对降低，可以用来判断性别偏好，但是由于每年出生数量有限，数据会受到随机波动的影响，所以仅以每年的男孩和女孩数作为观察值来描述男女儿童的数量分布。

从1995到2009年14年现存人口累计结果来看，现存人口中于1995到2009年出生的男性为114人，女性为66人，所以可以判断该村1995年以来出生的现存人口的性别比是偏高的。分年份看，除2年女性人口超过男性、1年男女持平，其余年份出生存活的男性都多于女性，1996年（10:5）、2001年（10:1）、2003—2005年（6:0、10:5、13:2）、2007—2008年（11:5、10:6）现存的男孩数都远远高于女孩。

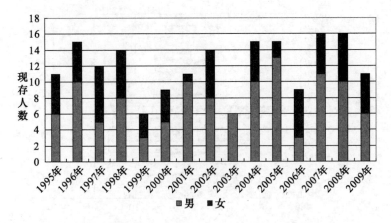

图6—10   2009年M寨0—14岁儿童现存活人数

数据来源：根据M寨人口与计划生育家庭登记卡汇总。

三   从存活子女情况判断性别偏好

性别偏好与孩子在家庭中的排行以及兄弟姐妹的性别和数量有关，这一点在长期的研究中已被证明①。即便父母希望在总体数量上保持男孩与女孩的平衡，他们仍可能对第一个孩子的性别有特殊的偏好，或对接下来孩子的性别偏好有所改变②。

（一）分孩次存活儿童情况

分析M寨的分孩次数据可知（见表6—2），1孩存活男孩高于女孩数，分别为51、40，2孩存活男孩、女孩数分别为59、23，男孩数是女孩数的2倍多，远远高于女孩，3孩出生数较少，男孩、女孩数分别为8和3。这说明无论哪个孩次，存活的男孩数都多于女孩数，但由于样本量过小，不一定具有统计学上的意义，但2孩的存活男孩、女孩数之间的差异之大足以说明父母在2孩上对男孩的倾向性。

① Park C. B. and Cho N. H. 1984, "Estimating the Excess of Birth due to Preference for Sex of Children", *Journal of Population and Health Studies*, 4（1）.

② Das Gupta, Monica, 1987, "Selective Discrimination against Female Children in Rural Punjab, India", *Population and Development Review*, 13.

表 6—2　　　　2009 年 M 寨 0—14 岁儿童不同年份、不同性别现存情况

出生年份	孩次（人）						总计（人）	
	1		2		3			
	男	女	男	女	男	女	男	女
1995	3	2	2	2	1	1	6	5
1996	5	4	4	1	1		10	5
1997	1	4	3	3	1		5	7
1998	2	4	5	2	1		8	6
1999	3	3					3	3
2000	4	4	1				5	4
2001	7	1	2			1	10	1
2002	3	2	4	4	1		8	6
2003	2		4				6	0
2004	4	2	6	3			10	5
2005	6	1	7	1			13	2
2006	3	5	4			1	7	6
2007	2	2	9	3			11	5
2008	4	4	5	1	1	1	10	6
2009	2	2*	3	3	1		6	5
总计	51	40	59	23	8	3	118	66

数据来源：根据 M 寨人口与计划生育家庭登记卡汇总。

注：* 表示出生 4 人，2 人死亡。

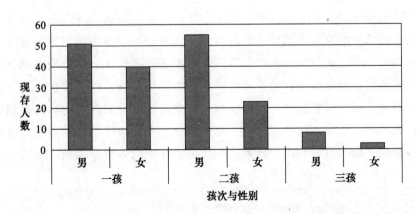

图 6—11　2009 年 M 寨 0—14 岁儿童分孩次现存情况

数据来源：根据 M 寨人口与计划生育家庭登记卡汇总。

（二）分孩次性别递进情况

关于性别偏好与孩子在家庭中的排行以及兄弟姐妹的性别和数量的关系用孩次性别递进的思想更能体现出来，因为它考虑了母亲现有子女的性别与所生育的下一孩的性别之间的关系，这一点在前面章节已经用宏观数据进行了验证，即一女户生育下一孩的性别比明显偏高，但在 M 寨这样一个小的区域，每年的出生人数不超过 20 人，用来分析孩次性别递进性别比样本量是不够的，但是可以利用这种思路将出生人口性别比宏观上孩次递进的原理和趋势在微观上加以验证。

按照这一思路，对存活人口中 1995 年以来出生的人口按年份并根据孩子母亲已有子女的状况进行汇总，得出生育下一个孩子的性别分布情况。如 P_{00}（1995）① 原来没有存活子女的母亲在 1995 年生育了 3 个男孩，2 个女孩，P_{01}（1995）是已经生育了 1 女的母亲在 1995 年生育了 2 个男孩，没有生育女孩。P_{10}（2009）是现存活 1 男的母亲 2009 年生育 1 男 3 女。

从表 6—3 可见，各个年份的没有存活子女的妇女（P_{00}）生育下一孩时男孩、女孩数有所差异，但差异不大，汇总 15 年来的 P_{00}，男为 51，女为 40，男孩比女孩多 11 人。而现存活为 1 女的母亲（P_{01}）生育的下一孩表现出非常明显的偏男倾向，除 1998 年 1 女的母亲又生育了 1 女并存活，其他年份均无存活女孩，汇总数据男女比为 40：1，这个结果有待于在田野中进行更深入的探讨，对于生育了 1 女的家庭再生育女孩的存活问题在后续的章节中也会详细讨论。

施坚雅（Skinner）在 1997 年指出了一个通常被忽略的问题，即使有一贯男孩偏好的家庭也渴望要个女孩。他为了分析经常可能出现的存活子女的性别结构，对中国台湾以及朝鲜、印度进行了调查。结果表明他们更愿意既要男孩又要女孩，而单一性别（比如都是女孩）的出现率比预想的要少得多。通过观察到的子女性别分布形式，可以得到理想的后代性别分布形式：在一个父系联合家庭中，兄弟越少，在兄弟排行中越靠前，男孩就越会被父母器重，同样，兄弟越少，在姐妹中的排行越靠前，女儿也会

---

① P 为人口数，00 分别是母亲生育下一孩前的子女性别，如 01 即 0 男 1 女。P_{01} 即目前为 0 男 1 女的目前生育下一个孩子数量。

被器重①。表 6—3 中存活子女为 1 男的妇女（P_{10}）生育下一孩在性别上的偏好则不是很明显，不同年份或男多女少，或女少男多，但差别不是很大，而汇总数男女分别为 19 和 22，存活的女孩数略高于男孩。

　　而现存子女为 2 孩的即 2 男 2 女和 1 男 1 女的妇女生育下一孩的数量很少，不作进一步分析。

　　村寨数据同样证实了 1 女户的在生育下一个子女时强烈的偏男倾向，与宏观人口学的分析结果非常一致，这与生物规律是不相吻合的，这一结果是如何实现的也是田野工作中研究的重点。出生人口性别比问题对数量的要求增加了小区域对问题的判断的难度，性别偏好及性别偏好行为的分析更多需要从社区和家庭来分析，人口学研究对量的需求和人类学分析对点的深入分析之间的差别，在这一问题上其不同的研究取向表现得非常明显，从对宏观数据到社区数据的基本状况的判断再到田野中的机制分析，是研究的一个基本思路。

表 6—3　　　　　　　　1995—2009 年存活子女的孩次性别递进情况

年份	P_{00}		P_{01}		P_{10}		P_{02}		P_{20}		P_{11}	
	男	女	男	女	男	女	男	女	男	女	男	女
1995	3	2	2			2	1			1		
1996	5	4	2		2	1						
1997	1	4	1		2	3					1	
1998	2	4	4	1	1	1					1	
1999	3	3										
2000	4	4	1									
2001	7	1			1						1	
2002	3	2	3		1	4	1					
2003	2				1							
2004	4	2	3		3	3						
2005	6	1	6		1	1						

① Skinner G. W., 1997, Family Systems and Demegraphic Processes, *Anthropological Demegraphy：Toward A Synthesis*. pp. 66 – 75. University of Chicago Press, Chicago, Illinois.

续表

年份	P_{00}		P_{01}		P_{10}		P_{02}		P_{20}		P_{11}	
	男	女	男	女	男	女	男	女	男	女	男	女
2006	3	5	2		2							1
2007	2	2	6		3	3						
2008	4	4	4		1	1					1	1
2009	2	2	2		1	3					1	
总计	51	40	40	1	19	22	2	0	0	1	5	2

（三）现存子女中最后子女性别分析

通常在分析性别比状况时很多研究者会用"生男即止"来描述对男孩的追求，生育的决策是在生育过程中逐渐形成的，取决于现有子女的数量和性别。最后子女法是通过分析现有子女中最后一个孩子的性别，了解父母目前生育的最后子女的性别分布。

从表6—4可知，目前父母有1个孩子的男孩有14个，女孩有14个，完全相等，但是在M寨只有个别家庭是独生子女，多数家庭生育的是2个孩子，所以这些1孩的父母多数还会生育下一个孩子。而2孩中最后一个孩子是男孩的有54个，最后一个孩子是女孩的有21个，3孩中，最后一个孩子是男孩的有5个，是女孩的有2个。也就是说，表中统计到的最后一个孩子是2孩及以上的孩子性别为男孩的有60个，是女孩的有23个，最后子女法的性别分布同样证明了性别偏好及偏好行为的存在。

表6—4　　　　　　　　1995—2009年最后一个子女性别情况

最后子女孩次	1		2		3		4
性别	男	女	男	女	男	女	男
数量	14	14	54	21	5	2	1
性别分布	M14	F14	FM35 MM19	FF0 MF21	FMM4 FFM1	FMF1 MFF1	FFMM1

现有的子女数量和性别分布会影响下一个孩子的性别，在2孩中，最后一个孩子是男孩的54个孩子中，有35个孩子有1个姐姐，19个孩子有1个哥哥；而最后一个孩子是女孩的21个孩子全部有1个哥

哥；家中有3个孩子的，最后一个孩子是男孩的有5个，其中的4个有1个姐姐、1个哥哥，1个有两个姐姐；最后孩子是女孩的，都是1个哥哥、1个姐姐。

（四）不同性别间隔情况

在M寨调查时，我们发现很多生育了1个男孩的家庭并不急于生育下一孩，还有几户甚至在第一个男孩10岁左右才生育下一孩，其中一户的男主人是这样解释的：

> 有了一个男孩，就够了，也不着急，按我的意思本来不想再生了，但有生育指标，家族的人都劝我，不生又浪费了指标，孩子妈才又生了一个，是个女孩，两个孩子差了十岁。（BWD）

还有的一男户干脆放弃了生育二孩，但是也不去领独生子女证：

> 家里太苦了，他爸爸的身体也不好，生了个男孩，有个守屋的，就行了，再要的话要还是个儿子，也是麻烦啊。
> （为什么还是儿子就麻烦？）房子啊、地啊，都麻烦啊。（BWL之妻）

表6—5　　1995—2009年出生的现存子女的间隔情况

年份	FM 女男	M* 男*	其中	
			MF 男女	MM 男男
1995	5	6	6	
1996	5.5	5.3	6	5
1997	10	7	6.3	8
1998	8	7.5		7
2000	4			
2001	2	3	3	
2002	6	5.6	7	6
2003	3.5	5		5

年份	FM 女男	M * 男 *	其中	
			MF 男女	MM 男男
2004	5	5.4	6	5
2005	6.6	7.5	10	5
2006	5	6		6
2007	6.3	7	6.3	7.3
2008	3.6	4	4	4
2009	3	7	7.3	5
平均	5.3	5.7	6.2	5.8

注：* 指第二个孩子为女孩或男孩。

　　还有的处在等待之中，如 ZXF（1977 年出生），在 2002 年生了 1 个儿子，想等儿子十多岁再要下一孩，理由是不着急了。前面已分析性别偏好与孩子在家庭中的排行以及兄弟姐妹的性别和数量有关，那已有子女的性别对生育与再次生育子女的生育间隔是否也可以反映性别偏好呢？

　　从表 6—5 可知，现存活第一孩为女孩的与下一存活男孩的平均间隔时间为 5.3 年，现存活第一孩为男孩的与下一存活孩子的平均间隔时间为 5.7 年，其中 1 男与 2 女的平均生育间隔为 6.2 年，1 男与 2 男的间隔为 5.8 年。对比几个数字，可以发现第一孩为 1 女的更急于生育下一孩，两个存活子女的生育间隔要短一些。需要注意的是，在本部分的分析中，因为没有曾生子女登记资料，都是采用的存活子女数据，这中间会有一个问题，就是这个生育间隔是 2 个存活子女间的，但这期间曾生的子女没有记录，就是说如果在 1 女和 2 男的 5.3 年的间隔中还有未存活的子女的话，生育间隔会更短，但是我们没有这方面的记录来证明。在后面关于性别选择途径的章节中会有说明，即同样的两个存活子女的间隔，第一个是女孩的家庭与第一个是男孩的家庭曾生子女数是不同的。

本章小结

　　出生人口性别比异常的原因仅靠宏观上的分析是不够的，尤其是不同民族间的差异很大，同样的数字背后的原因却是不同的，这需要从社区与家庭层面对其内部机制进行分析，也需要注重文化的影响，所以我们选择 M 寨这样一个地处苗疆腹地，民族传统文化保存完好的苗族村寨作为田野点。

对 M 寨的性别偏好分析采取了四种度量方法，从不同角度进行判断。现存儿童性别比分析发现 2 孩的存活男孩、女孩数之间的差异反映出父母在 2 孩上对男孩的倾向性。孩次性别递进性别比同样证明了宏观上纯女户孩次递进性别比非常高，这一结论在 M 寨的微观分析中也得到证实，现存活为 1 女的母亲生育下一孩表现出非常明显的偏男倾向。用最后子女法对 M 寨资料分析证实了 2 孩及以上子女的"生男即止"行为。考察不同性别子女的生育间隔发现第一个孩子为 1 男的生育下一孩的间隔要略高于 1 女，但差别不是很大，但这个间隔的背后选择有待于后面章节进一步探讨。

第 七 章

基础结构、性别需求与突变式的人口转变

文化唯物论认为：“每一个社会必须解决生产问题——在行为上满足最低限度的生计需要，必须在行为上解决再生产问题，避免人口出现破坏性的增加或减少，生产方式用于扩大或限制基本生计生产的技能和实践活动，特别是食物和其他形式的能的生产，假定特定的技能与特定的居住地的相互作用提供了限制和机会。再生产方式用于扩大、限制和保持人口数量的技能和实践活动。”[①]

“象所有生物一样，人类必须消耗能以获得能（以及其他维持生命的产品）。也象所有生物一样，我们生儿育女的能力大于我们为他们获得能的能力，基础结构的策略优先权依据的是人类永远不能改变这些规律这一事实，我们只能试图达到再生产和生产与能消耗之间的平衡。”[②]

人口转变发生之前，生产与再生产之间的平衡依赖于人口再生产的高出生、高死亡、低增长，使人口消耗的能与生产平衡，而随着死亡率的下降，人口低增长的模式被打破，人口转变开始发生，但生产与再生产之间的平衡也被破坏，始于 20 世纪后半期的计划生育作为一种外部的力量通过控制生育，直接改变了人口再生产的方式，使基础结构中的生产与再生产之间相适应。但是人口再生产方式的转变不是在结构中生产方式的要求下自发产生的，而是外部强制的，同时再生产方式只关心数量的降低，而忽视生计方式中的性别需求，尤其是落后、封闭的社区生计方式中原有的性别分工模式，各种条件也制约了这种变化的发生。

---

① ［美］马文·哈里斯：《文化唯物主义》，华夏出版社 1989 年版。
② 同上。

第一节 男性的主导地位由生计方式与
经济水平决定

M 寨的经济发展水平是落后的，这从几个数字的对比中就可以看到。从全国来看，M 寨所在省的经济发展水平落后于全国，2009 年农民人均年收入为 2797 元，远低于全国的 4760 元的水平，2005 年为 1877 元，低于全国的 3255 元，而 M 寨 2005 年为 1075 元，更是低于该州的平均水平，为国家 2 级贫困村，而在当地乡镇的 37 个村中，也是排在了倒数第四。

一 生计方式与家庭收入来源

从数字上来看，收入仅仅是一个模糊的概念，但从村民的收入来源看则比较清晰：一是农产品的收入，有卖粮食等来自于土地的收入，也有来自于养牲畜和家禽的收入；二是外出打工的收入；三是村中手艺人的收入。

（一）有限的土地及收入

全村共有耕地面积为 371.63 亩，均为梯田和坡土，人均耕地面积较少，仅有 0.51 亩。

村里的土地是在 1984 年联产承包的时候分配的，多年来没有变化，一直是增人不增地，减人不减地，所以不同家庭的土地很不均匀。土地多的家庭是当时分地时家里人口多，尤其是老人和女儿多的家庭。因老人去世和女儿出嫁，土地会多一些。比如村里的 BXK 家里，父亲 40 多岁，家里田多，有去世的爷爷、奶奶的田，父亲的伯母没有儿子，也由他家抚养，又带过来五个人的田，父母要干的活很多：

问：父母农活多吗？

答：父亲的我家田多，劳力少，他们俩挺累的。我家有四口人的田加上大奶奶家五口人的田，一共有九个人的田。

图7—1　M寨的梯田与坡土

问：怎么那么多人的田？当时分田的都有谁？

答：我家的田有爷爷、奶奶、爸爸和姑姑的，大奶奶家的有大爷爷、大奶奶和三个姑姑的田。（BXK）

家里田少的是那些家中儿子多的，娶进来的媳妇和新生的孩子都没有地，家里土地会少。29岁的BXF，现在与妻子、父母还有两个儿子一起生活，种的是两个人的田。他家的情况是这样的：

问：你家里有多少地？

答：没有多少，在集体分来的，家里五口人，人口少，分的地少，爷爷、奶奶都去世了，分田时家里是父母、姐姐和哥哥四个人的，分田地时我还没有出生，后来兄弟俩都结婚，妻子和孩子都没有地，没有人背①。现在大哥和我们一共十个人，才是四个人的田，我们家六口人种两个人的，大哥家四口人种两个人的田。（BXF）

来自于土地的收入是有限的，地多的人家会有一些余粮卖，但是更多

_____

① 有帮助分担的意思。

的家庭尤其是老年人是不肯卖粮食的，YG 是笔者的报道人①之一，他告诉笔者家里的米是不能卖的，如果卖掉，等到受灾时再买回来的话要花很多钱②：

> 儿子在外面打工，两个孩子放在我这里，过年了，他不给我寄钱，还让我把米卖点，粮食怎么能卖呢？我对他说，"你总在外面打工啊？等你回来没米了，你吃什么去？"现在卖米一块钱一斤卖掉，等到有灾的年地里，地里的收的米不够，我要是去买，可能会五块钱一斤。那可不合算。我家米很多，现在吃的还是前年打的米呢。（YG）

（二）养牲畜和家禽的收入

养牲畜和家禽的收入是村民日常生活的零花钱的主要来源，牲畜包括养牛和养猪。猪每年养来卖钱，数量多少不一，家里空间大的，可以养多些，而在吊脚楼的一层养猪的不多。YSL 家新建的房子，家里喂了猪，能赚点钱：

> 家里的收入以前除了地没什么收入，现在搬到这里养猪、养牛。每一年喂五六头猪，一头猪贵的可以卖七八百，一年能有两千左右的收入，最少四头大猪。我们养的不是很多，有养十多头的，养多钱占得多，还有吃得多，没那么多东西可喂。（YSL）

---

① 在村里笔者有三个主要的报道人：一个是 BG，生于 1951 年，他在村里当了 20 多年的村干部，因为年龄大了，在 2006 年没再参选。他有一儿一女，女儿出嫁，儿子在外打工，平时家里只有他和老伴，是他们的大家族的族长，笔者每次去 M 寨都是住在他家里。第二个报道人是 YG，生于 1953 年，是村里的鬼师，也是村上另一个姓氏中的权威。他的妻子当过村里的妇女主任，也是村里唯一的一个接生婆，有一儿一女。女儿的前夫去世后改嫁，把生下的女儿放在 YG 家，已经 11 岁了。儿子的前妻去世，生下的女儿也由他养着，现在 6 岁。这个儿子在外打工再婚，生了一个儿子，在孩子 11 个月时也送给他们抚养。第三个报道人是 BJG，是 BG 的侄子，生于 1979 年，夫妻两人有一儿一女。另外还有小 Y 老师，大学毕业，在镇上当老师，但是一直在宣传寨子里的资源，希望能让旅游发展起来，让村民赚点钱。

② 笔者有时也要佩服老年人的经验，在 YG 说他的粮不能卖时，笔者还在心里嘀咕，觉得真是老人，太保守了，但是作为一个研究者，笔者不想以自己的知识影响田野对象，所以把自己的意思表露出去。可笔者在 2010 年 1 月底返回后，西南地区的旱情也开始不断加重，4 月时水田都种不成。听到这个消息，笔者很有感触。

最后一次去在 M 寨是在春节前，很多家都在杀猪，杀的猪主要是用来过年吃肉的，还有一部分用来做腊肉。家里的猪杀了、卖了，寨子里的人在赶集时会再买小猪。

图 7—2　赶集买回的小猪

养牛的周期要长一些，一般是花 2000 元钱把小牛买来，在地里犁田，四五年后再以 5000 元钱卖出。

（三）本地的技术性收入

除种地外，M 寨的劳动还包括盖房、做芦笙、逢年过节制作银器等。所以有这几类手艺的人是有额外收入的，包括芦笙师傅、银器师傅和木匠师傅，好的芦笙师傅做的芦笙最近几年能卖到四五千元，而银器师傅从吃新节开始就忙着打造项圈、耳环、指环和银扣，这段时间的收入能有两三千元。木匠师傅基本是每天的工钱有 50 元，合计起来的收入在当地也不算很低了。还有一些没有技术的在村里盖房子时做做小工也会有点收入。

另外，随着 M 寨的名声逐渐被外界所知，最近两年来寨子里也来了旅游团，虽然不多，但还是给寨子里带来收入。当地政府也非常希望旅游能为寨子增加收入。2009 年 9 月在 M 寨访谈时，恰好有一个旅行团到寨子里，镇上

图7—3　过年前杀猪

图7—4　YG家正在熏腊肉

的领导班子也陪同来到寨子里。后来笔者了解，据说一个旅游团把钱给县里，其中一次是5000元钱，当然这笔钱也会被上边留下一部分，但是到了村里，再发到参加跳舞、吹芦笙的人手里，每人有二三十元钱。

图7—5 BG 家关在圈里的牛

图7—6 接待参观者

（四）打工收入

打工的收入是村民的主要收入来源，但是由于受教育程度不高，一般都是做一些收入低的劳动，但在寨子里，很多人都说，没什么文化，只能做苦工，赚得也少，但是这笔钱也不少了。这份收入用于补贴家用在贫困的 M 寨也是很可观的。

打工做苦工，砖厂、工地，比较烂的工作，有文化才能找到好一点的工作。没文化找苦一点工作，初中、高中才可以找好工作的。五六个去一个工地，去做那种有没有文化都可以做的，同样的工，如果自己出去找就一定要有文化，才能找到好工作。（YSL）

寨子里的女孩子也去工厂做一些计件的工作：

打工时是计件，做多钱多，一个月能有一千多。（BWB 之女）

在外地读职高的 YSC 的父亲在福建打工，在那边搞绿化，收入也在 1000 元左右：

在那边一个月一千多。在这边栽成秧再走。这次带妻子去，去那边她也可以种庄稼，福建那边开发得太多。（YSC 之父）

从收入来源看，有限的土地种出的粮食可以解决温饱，但是不足以增加收入，粮食是不卖的或很少卖。收入来源主要是养牲畜和做非农的技术工作挣的钱。近些年外出打工明显增加了村民的收入，但打工收入增加只是近十多年的事情，因为第一批打工者是在 1997 年才走出去的。在这几类收入中，除打工外，直接可以得到现金的是男性从事的技术性收入，这也决定了男性在家庭收入中的主导地位。

二 社会性别劳动分工

乔治·P. 默多克（George P. Murdock）在做跨文化研究时发现不同社会对构成男性行为和女性行为的社会定义有很大差异。以家庭为生产单位的农村，妇女不仅要生儿育女，还要承担家务劳动，要承担大量的农活。一个在半山腰上的村寨，打草、砍柴、挑水都是在狭窄的山路上坡下岗来完成的，偶尔见到砍的木材由马驮下来，其他都是靠人力来完成。

表 7—1 是笔者在寨子里记录的村民的一天的劳动，因为是春节前，农活不是很多，男的割草、砍柴、放牛，有手艺的做做手艺，还有的修修家

里的房子。

表7—1   一日劳动内容①

性别	男	女
劳动内容	磨刀	抬粪
	割草	割草
	砍柴	打猪菜
	放牛	喂猪
	做手艺： 木匠师傅装房子 银器师傅打银器 芦笙师傅做芦笙 做小工	做饭 洗碗 打扫房间
		放水喂牛 整理园地 摘菜 洗衣 织布 织花带 缝衣服

图7—7 割草归来

_____

① 时间为 2010 年 1 月，春节前。

图7—8　剥树皮盖房顶①

图7—9　装修房子的隔断

　　女性的活儿在笔者看来非常多。笔者住在 BG 家，他的妻子从早起床就一直在忙，除了做饭、洗衣、整理房间这些家务活儿，还要做整理园地、摘菜等田里的活儿。因饲养牲畜，故要抬粪、割草、喂猪、喂牛、喂

---

　　①　在 2004 年通公路以前，寨子里盖房子的房顶都是剥树皮盖在上面，现在大部分的家庭都买瓦盖房子了，剥树皮的家庭少得多了。

鸡等。稍有空闲还得织布、做衣服。直到深夜，她还在织花带。

表7—2是村里的长者对一年四季基本的劳作时间的记录。

表7—2 一年的生产劳动内容

	男	女
一月		
二月 三月	犁田	准备种子、抬粪
四月	栽秧	栽秧
五月	栽秧、扯秧、插秧	帮男人栽秧、扯秧、插秧
六月	管理水田	松土、种玉米、红苕
七月、八月中上旬	管理水田	锄地
八月下旬	割稻子、打米、抬米	割稻子、打米、抬米
九月	抬玉米	收割玉米、抬玉米、晾晒、剥玉米
十月、十一月	村里打零工	松土、种小麦、白菜
十二月	砍柴、烧炭、打零工	织布、缝衣、织花带、准备过年

在这些劳动中，明显看到女性每天要干的活儿非常多，从家务劳动、饲养牲畜到田里的农活，表里还没有列出照顾孩子的内容（当地也没有把照顾孩子当作一项劳动，经常在山路上看到妇女背上背着孩子干活儿）。在记录中所见的收割玉米的各个环节，在笔者第一次去M寨做田野时没有见过几个男性参与，反而是一群女性带着笔者从半山坡上爬到了玉米地，用她们特有的小小的刀子割下玉米，放满两筐，然后从笔者爬着都吃力的山上挑着玉米走下山路。

BG讲他的妻子和自己的劳动，妻子更多的是忙日常的劳动，而他自己则做一些田里的技术活：

  答：白妈薅草、摘玉米啊、挖土啊，这样那样的，很多的，比起来妇女的活多，妇女活路太多，玉米、薅草、挖土，还有家里的活，完成以后，还要插秧，摘栽辣椒、红苕，这样那样的。

问：那您干什么啊？

答：我们看水田、薅秧、砍柴。

问：过完年后都有什么活？

答：抬粪到田边，准备养田，清明节就撒米种。

过了年，二月开始抬粪到田里面，男的刨田，准备秧地来插秧，撒米种，养苗，以后就犁田头，苗长好后，插秧，秧全部插好后，就是管理水田了。每三天两头必须看，看有没有干水，有的还要看有没有洞洞，有没有漏水了，三分种，七分管。七八月就是看水田了，好打米，就是活路太多了。农村的活路多。365 天就是三十晚上没有活，只要春粑粑，老人说，三十晚不用做活路。做点团圆饭就行了。

问：稻子几月收？

答：九月。

问：地里麦子什么时候种？

答：一些种散农肥，一些种小麦、种大麦子，如果不种了，只有种菜了，人吃或喂猪。现在生活好了吃大米了，不吃麦子了。不愿种麦子了，种了也不愿吃。（BG）

而男性在田里的劳动他们认为技术含量更高一些，比如种地时犁田，由男性来完成，管理水田也是男性的任务。

答：活男女都干。男的专门犁田，女的专门插秧，男的有空也可以插秧。

问：犁田女的干不了吗？

答：干不了，她不会。她会也不好去，我在家的话，妻子犁田的话，人家会笑话丈夫，说丈夫懒的，不愿意犁田，让妇女犁田，这是这里的规矩。（YG）

如果收的粮食不卖而是仅供自家消费，是换不来钱的，而家里的零花钱指望的是卖猪、卖鸡、卖鸡蛋以及赶集时卖点辣椒换来。

另外，正如前面对收入的描述，还有一些可以"捞钱"的手艺，比如笔者的报道人加工银器①卖钱。在 M 寨，加工服装的扣子每个卖 1 元钱，项圈自己带原材料的每个 30 元，还有类似戒指的手甲每个 4—5 元。这些银器的加工从吃新节就开始做了，这是现金收入的重要来源。能"捞钱"的人才能在 M 寨收入分层中处于上层的位置。

> 问：那您干什么啊？
>
> 答：我会加工银器，给他们加工这样那样的东西，像扣子、项圈、耳环，还有的会造房子的，捞钱啦。男的就是专门找生意找钱的。做手工了，打工了。
>
> 问：您年轻时呢？
>
> 答：那时就是犁田、插秧，完成后就加工，捞钱了，不会加工的就是装房子、砌屋子了，三四十块钱就可以了，会装房子的装房子，不会的就砌屋子。（BG）

在寨子里如果家里有会手艺的人，家庭的经济状况在村里明显是属于中等甚至上等水平。因为在没有外出打工之前，这些收入是直接拉大与其他村民收入差距的主要来源。而这些劳动都是由男性来承担的，所以在家庭现金收入中，女性的贡献在牲畜的饲养上，而男性是靠一些技术性的工作或出卖体力来"捞钱"的。

第二节　生育水平的下降是在外部　　力量强制之下发生的

在 1959—1961 年的自然灾难后，中国的人口出现井喷式的补偿增长，1962—1970 年，净增长了 1.6 亿人，达到 8.3 亿。1970 年的总和生育率为 5.81。从 1970 年开始，国家逐步认识到计划生育的重要性，1971 年国务院转批了《关于做好计划生育工作的报告》，把控制人口增长的指标首次

---

①　BG 说加工银器，但是笔者看到很多妇女把自家的破铝锅送过来，他把这些破锅熔了，然后做成这些首饰。

纳入国民经济发展计划。

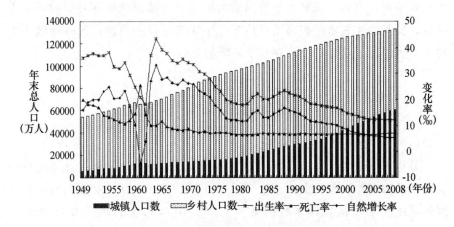

图 7—10　1949—2008 年人口变化情况

注：①1981 年以前数据为户籍统计数；1982 年、1990 年和 2000 年的数据为全国人口普查数据，1987 年、1995 年和 2005 年的数据根据全国 1% 人口抽样调查数据推算，其余年份数据为人口变动情况抽样调查推算数；1982—1989 年的数据根据 1990 年人口普查数据有所调整；1990—2000 年的数据根据 2000 年人口普查数据进行了调整。②按城乡分人口中现役军人计入城镇人口。

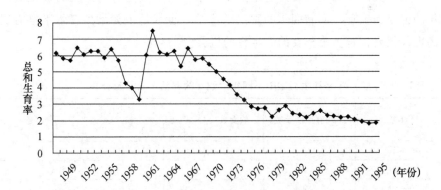

图 7—11　1949—1995 年总和生育率变化

数据来源：国家统计局《2005 年中国统计年鉴》《国家人口发展战略研究报告》。

1980 年 9 月 25 日，中共中央发布《关于控制我国人口增长问题致全体共产党员、共青团员的公开信》，提倡"一对夫妇只生一个孩子"。1980 年《公开信》发布后，计划生育工作也开始在全国推行。生育水平到 20 世纪 90 年代末降至 1.7—1.8。

从总体上看，少数民族的生育水平也下降，但是由于特殊的人口计划生育政策和社会经济发展水平等因素的影响，少数民族生育转变明显晚于汉族，历年的生育水平都高于汉族①。而 M 寨这样一个西南民族地区的小村寨，也经历了这样一个生育水平下降的过程。

一 生育转变

（一）妇女现存子女数分析

分析 M 寨的生育水平，需要对曾生子女数进行分析，但是计划生育档案登记的数据是现存子女数。从分析中可以发现，现存子女数随着年龄的降低是逐渐下降的。具体数据见表 7—3，70 岁以上存活子女数为 4.2，60—69 岁以上妇女现存子女数将近 3.1，50—59 岁妇女的现存子女数是 2.2，40—49 岁的妇女现存子女数为 2.4，30—39 岁的妇女现存子女数为 2.0，20—29 岁妇女的平均存活子女数为 1.5。但是需要注意，39 岁以下妇女尚未完成生育过程，不过从计生档案来看，已经生育 2 个子女或 3 个子女的几户都已经进行了计划生育手术（当地主要是以男性结扎为主），而 1 个子女的在计生档案的登记上则是第一个子女生育时间到目前不满四年的记录为上环，而满四年的则记录待孕。也就是说如果生育水平略有提高也仅仅是生育 1 个子女的有生育的机会。

表 7—3　　　　M 寨计生档案中不同年龄妇女的存活子女数及分布

年龄	平均存活子女数	妇女数	现存子女数				
			1	2	3	4	5
70 岁以上	4.2	5	1	1	4		1
60—69 岁	3.1	17		3	3	2	
50—59 岁	2.2	38	2	11	1		1
40—49 岁	2.4	47	2	17	5		
30—39 岁	2.0	59		14			
20—29 岁	1.5	46	5	10	2		

---

① 张丽萍：《八十年代以来我国少数民族出生人口性别比与生育水平变化的历史回顾》，《人口与经济》2006 年第 5 期。

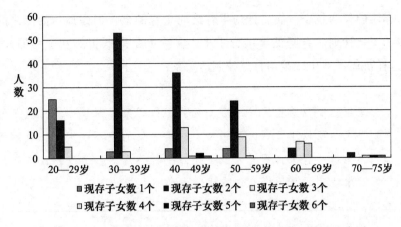

图7—12　M寨计生档案中不同年龄妇女的存活子女数及分布图

（二）自然控制与计划生育

由于缺乏曾生子女的记录，在访谈中笔者也有意识地关注这个问题。妇女的生育水平下降的情况，据 BG 介绍（见表7—4），50 多岁的一般生了五六个，还有的生了七八个，最少的三四个，而 60 多岁的生的还要多。表7—4 是笔者的一些访谈对象提供的一些妇女曾生子女和现存子女数。

表7—4　　　　　　　　部分被访者曾生子女数与存活子女数对比

妇女	年龄	曾生子女数	现存子女数
BG 妻	57 岁	5	2
BG 母亲	83 岁（已去世）	15	4
BG 大嫂	62 岁	6	6
YSL 的妈妈（改嫁，现不在本村）	56 岁	4	4
BG 二嫂	60 岁	2	2
BXK 大奶奶	不清楚	不清楚	3
ZYS 妈妈	1924 年（已去世）	8	3
ZYS 妻	53 岁	4	2

高出生率、高死亡率是在生育转变之前最常说的词，在访谈中笔者得到了许多实实在在的例子。有的六七十岁的妇女生育数量有十多个，但是

最后存活的仅两三个。实施计划生育之前生育的多，但是最后活下来的却
不多。实行计划生育降低了生育水平，实际上是降低了妇女生育的次数，
BG 这样讲述了计生政策与自然控制的关系：

> 国家控制以前生的多，可是死的多；国家控制生的少，生了的也
> 都剩下了。所以生多剩的不一定多，生少剩的也不一定少，最后剩的
> 都差不多少。我家大哥有六个小娃，一个不落，一个没死，那是他运
> 气好。像我家运气不好，你看我家我和 B 妈有五个，最后剩下的只有
> 两个，那三个女娃都没活下来，一个生下死了，两个病死，这两个病
> 死的不是刚生下没的，长到很大生病了，都没活。我也都想要，但没
> 活下来，也没办法。现在只剩儿子和他的姐姐。那时国家没有控制，
> 也是一男一女，所以这个结果是一样的。运气不好的还是要多一些。
>
> 我二哥家就生两个，活两个。
>
> 我老妈那时更苦啊，生了十五个，最后只活下来我们四兄弟，剩
> 下的都没活，这样痛①、那样痛，命运就这样，生多也没有用，但是
> 有的命运好的就能活下来多一些。（BG）

M 寨自然条件差，儿童营养也不好，当地人也认识到这一点，把这个
归结为自然控制，把计划生育部门的管理叫作国家控制。

> 原来生得多，这些孩子生下来自然也会控制的，我妈生十五个剩
> 我们四哥弟。
>
> 我们还有一个大嫂，说是大嫂，也老了，和我老母亲差不多大，
> 生了十五个，现在才有两个。没有计划生育，她生下来也是两个，吃
> 的不够，照顾不过来，痛，好多孩子活不下来，那些病啊、吃的东西
> 啊都控制了他，最后也只有两个成人。
>
> BXK 的老爸，他有兄弟五六个，最后只剩下两个，他老爸的伯母
> 生了五个，最后剩下两个女儿，养老的儿子都没有，没计划生育也剩
> 两个，你慢慢思考。

---

① 对生病的一种说法。

（问：那您说这只是自然管还是国家管的问题？只是让孩子妈妈少受罪？）

我说一句话你慢慢思考，有点启发作用。比方以前老人在的年代，老人在的时候老虎多，现在老虎没有了，前两天他们说好像看见一个老虎。以前讲老虎在山上为什么不咬人，你思考啊，它们吃什么啊？以前老人有一句话，老虎咬你喽。小娃一上坡就被老虎咬了，这是真的了，以前我们祖太公讲过，Y 家也有。这些地方都是老虎，我们过来这些地方就是草坡了，到现在的小娃也还是不敢自己睡，就是怕老虎，怕鬼。以前有老虎控制，现在是国家控制。我不是说国家像老虎，是老虎吃孩子是自然的死。命是那样，不管是老虎不让活，还是国家控制，他就没有生下来。就是那样条件，老虎咬人啊，现在好了。（BG）

BG 对自然控制的理解也说明了当地自然条件的恶劣，温饱无法解决。在访谈中也发现了这里对儿童营养知识的认识非常匮乏，刚满周岁的孩子也没有额外的加餐，与大人一样一日两餐。

缺少必要的医疗条件也是高死亡率的重要原因。在 M 寨，直到 2009 年才刚建了一个卫生室，但是却没有医生。居民如果买药只能步行半小时到邻村，而生病则要到镇上，坐车也要一个半小时，而在以前没有通路时，要穿过山谷走三个小时的路。这一点笔者深有体会。2007 年笔者第一次去寨子，不到一周，腿上长了很多水泡，当地人说这是遭"口风"了，意思是别人在心里总念着笔者，拿笤帚扫两下就好了。村里生病一般是请鬼师傅"做鬼"①的，通过问鬼来治病，妇女生孩子由村里世代传承的接生婆来接生。在笔者最近一次调查期间，还有一个新生的男孩死亡，据说是妈妈没有奶，孩子生下来也弱，请了鬼师"做鬼"了，也没有管用，最后生下十几天后死了。报道人的二女儿和三女儿也是十多岁时得了急病很快死在家里。当地的风俗也从侧面证明了一些地方的婴儿死亡率高。

小娃六岁以前要剃头发。给小娃剃头发的必须要煮鸡蛋，是一个

---

① 由鬼师拿着两块竹板，念着一些话与鬼沟通，然后通过扔出后落地的竹板的反正来判断鬼的意思。另外一种方式是使用问鬼的石头沟通。

仪式，煮鸡蛋剃头发，孩子就还是主家的，才会乖乖地在，不煮鸡蛋
小娃就会去找新妈去了，剃了不煮蛋小娃会说你剃我的脑壳了，不煮
蛋的话在孩子头上甩一巴掌。(YG)

所以，对于通过计划生育降低生育的数量，村民还是满意的：

> 这样讲，如果没有国家的政策，我们的老妈就受苦了，生了那么
> 多孩子。现在政策有了。我们只有两个，现在的孩子妈妈年轻了，身
> 体健康了。比方像我们男人，没有什么要操心，比方孩子妈，她只生
> 两个，身体很好，没有麻烦，孩子也健康。
> 没有计划生育，很多孩子是不会大的。(BG)

二　计划生育与生育水平的数量下降

(一) 当地计划生育工作的基本历程

由于是民族地区，计划生育政策与全国略有不同，开始推行计划生育
政策的时间也与全国有所不同。从当地计生干部的介绍中得知：

> 1973—1975 年提倡计划生育，提倡要三个。1976—1978 年开始有
> 一些控制，1980—1984 年在集体时期，1984 年单干，开始分田到户，
> 开始控制了。湖南最早是在 1980 年开始，与全国一样，稍微快一点的
> 地方是 1983 年，当地是 1984—1985 年。然后计划生育工作开始分阶
> 段进行，1985—1992 年是一个阶段，当时开始控制了，超生的要扣
> 田。1993—1997 年，超生的开始罚款，但是不扣田。1997 年 7 月 24
> 日文件提出征收社会抚养费，这在我们这里是一个标志性的，也是一
> 个新的阶段。

(二) 抓结扎

虽然提倡计划生育，但是在计划生育政策开始收紧的时候，在寨子里
的计划生育更多的是强制执行的，这一点官方也是认同的，甚至对人口数
量得以控制用"悲壮的辉煌"来形容。

以 1975 年 8 月省委发出省发〔1975〕41 号文件为标志，全省全面开展计划生育工作至今 30 年了。

计划生育工作在上世纪的 25 年中，主要是通过强制行政措施，依靠落实"四术"（男、女结扎，上环，人流，引产）来规范民众的无序生育行为，达到控制人口过快增长的目的。一方面，使人口过快增长得到了一定控制，取得了一定的成绩；另一方面也付出了沉重的代价。由于群众传统的生育意愿与生育政策的强大反差，常常需要采取强硬措施来完成工作任务，损害了党群、干群关系，一些计生干部身心也受到了伤害，影响了党的执政形象，同时也牺牲了一些民众特别是许多农民群众的利益。因此，用"悲壮的辉煌"概括这一历程是比较客观的。①

在 M 寨，据报道人介绍，1974—1975 年开始提倡生三个孩子，后来是生两个孩子。对于完成指标的家庭强制施行手术，寨子里的计划生育手术包括上环和男性结扎。尚未完成生育指标但未到间隔期的妇女要求上环，而已经生育了两个孩子的家庭，孩子的父亲要做男性结扎手术。

答：是从 1974 年、1975 年开始的，少数民族让生第三个，最后是让生两个。

问：1975 年时一家生几个啊？

答：三个、四个啊，最后控制下来就是两个啊，在不控制之前我家就是两个了，我家任务就了了。

问：不知是哪年要求两个了？

答：哪年我忘记了。

最初是要组织工作队，工作队是由计划生育部门抽调各村的干部组成，到所属的各个村带人手术。20 世纪 80 年代中后期到 90 年代中期是这个工作的高潮时期。当时大多数的村没有通路，工作队要步行到各村，然后把应该施行手术的人带到乡镇进行手术。BG 也曾参加过工作队，笔者

———————————

① http：//www.gzrenkou.gov.cn/Info.aspx？ModelId＝1&Id＝12952。

问了他当时的一些情形：

> 问：那时好控制吗？老百姓听吗？
>
> 答：以前都不听啦，要组织工作队。那时肯定是 1978 年、1979
> 年以后，哪年我也不知道了。拉人啊。我也参加过工作队，是他们来
> 找。我没被拉过，B 妈上环了。上环五年了就不用结扎，五年以下就
> 是结扎，有这个规定。
>
> 问：不去的话怎么办啊？
>
> 答：抓着去，老百姓胆子小，怕啊。
>
> 问：抓男的还是女的啊？
>
> 答：男的啊。
>
> 问：为什么是男人做手术？
>
> 答：我们这里都是男人手术。
>
> 问：是因为女人活多去不了还是不去啊？
>
> 答：不知道，工作队就是抓男人的，怕啊，怕得不得了。(BG)

老百姓很怕被抓，有的甚至跑到山上躲起来不回家，等工作队走了再
回来，与计生部门"捉迷藏"。而躲起来的多是生了两女而没有生儿子的
人。如果被拉去做了手术，那么生儿子就没有希望了。所以 90 年代初超生
的很多人都是成功躲过手术的人，比如 44 岁的 YGH 就生了三个孩子，前
两个是女孩，一个是 1984 年生的，一个是 1987 年生的，按照政策，他应
该做手术，但他跑掉了，也没"被手术"，后来几经波折，终于在 1995 年
生了个儿子，叫阿桥。

还有一些双女户被抓住做了手术，所以没有机会再要儿子了，而当地
也有人说这些人太笨，所以才没有生成儿子。YW 的伯父只有两个女儿，
这个伯父将来是要由他养老的，但这又是一个很穷的老人，所以提起双女
户，YW 说：

> 两女户不是想两女，是手术了，没有能耐的才双女，有能耐的早
> 就跑掉了，生了再交钱呗，还有能耐的话干脆不交了。我父亲当时生
> 了姐姐和我了，躲了手术，又生了我家弟弟。(YW)

男性手术的时间基本是在二孩出生后的一段时间内，而在 M 寨受各种条件的限制，婴儿的死亡率还很高，所以目前的寨子中有几个独生子女家庭是因为生下的二孩没有存活下来。报道人告诉笔者做输精管吻合术很难，或者是怕花钱，总之就没有机会再生了。

直到现在，手术还是要计生干部到村寨去把人找到，拉到乡里做手术。笔者最后一次田野调查是 2000 年春节前去的，认识的计生干部从市级到县级甚至乡镇级，全都在基层检查工作。后来才得知，原来这段时间正是外出的打工的人大批回家过年的时候，当地的计生干部必须抓紧时间趁他们在家的时候落实避孕、绝育措施，否则等他们到了外地，当地对他们又处于半失控状态（不是全失控是因为外出打工人员必须在乡镇带着婚育证，而流入地与流出地可以有信息沟通）就不好办了。这种手术还是需要做好充分的准备：

问：快过年了，你们怎么还那么忙？

答：到各村抓手术。

问：他们会同你们来吗？

答：一般都会来，再说我们还带着派出所的人。（S）

（三）流引产手术

在笔者的访谈中对于计划外怀孕进行流引产手术没有得到更多的案例，主要的原因是语言交流不是很顺畅，而流产手术这类问题又是需要深入访问到一定情境之后才可以聊到的问题，所以没有得到妇女手术的案例。

谈到计划生育工作实行之初，控制生育的工作之艰难时，乡计生和村级都有人告诉了笔者一件事，不约而同用"惨"来形容。20 世纪 90 年代初，当地乡镇第一个女计生主任带工作队到村寨督促计划生育工作，有一个产妇是计划外怀孕，按照规定，需要到乡里做引产手术。当时主任和工作队的几个同事与孕妇一起沿着山路从村里往乡里走，孕妇不想被做手术，走在半路说自己要生小孩了，当时的山路非常窄，下面是峭壁，主任就陪她在最后，没想到孕妇拉着女主任两人一起滚下了山。结果，等工作队的人到山下找到她们时，两人都已经死亡。

　　这件事可以用"惨烈"来形容,女主人和孕妇家里都留下了未成年的孩子。从这个侧面可以知道在偏远的山区计划生育工作的艰难,也可想而知村民不是出于自愿而是被强制着少生。

　　提到当年抓手术,一个计生干部提到计划外怀孕的妇女,还是很有感慨:

　　　　她往坡上跑,我们在后面追,也不知孕妇怎么还那么能跑,都六七个月了,遇到下坡,还能一下子就蹦下去。(S)

(四) 罚款

　　征收社会抚养费是对计划外生育的一种惩罚,这项政策也经历了演变的过程:

　　　　在推行计划生育之初,由于计划生育工作相当难做,开始对"超生"规定了经济限制措施,被称为"超生罚款"。后来有的地方立法修改为"计划外生育费"。1992年3月5日国家计生委、财政部联合颁发了《计划外生育费管理办法》,对计划外生育者的范围以及计划外生育费的性质、征收办法、使用范围和监督检查等进行了统一规定。2000年3月2日,中共中央、国务院《关于加强人口与计划生育工作稳定低生育水平的决定》(中发〔2000〕8号)提出建立社会抚养费制度,即对于不符合法定条件生育子女的公民依法征收社会抚养费,以适当补偿因此所增加的社会公共投入。据此,财政部、国家计生委联合下文,要求各地将"计划外生育费"更名为"社会抚养费"。2002年9月1日正式实施的《中华人民共和国人口与计划生育法》(以下简称《人口与计划生育法》)首次以法律的形式规定对于不按法律、法规生子女的公民征收相应的社会抚养费。根据《人口与计划生育法》第45条的授权,国务院于2002年8月制定、颁布了《社会抚养费征收管理办法》(以下简称《办法》)。至此,社会抚养费征收法律制度正式确立。①

---

① 董新建:《社会抚养费征收管理问题研究》,《南京农业大学》2008年。

在 M 寨的人口与计划生育家庭档案卡中，对社会抚养费的缴纳情况做了记录，整理后发现，有 57 户被征收社会抚养费，其中包括两类：一类是超生，另一类是未按规定生育，包括母亲未到年龄或两孩间隔不够。记载的征收的抚养费金额也各不相同。

在计划生育之初，主要是对超生的控制，1981—2009 年记载因超生而缴纳抚养费的有 20 例，而 1998 年之前的就占了 16 例，在以后，2001 年、2002 年各有 1 例、2008 年有两例。

关于社会抚养费的金额，据当地计生干部介绍，在 1992 年之前要扣田，1992 年之后征收抚养费。但是在家庭档案中登记的都是钱数而不是田数。但就金额而言，1989 年以前是 500 元，1990—1998 年是 1100 元，1998 年当地出台征收社会抚养费新规定，抚养费按照当地上一年度平均可支配收入乘以倍数来计算。如 2001 年为 4800 元，2008 年超过 12000 元。

除超生外，另外两类也是不符合法定条件生育的，包括母亲未到年龄生育、两孩生育间隔不到四年等。此外，达到生育间隔也必须领取准生证方能生育，否则不符合计划生育规定。在家庭档案中记载了母亲未到生育年龄生育的有 22 人，未达到间隔生育的有 21 人，抚养费金额也与超生一样，在 1999 年后随着人均收入而增长。

表 7—5 　　　　　1981—2009 年人口与计划生育家庭档案卡
记载社会抚养费征收情况　　　　　　　　（元）

项目 年份	母亲未到 年龄生育	应交社会 抚养费金额	两孩间生育 间隔不够	应交社会 抚养费金额	超生	应交社会 抚养费金额
1981—1984			1	500	1	500
1985—1989	1	500	2	500	7	500
1990—1994	2	400	3	400—600	5	1100
1995—1998	5	400	1	500	3	1100
1999	1	2560				
2000	1	2338				
2001	1	2490	2	2490	1	4800
2002			1	2560	1	5120

续表

项目 年份	母亲未到 年龄生育	应交社会 抚养费金额	两孩间生育 间隔不够	应交社会 抚养费金额	超生	应交社会 抚养费金额
2003			1	2672		
2004	1	2672	2	2778		
2005	4	3092	2	3092		
2006	2	3424	1	3424		
2007	2	3610	3	3610		
2008	2	4246	2	4246	2	12738
	22		21		20	

数据来源：根据人口与计划生育家庭档案卡整理。

社会抚养费的征收也很困难，早期会有一些冲突：

> 问：要罚款会打架吗？
> 答：拉猪啊、拆房子啊，厉害啊，厉害！现在可不是了。

从家庭档案记载来看，在 1998 年之前社会抚养费应缴部分全部缴纳，但 1998 年之后的抚养费只有部分家庭缴纳了一部分，多数家庭并未缴纳，如 2001 年 1 例超生应缴 4800 元，实际缴纳 1100 元；2005 年 1 例当时未到年龄生育应缴 3092 元，实际缴纳 1500 元；2008 年应缴社会抚养费的共 6 例，实际只有 2 例分别缴纳 100 元和 500 元。近年来，多数需要缴纳抚养费的全家会在广东、福建打工，不回村寨。

超生数量较多集中在 20 世纪 90 年代左右，这可以看出，早期对生育水平的控制是集中在数量上。近年来村寨的青壮年劳动力大量外出打工，虽然某种程度上本地计划生育部门的直接管辖的程度降低了，但超生人数并没有增加，这说明数量的控制在近些年已经不是最主要的问题了。生育水平的降低是最初直接采用强制的手段压低的。

第三节 相对封闭的环境没有带来改变性别需求的契机

一 地理位置相对偏远，三通时间晚

M 寨地处半山腰上，村镇之间的联系在公路修通以前一般需要爬到谷底步行 3 个小时。2004 年修成的砂石公路是村民用镐头自行修建的 4 千米山路，与附近的乡镇公路相连，终于打破闭塞，不再步行。砂石公路则是绕着周围的山修建的，乘汽车需要 1 个小时的时间。由于没有公共汽车，目前村民出行靠步行过山谷或者骑摩托车走公路，与外界的联系还是相对闭塞。

其他的现代设施也是在 2000 年以后才开始与 M 寨关联起来。通电是在 2000 年以后，村里的第一部固定电话是 2004 年当时的支书家里装的。近年来手机的普及的确给村民的联络带来很大便利，但是很多年龄大一点的只能用来接电话，连向外拨电话都不会。尽管如此，村民还是感觉到生活设施有了很大改善。

二 教育水平与语言障碍阻碍了外来知识的流入

在 M 寨，本村人主要是用苗话交流，还有一些人会说一点当地的汉话。会说普通话的是村里受过教育的年轻人，尤其是外出打工的人普通话交流水平要高一些。那些没读过书的人或者读书很少的人只能讲苗话，主要是老年人和中年的妇女，年轻女性没出去打工又没读几天书的也是听不懂普通话的。

2000 年村里通电，电视等进入了村民的家庭，让居住在深山的村民看到了外面的世界，但是，这种看是有性别和年龄差异存在的，电视里的内容只会说苗话的村民是听不懂的，字幕他们也看不懂，而不懂的这些人恰恰是受教育少的女性。在笔者的访谈笔记中有这样一段记录：

现在，电视的普及使新的知识能够被更多的人知道，但在我第一次去 M 寨的时候，发现没法同不懂普通话的人交流时，就问他们能不能看懂电视，他们说要靠画面去猜。这次去的时候看到过 Y 奶在给其他几个中年妇女解释电视剧的情节，我问 Y 奶怎么看懂的，她说看的遍数多了，加上问上学的外孙女才懂的。

这里的成年人受过教育的比较少。在笔者的感受中，教育是学知识，可以获得更多的机会，但在 M 寨，笔者深深感到读书不仅是学知识，还使他们有机会学会说普通话，能够理解外面的信息。在 M 寨受教育的性别差异非常明显。在推行九年义务教育以前，女孩子读书的特别少，现在的 20 多岁的女孩子很多只读到小学，还有的小学也没读几天。笔者的一个访谈对象是一个退休的小学老师的儿媳妇，20 多岁，是两个孩子的母亲，长得非常漂亮，她说没读过书时，笔者都有些不相信，她说自己的普通话是在打工时学的，她讲了这里女孩子读书的情形：

> 我一点书也没读，小时候就是不想读书，家里让我读书，我背着书包出去，就去看放牛。晚上回来，问我去了哪里，我悄悄的，一点都不说。到两三年，他们说你不去读，浪费那钱，不读就算了。名字可以写写，可是不好看。我没读书现在也后悔。也没有用了，没读书了什么也不知道了。什么都不会写，人家说什么都不懂，懂得也写不出来。我 1984 年出生的，也 20 多岁了。
>
> 问：和你差不多大的没读书的人多吗？
>
> 答：很多的都没读书，很少的人读书。很多读了几个星期，长的几年就不读了。女孩子很少读书。现在读书很多了。为那个年代没有多少钱。（YLS 儿媳）

还在外地读书的 YSC 说自己 15 岁就结婚的妹妹书读得很少，他很遗憾，也很感慨。

> 女生不喜欢读书，也没办法，不是老人不让，是自己不去，很奇怪，这个不去，那个也不去了，周围女孩不去，在这里一个女孩去是

需要很强意志力的。(YSC)

本章小结

　　根据人口转变理论，人口死亡率下降后，出生率即使没有变化，人口的自然增长率依然会提高。增长了的人口在现有的生产方式下必然导致资源紧张，人口再生产与生产之间会产生一种矛盾，会迫使人口再生产的方式加以改变，降低出生率，但是这一过程是缓慢的。计划生育政策推动了这一进程，所以在满足性别需求的前提下，数量的降低还是能够得到村民认可的。

　　在性别需求没有得到满足的情况下，计划生育的要求与村民的意愿之间产生的冲突，纯粹靠强制手段（结扎手术、流引产）控制超生都等于断了他们生儿子的后路，而生计方式和家庭、文化中的性别需求，由于受地理位置偏远、教育水平较低、语言沟通不畅等因素的影响很难发生改变，而外出流动者所做的努力和最终的期望还是为了寨子里的家，因此性别需求缺少改变的契机。

第 八 章

家庭经济、继承方式、舆论压力与性别偏好
——结构与上层建筑中的影响因素

在文化唯物论定义的社会文化系统中，结构的因素也很多，其中包括家庭经济和亲属关系。家庭经济是结构的客位组成部分，亲属关系属于结构中的主位组成部分，舆论可以理解为上层建筑中的认识论内容。

文化唯物论指出，家庭生活组织中都包含两个观念，一是姻亲关系（affinity），即通过婚姻而确立的关系的观念，二是继嗣（decent），即家系的观念。相互之间有继嗣关系或有上述两种关系相结合的关系即为亲戚，或称为亲属（kin）。由亲属所共有的有关彼此的信念和希望构成的观念称为亲属关系（kinship），因此研究亲属关系必须从家庭生活的精神状态和主位的因素入手①。

而一个人的姓名、家庭、居留、登记、财产、基本的种族和民族地位可以完全依赖于通过继嗣而来的归属，决定继嗣法则的一个重要方面是婚后的从居方式。由于婚后从居方式决定谁进入、离开或停留在家庭群体内，因而其影响着继嗣法则。婚后从居方式确定独特亲戚核心的家庭群体，这些亲戚与已婚夫妻的活动产生出的容纳和排斥相一致。活动自身受人们发现自我的人口、技术、经济以及生态条件的影响。因此许多社会中，继嗣法则及其他亲属关系的原则皆可视为组织并证实那些与特定的基础机构条件相关的家庭群体结构②。

乔治·P. 默多克（George P. Murdock）对 1179 个社会的分析表明，

---

① ［美］马文·哈里斯：《人·文化·生境》，许苏明编译，山西人民出版社 1989 年版。
② 同上。

71%是父系从居方式或是以父系家族为中心的从居方式；同时还表明，具有父系世系群的亲属群体的社会在数量上远远超过具有母系世系群的亲属群体社会，其比例为 558∶164①。

性别偏好理论强调环境在形成偏好中的作用，家庭体系是非常重要的环境因素②。施坚雅（Skinner）的研究指出，父系联合家庭体系的生育存在男孩偏好。家庭体系是一种习惯性和规范性的家庭结构和家庭类型动态变化的过程，主要包括婚姻形式及其偏好、家庭延续、财产继承、居住安排、以性别和年龄为中心的家庭权力结构等内容，对人口变化过程如婚姻与生育等产生重要影响，不同的家庭体系规则意味着不同的子女数量和性别构成的期望，父系联合家庭体系的生育存在男孩偏好③。父系联合家庭体系广泛存在于全世界的众多社会，但只有一些社会存在男孩偏好，原因就在于父系联合家庭体系规则的弹性程度不同。中国、韩国、印度西北部等地父系联合家庭体系规则非常严格，成为男孩偏好的根源④。

第一节　财产继承、养老与性别偏好

父系家庭体系存在男孩偏好是由其自身特点决定的。父系制度（patrilineality）意味着男性在财产继承、居住安排、家庭延续、家庭权力结构上的主导地位：主要生产性资产经男系传承，妇女只能以嫁妆或遗产方式获得可移动物品；夫妇婚后居住在男方家（即父居制，patrilocality）；社会秩序由男性构建，只有男孩能延续家庭姓氏，女性只是男性再生产的工具，子女只能通过父亲获得其社会身份并融入社会秩序中，妇女的价值主要由生育子女的能力，特别是生儿子的能力来评判；男性在家庭中具有权威，

①　［美］马文·哈里斯：《人·文化·生境》，许苏明编译，山西人民出版社 1989 年版。

②　William Lavely, Jianke Li and Juanghong Li, 2001, Sex of Children in a Meifu Li Community inf Hainan, China, *Population Studies*, 55.

③　Skinner G. W, 1997, Family Systems and Demegraphic Processes, *Anthropological Demegraphy: Toward A Synthesis*, pp. 53 – 95. University of Chicago Press, Chicago, Illinois.

④　Das Gupta. M, Jiang Zhenghua, Li Bohua, Xie Zhenming, Woojin Chung & Bae Hwa – Ok, 2003, Why is Son Preference so Persistent in East and South Asia?: Cross – country Study of China, India, and the Republic of Korea, *The Journal of Development Studies*, 40 (2).

妇女被限制参与家庭外的经济活动以及对外交流，女性不得不依附于男性，地位十分低下①。

在苗族家庭，只有儿子有家产的继承权，族人具有一定程度上的财产共同继承权，保证财产保留在直系血亲手中，由宗族势力牢牢控制族内财产的承继管理之权，以免造成宗族解体②。

M寨的家庭研究着眼于父系制度在财产继承、居住安排等方面的具体表现。对于家庭财产的定义，笔者没有直接与村民沟通，但是从访谈中的分家以及财产纠纷内容中发现，财产主要包括房、土地、山林、牲畜、米、首饰、金钱等。家庭中子女从父辈获得财产，父辈的财产传承下去，这是继承。但是继承的时间不是一次完成的，长子、幼子、女儿的继承时间、继承财产的内容和量、承担的义务都是不同的。这种继承对于儿子而言，是从分家开始，对于女儿来说，是通过出嫁来完成。分析财产继承，笔者的重点不是在分家的机制，而是想分析儿子和女儿在继承和承担的义务方面的差异，探讨儿子和女儿的家庭资产的承继方式对性别偏好产生的内在影响。

一　儿子的继承、分家与养老

研究表明，诸子析产制同时偏袒幼子是一些苗族的财产继承方式。兄弟析产，家产平分。如广西融水苗族，分家前，兄弟和大哥共同建好新房子，让大哥分家后搬进去住，未成年的弟妹和父母共同生活，直到分家后分伙；此后父母便与最小的男孩共同生活，父母生活费由儿子们共同承担。父母需留出一部分"养老业"以供养老，偏袒幼子表现在幼子虽结婚亦必须与父母同住，幼子所得产业与父母之"养老业"往往相混。父母住屋必须由幼子承住，余子皆须迁出另住③。

M寨继承方式体现了这种继承形式，但是在养老方面却又略有不同，在后面的部分会做详细论述。

---

① [美]马文·哈里斯：《人·文化·生境》，山西人民出版社1989年版。
② 钱宗范、李庭华：《浅论苗族继承制度的宗法性质》，《桂林教育学院学报》1996年第1期。
③ [美]马文·哈里斯：《文化唯物主义》，华夏出版社1989年版。

为了内容的清晰，本想把继承、分家与养老分开讨论，但是发现这样难度很大。在 M 寨，家里一般是小儿子住在老房子，与父母一起，到父母去世，如果中间没有发生分家，父母去世后父母的田和房子归这个儿子所有。也有几个儿子的，如果大家比较融洽，在一起住的，但不是很多。据 BG 介绍，从结婚到分家的时间多长不一定。

> 问：什么时候分家？
> 答：分家不计较，是看你家的活好不好，不是你一定按时间分。
> 问：比如家里有两个儿子，是小儿媳妇娶进门大儿媳妇就出去，还是有可能两个儿媳妇都在家？
> 答：看父母亲和两个媳妇的，大家都好的，可以再十年啊、八年啊，五六年啊，三四年啊，就是这样。（BG）

一般父母的老房子都很拥挤，随着孩子的出生，往往需要起建新房子来解决家庭人口增长带来的房间不够的问题，而且随着子女的成长，按 M 寨的习俗，子女到 10 岁左右时父母就不能睡在一张床上，父亲要到另外的床而母亲与子女睡在一张床上。

（一）分灶

分家一般是先分灶，儿子结婚时在家里有自己的房间。分灶是在自己的房间的火坑独自开火煮饭，但是需要一定的仪式，请来鬼师傅和家族的人，火坑由师傅念一下，然后大家一起吃饭就算分家了。BG 讲了分家的过程：

> 如果儿子想该分家了，爸爸就说，现在我们老了，我们不同意你们分家，儿子说，我们一定要分出去了。爸爸就说，行，看日子吧。看日子就是看哪一天好，日子好该分就去分。
> 比如说我儿子同我说，明天我要分家，我们就看日子，看好日子那一天他就在自己房子，请我们大伙吃饭。吃饭是在他的火坑，火坑要找师傅来念，念了以后要做糯米饭啊，还有鱼啊，特别是鱼，要有鱼才是我们的老风俗咧，以后你才子子孙孙像鱼，意思是鱼多人多。

大家吃了饭，他们就算是分家了。

（问：其实是在一个房子，但是他们分火坑做饭了？）

对啊，是在一间，原来在一个房子，但是与父母在一个火坑吃饭就是没分家，现在有了自己的火坑，就是分家了。另起个灶就是分家了。（BG）

（二）分房

分灶之后是盖房子，也有的是先盖好房子后直接分家到新房的。没有新房的一般先住在一起，以后有能力了，就自己建起房子。没有能力就是与老人住在一起。父母住屋多由幼子居住、继承。一般来说，兄弟两人，弟弟会留在老房子，与父母一起，但也有例外，如果弟弟同父母住得不和睦，老人可以跟哥哥在一起。不过大部分都是哥哥分家出去。哥哥分得的田稍微多一些，弟弟则是住在老房子。

> 问：为什么是哥出去，弟在老房子呢？
>
> 答：我们从来古老学说，大的就得田大，田地大，大丘，小的得房子大，还有这些口诀，弟得房子哥得田。
>
> 问：您父母在世时是同谁一起住？
>
> 答：小满①，但是父母都去世了。老爸活到七十九岁，老妈过世时年轻，五十八，我们都还没成人呢。
>
> 问：后来都是您弟弟同父母一起住？
>
> 答：对，现在他住的就是老爸老妈的房子。我们当哥的自己砌房子，他同老人一起住。（YG）

造房子的过程表现了兄弟析产制的特征，一般需要兄弟协商，如果两人同意，弟弟帮哥哥造房子，如果不同意，哥自己起一厢房子。至于为什么要协商，主要是涉及哥哥离开后，原来在老屋住的房子就会归弟弟，所以弟弟有责任在哥哥的房子上帮助他。

---

① 小满是当地对最小儿子的称呼。

问：如何帮？

答：如果哥走了，弟就占哥的一间屋子，加上老爸送的屋子，所以哥起房子时他应该帮助，他有责任。帮可以帮米啊，帮力气啊，可以帮钱啊。帮力气比如抬柱头啦，抬木板啊，起房子这些，等等，很多。如果不帮他，那间老人分给的就是他的，如果不帮，哥哥会说老爸喜欢你，看不上我，就会吵架了。（BG）

（三）养老与财产继承

前面提到的广西融水苗族诸子析产制同时偏袒幼子的继承方式，父母生活费由儿子们共同承担。但在 M 寨，与老人在一起的儿子是要承担养老的义务的，其他儿子的帮助只是道义上的，但不是他们的责任。

问：当时老人生病花钱谁来管呢？

答：我们大家的，小满继承家产，主要是由他管，但是我们看需要就拿点钱，这不是必须要求我们来管，是我们觉得是我们的父母亲，我们就该送就送，该送钱就送钱，该送米就送米，就是这样。（BG）

老人的财产在老人去世后养老的儿子才真正拥有，前提是要尽养老的义务，如果没有尽到义务，老人可以让其他人来照顾。

比方我儿子和我，现在财产还是我的，是我很累的才得到的，我儿子如果说是我的一半，这不行，我过世了才是你的，如果他不照顾我，我可以让 B 家的 B 哥来照顾我，B 哥不照顾我我还可以找女婿仔照顾。（BG）

二　女儿的继承

张晓对西江等地苗族的分析从家庭财产继承性别关系上指出这样一种继承关系：

　　西江等地的苗族，家庭财产中凡是不动产，即房屋土地等都是由男孩继承；女孩子不能够继承房屋和土地，但是她们能够继承家中的银饰。如果有财力的家庭，可以给每个女孩各配置一套银饰，但是大多数家庭能够拥有一套也就不错。如果只有一套，就把各个部件分配给女儿们，在她们需要使用的时候，再组合在一起使用。银饰可以世世代代被传承下去。银饰是传承给女儿的，所以它是按照母系的路线传承下去。但是银饰中的银角，却不能够传给女儿，只能留给儿子，说那是保家的。①

（一） 以嫁妆的形式继承财产

M 寨禁止同姓通婚，属于外婚制。女性嫁到婆家，除了带来的嫁妆之外，是没有房产和田地的。在房子和田产上女儿是没有继承权的，那是她娘家家族的财产。如果说其参与了家庭的财产继承，那只能由出嫁的嫁妆体现出来，嫁妆是她继承家族财产的一种形式。嫁妆在不同时期也是不一样的。

　　答：苗族是妻子那边带嫁妆过来的，带银器和被褥，钱最多是一块二毛。岳母结婚时女方家还送了一两个大洋，就是银圆。那是以前，现在多了。

　　问（儿媳）：你结婚时父母家给什么？

　　答：带了很多，现在这个年代很好的，三环，电器，以前不通电器，这边结婚一点不送爸爸妈妈东西，爸爸妈妈有什么自己送。（YLS，儿媳）

　　问：与白妈结婚您拿过钱吗

　　答：没有，只抬点肉。她父母送被。以前没有什么，还有点银饰，象手圈啊项圈啊，现在是五六千，以前是五六百啊。有女儿就得准备。（BG）

---

① 张晓：《西江苗族亲属制度的性别分析》，《西南民族大学学报》（人文社科版）2008 年第10 期。

（二）没有田地的继承权

在包产到户时，田地是按家里的人口分的，女儿也同样分了自己的一份田，但是在访谈时，听 BG 说，"老两口，种着五口人的田，三个女儿出嫁了"，笔者意识到，当初分给女儿名下的田在女儿出嫁时并没有给女儿带走，而是属于父母家。

问：女儿出嫁田可以带走吗？

答：不带，不送。

问：那女儿没有田怎么办啊？

答：没有是没有，她在婆家吃啊，有的家够，有的家不够。

问：这些田是按照女儿的名义分下的啊，也不给吗？

答：那也不给，娘家可以送给女儿点米，她可以过来拿米。她苦多了，米多时，可以让她来挑，四五挑都行，但是田不送。

问：如果嫁在本寨，给不给田啊？

答：可以给，你田少，给一块田来种，但是田还是我的。

问：儿子分家田可以带走吗？

答：儿子可以带走。

问：为什么儿子可以，女儿就不可以？

答：我们就形成这样，就不给。

问：是政策不允许还是自己不这样做？

答：不是政策，政策可以。自己不想。比方女娃、男娃都是自己生的，在国家是平等，但在我们这里不允许，田只能借用，但是不许分。但是如果家里没有儿子，女儿有在这里继承的可能。（YG）

就是说，田是不能随女儿带到婆家的，如果在同村，如果在婆家的田实在少，可以种一块田，但是田的所有权还是属于娘家父母的。但是更多的是情况是把田借给女儿种都不可能，如果女儿家实在是很困难，如果自己家的米也多，可以让女儿来挑四五挑米。

所以女儿在自己的父母家的财产继承一般就只是嫁妆了，一般情况下在房子、田地上是没有继承权的。房产上更是因为居住格局的限制以及对房屋的需求，资源稀缺，注定家族财富不能外流。

（三）"换娘头"——财产的回归

据村里老人介绍，新中国成立前"换娘头"在寨子里还是存在的。
"换娘头"的意思是说，母亲要把自己生的一个女儿嫁给娘家兄弟的儿子。
这是在母亲出嫁时就已约定的，如果女儿不想嫁过去，要以一头牛相抵。
这也是马文·哈里斯所解释的"婚姻的互惠性模式由家庭群体相互成婚实
现，这种相互成婚即为周复性的妇女交换，称作循环婚姻（Circulating
Connubia）"①，"家庭群体间的异族通婚具有重要的基础结构意义，农民间
的异族通婚增强了利用联姻群体的生产和再生产力量"，"大部分群体嫁女
的目的既希望得到物质财富，也冀图妇女交换"，"相互交换也有颇为间接
的形式，B 可以 B 男和 A 女所生之女为回报，优先的表亲婚姻（Preferen-
tial Cross – cousin Marriage）"②。

"换娘头"这种婚姻形式的存在使女儿带出家族之外的财产得以在下
一代又重新回到本家族，而一旦下一代无法履行这种合约，还是以牛的形
式把与嫁妆等价的财产带回到家族之中，这是一种非常典型的保证家族财
产完整性的做法。

三　无子户或未婚者的财产继承与养老

在苗族社会的继承方面，族人有一定的财产共同继承权。族长和族
人有对家庭财产继承的保障权和监督权，凡分家产，须请齐同宗长者到
场，由族长主持分家仪式。另外，在处理无嗣者财产时，也有明确规定。
尤其是无子家庭成员，可以收养子或招郎入赘以承继财产。招养对象先族
内后族外，由近亲到远邻，并须得本族族众认可，养子和入赘婿均要改
姓，承担父母生养死埋的责任方可继承财产，这些措施防止财产外流③。M
寨的无子家庭一般是要由家族内成员来养老的，主要是以收养子为主，自

---

① 　[美] 马文·哈里斯：《人·文化·生境》，许苏明编译，山西人民出版社 1989 年版。
② 　同上。
③ 　钱宗范、李庭华：《浅论苗族继承制度的宗法性质》，《桂林教育学院学报》1996 年第 1
期。

已没有儿子，有的很早就从兄弟处过继一个儿子，但更多的是在老的时候由家族中的侄子来养老，家产和田地等由侄子继承。

（一）无子的情况

M寨的无子情况：一种是没生儿子，生的都是女儿；另一种是生了的儿子去世；还有一种是未婚，一般都是到侄子家养老。在访谈中，当地一直用"收养"一词来形容。

1. 村里就有三户"收养"伯母的，其中两户的情况是这样的：

> ZXF养伯母。伯母71岁，只有一个女儿出嫁了。ZXF有兄弟四人，先是在ZXS的哥哥家，但是据说老人事多，家里总是吵架，这个侄子不愿养了，就到了ZXF家。
>
> BWJ的伯母生了六个孩子，活下三个女儿，女儿都已经出嫁，BWJ的大伯去世，就搬到BWJ家。BWJ 48岁，只有一个姐姐，已经出嫁了，家里还有妻子和儿子。父母也是由他们夫妻养老，现在已经去世。
>
> BWF，1954年生，55岁，妻子去世，一个女儿嫁到羊先村。养老要去弟弟家，弟弟儿子管，两兄弟间达成协议了。

2. 终生未婚的老人，由侄子养老，比如70岁的YQG，是访谈对象Y老师父亲的伯父，他把房子卖了，钱给侄子，东西搬到侄子家，但平时不在一起住。据小Y老师说，老人觉得山上清静，平时回侄子家拿点米、油和盐，上山住去了。

3. 还有唯一的儿子去世，养老也要到侄子家的，比如ZJS嫂子的儿子去世，ZJS把她接到自己家，一起由ZJS的儿子给养老，后来养到这个嫂子也去世。

（二）双方的责任与义务

由侄子养老的老人多是在老伴去世后且年龄又大时，就会到事先约好的侄子家去养老。在约定的时候一般会由家族族长主持，签下协议，写明双方的义务和责任。也包括一些财产继承方面的说明，其中包括房产、山林、田产的继承，主要取决于侄子是否能够尽到照料的责任。

一旦侄子签了协议，就得尽到照料的责任，一般不轻易变更。但也有在日常生活中老人与侄子发生矛盾，希望能够变为女儿养老的，但没有太好的理由，通常还是按原来的协议执行。BG 作为族长，介绍了最近参与的一次协调，这个家里由侄子养伯母，但是双方相处得不是很愉快，老人希望让女儿女婿来养老：

> 前两天家族的一个侄子养老妈（伯母），原来已经讲好的养老的事，他们却吵架。
>
> 老人同侄子说我在这套房子我过得很累，这是你们不喜欢我了，你们搬你们的走。我要我的女婿仔来养。
>
> 他家侄子后来喊我去协调一下，说已经写过协议书了，可现在老人不想我在这了，要赶我们走了。
>
> 我们过去说你们年轻人必须要诚心一些，老人少多嘴，与他们慢慢谈，后来他们都笑了。
>
> 老人很累，是为了侄子，侄子很累是为了老人。老人有时像小娃娃一样，你必须照顾，财产我们原来写过协议书，现在我们拿协议书来看，是你们那时这样讲，我们才这样写的，现在我们不要打破（协议书）。老是讲你的我的，是不对的，而是老人有责任抚养侄仔，侄仔有责任照顾，这是两头都有道理的。财产按我们的协议书，财产仍然是老人的，这样说仔就说现在我们明白了，女婿仔也说我们是一家人，我们老妈老了，不要多嘴，只要有得吃，不要多嘴，他们不给你们吃你给白支书他们讲嘛。
>
> （问：是不是老人想把过继的儿子赶走后，想让女婿来养老？）
>
> 是啊，看是小村，事情很多。我不做村干以后，已经协调来两次了。处理家庭纠纷年轻村干不知道，应该把合理的给讲清楚，年轻小伙子不懂。我就讲给他们，新村干就不懂。（BG）

从这起纠纷可以看到，一旦签署协议，侄子是用与儿子一样的身份来承担养老责任的，老人要把过继的侄子当作儿子一样对待。侄子是家族的人，家族是扩大的家。

（三）家族成员与女儿之间养老与继承的优先权

在继承和养老中，家族中侄子对老人的抚养义务和继承权是优先于女儿的。这个侄子身份上是老人"过继"的儿子，而且他本身也是家族内的人，也是家族的人期望的结果。

问：那如果过继了一个儿子，田由谁继承？

答：如果家族里的仔照顾了，就给家族里的。如果家族的人不照顾，不能继承。如果两个女儿全都嫁了，但是她来照顾的话，她继承。老人可以说，你们不照顾我，现在老人要去世了，我就把田给女婿，因为他照顾了。

如果最开始商定的，说过继，照顾就把家里的田之类的给他，如果没商定，看谁来照顾就给谁。

问：如果都不照顾，如何？

答：总有照顾的，如果过继的儿子不照顾、如果女婿仔①不照顾，如果家族不照顾，还有别的人，别的人照顾了，我也可以给他。家产是我的，谁照顾了，我给谁。如果女婿仔照顾，女婿仔继承，如果家族的侄子照顾，就给家族的侄子。如果两方都照顾了，女婿仔说让着舅舅，让他继承。过继的儿子不照顾也不给。如果看你们照顾老人照顾得好，我让给你们，如果看你们照顾得不好，我们一人有一半。女儿是看家族的人照顾得好不好，她有自己的道理。如果家族儿子照顾得看不过眼，说你们照顾不好，我们两头，我也有一份，是你们照顾不好的原因。如果照顾得好，我只能来看，我是客，你们是主，我来看一眼你们照顾得好，家产是你们的，农村很复杂。（BG）

（四）寨中部分纯女户的养老安排

纯女户的养老除了前面的几户与侄子在一起的以外，还有一些夫妻身体都很健康，目前都是自己过，对于养老有的有点意向，但也没有做出最后决定，还有的没有想这方面的问题。在访谈中，笔者有意识地问了一下

---

① 对女婿的称呼。

他们的养老意向：

> ZJK：1958 年出生，双女户。现在自己过。侄子三岁，养老的事以后再说。
>
> ZYB：1938 年出生，三女户。夫妻俩自己过。
>
> YFJ：1950 年出生，三女户。自己过。
>
> YGZ：1955 年出生，二女户。应该由侄子养老，但侄子嫌他太穷而抱怨。
>
> ZYS：1953 年，两女，一女已婚。养老还没想过，弟弟有一个儿子，如果愿意，弟弟的儿子可以一起养，但弟弟的儿子才上小学四年级。
>
> ZJH：1973 年出生，本人因驼背而未婚，他给父母养老送终，他养老恐怕要靠弟弟或者弟弟的孩子。
>
> ZJL：1952 年出生，现在由女婿 YSL 养老。
>
> BWX：1956 年出生，儿子死亡，女儿出嫁，只有夫妻两人在家，还不知怎么办。

在寨子里，虽说是家族的侄子可以养老，但是这需要老人、侄子达成一致，有的情况下，侄子既不明确说要替老人养老，但也不声明放弃，而老人想要女儿养老又不明确表态，这种情形很微妙。比如 71 岁的 YQY，妻子也 73 岁了，有四个女儿，三个嫁到附近村寨，一个嫁到本村，现在自己过。按规矩侄子养老，但这侄子还要养自己父母。

> 女儿全部出嫁了，70 多岁了，现在两个老人自己在，还有侄子，可侄子也有两个父母老人（要养），侄子看样子对 YQY 像要管也不像要管，侄子想管，两老人又不想送他管。送给谁要看老人，老人说是谁继承，就是谁继承。（YG）

这种情况下，因为有侄子，但他本村女儿只能看着。女儿来看，女婿犁田，他们自己过。因为这两位老人在寨子里"摆古"很有名，笔者问他当地的继承问题时，YQY 侄子的儿子说应该由侄子来继承，而 YQY 则说女儿如果来一起养老，女儿可以继承。女婿说觉得老人太累，女婿养老可以，但是怕家族内的人不同意。

四 资源有限条件下的父系家族继承

M 寨全村由三个大姓组成，为 Y 姓、B 姓、Z 姓，家族的观念在当地根深蒂固，财产、技艺等的继承都是以家族为单位的。按照费孝通的功能论的观点，家族继承限制继替资格的是亲属体系，使用这样的亲属原则来规定继替作用不但清楚而且容易递补，还有许多特别适宜于继替的特点，如世代排列，男女分殊，单系倚重，亲疏层次等①。

（一）财产的家族继承

在当地人的观念中，财产是属于家族所有的，家、房族、家族是由近到远关系排列的，无嗣的财产继承也首先是在房族内，然后才扩大到家族。而"同姓不婚"的原则使女性出嫁到其他的家族，也就失去了继承财产的资格。房产、田和山林是稀缺的资源，是家族内不希望放弃的。

在访谈中，BG 讲了刚刚发生的一起财产纠纷，一个妇女在丈夫去世后，与丈夫同族但不是同一房的一个弟弟再婚，去世丈夫的哥哥不同意他们结婚，而且不希望女方带走自己兄弟家也算是自家房族的家产。到村上、镇上去告状，最后是认为两人的婚姻是合法的，这个哥哥的要求是不合理的。

还有一件再婚（未领证）后男方死亡，男方家族争夺遗产的案例。男方 Y 去世前与女方 L 在一起生活，Y 在此之前是未婚，与 L 在一起是希望 L 的孩子将来能帮助养老，但是他去世了，他的兄弟认为 Y 的一个谷仓、一点田和山林应该是自己的家族所有，而不应该留给女方 L，最后的协调结果是他们已经是事实婚姻，男方所有的财产应由女方继承。具体的情况 BG 介绍说：

> 女的原先的爱人过世了，一个家族的男的上门与女的来住，又过

---

① 费孝通：《乡土中国　生育制度》，北京大学出版社 1998 年版。

世了，后过世的男的弟，来要家产。其实哥活着时，他俩的田、仓以前分好了，弟跟父母住，哥死了，弟兄过来要哥的那一份，我们说不行，哥的家产是应该他继承的。

现在哥死了，我们家族讲这个男的与女的过了六年，没办结婚手续，是因为她年纪大了，四十五六岁，就在一起住。因为害羞①，没领证。男的是为了照顾女的的娃娃。现在这个男的死了，女方讲，这个家产原来你哥带过来的是你们已经分好了的，协议书也写好了，你该拿多少，你哥该拿多少都是已经说好的，你哥的那份同你没有关系，即使结婚没办手续，也是事实婚姻。

问：第二个男人有孩子吗？

答：没有啊，他们是孤老两个了，如果有的话现在就没有这么些事情了。第二个男人以前没结过婚，就是为了让这个妇女和他的孩子抚养他，但是他去世得早，所以家产就应该给这个妇女，妇女的男娃娃和女娃娃可以继承的，本来是需要他们养老的。

问：家产有多少？

答：一个仓、田、山林，没有更多了。他是要靠那边的娃娃养老。我们这里的事情很有意思。我们这边我过世了，还有兄弟，兄弟帮他告状，你只能帮他告状，就行了，但是以后我就说你这个嫂如果愿意在，他就帮你抚养你哥的孩子，如果她不愿意在，她要走②，没有谁能干涉她，她走和在都是她的自由，六十岁都行。（BG）

妇女再婚涉及原来的孩子的继承，BG 介绍：

孩子她可以带走，如果带走，一般大的不带走，小的带走，大了又回来家族，到那边没有什么财产，如果接受也可以，两边继承。

如果妇女嫁来，妇女有仔，还小，就是两人一起抚养，仔大了，他原来家还有家产，他回来继承，但嫁的这边没有，要看嫁到这家。如果没有仔，最后是家族继承。（BG）

---

① 当地意思为不好意思。
② 指改嫁。

（二）技艺的家族传承

家族继承的不仅是财产，技艺的传承也限定在家族之内。有什么手艺，要传给家族中的人，比如芦笙师傅在村里有三个，是亲兄弟，是他们的父亲传下来的；银器师傅是叔侄三人，叔叔从别处学来打制银器的手艺，传给两个侄子；鬼师YG是在他45岁时他父亲教他的；就连当地人讳莫如深的下蛊也是家族传承。这也是笔者在核对计生档案时发现了一个未婚者，老人告诉笔者，那就是大家说会下蛊的人，是他的妈妈传下来的，在他们家族中就传给他一人，大家都很忌讳，所以都三四十岁了也没有姑娘嫁给他。

（三）资源有限与继承

房屋、山林、田地都是当地的稀缺资源，社会文化体系的基础结构会受到这些限制，决定了家庭经济与亲属关系的模式，以父系为主线、以男性为准则的偏重成了基本规则。

对于财产的家族继承和家族养老，笔者在对一双女户访谈时有较深的体会。这户老人叫YGZ，两个女儿一个嫁到本村，一个嫁到外村。家里的房子非常破败，房子很旧，二楼应该是三间，但只搭好了一间（见图8—1）。老人也比较木讷，在笔者去他家时他的侄子一直陪着，让笔者看老人的困难，讲老人家的田如何不好，经济上如何的贫困。而这个老人是要靠这个侄子养的，但是侄子觉得他的财产太少了，不大合算。笔者问他可不可以让女儿女婿来，侄子说这是把家族的东西给了外人，那自己家族内的财产就不平衡了。

按照一般的规则，没有儿子的老人可以在家族内找一个儿子来养老，在资源有限的背景下，田地与房产作为稀缺资源，长期的家族继承，在无子的时候更不希望外流到女儿家。

但在笔者与另外一个在镇中学工作的老师谈到他将来要给一个叔叔养老时，他表示希望打破这种家族养老的惯例，理由是自己在外面工作，有收入，家里的房子也有，田也多，并不在乎那田和房子。

　　30多岁没结婚，父母也没太催，家里有一个二叔是两个女儿，我

图8—1　YGZ 的房子

劝过他，看哪个女儿女婿不错，就让他们过来给养老吧。我在外边有工资，再说父母家里的家底也已经不少了，如果自己继承也足够了，二叔的那份家产我不会要，不如让他的女儿来继承。而且在外边工作，我也不一定有时间照顾老人，由他的女儿照顾他们老两口，由他们养老这是很正常的，我不会有想法，二叔听了这点也很欣慰。（小Y 老师）

五　家族继承的负面影响刺激了对儿子的需求

家族继承保证了家族内的财产在自己的房族内流转，而不会被外嫁的女儿带到丈夫的家族内，但是在一起生活的过程中，有的关系比较融洽，但还有一些存在矛盾和纠纷。比如前面提到的老人，据讲是因为不好相处而被由另外一个侄子来养老。还有的侄子虽然给老人养老，但是对老人并不好，结果就是财产将来要由侄子继承，但是却得不到应有的照料。

BXZ 的伯母67 岁，生了两女都嫁在本村，写了协议由 BXZ 给老人养老，BXZ 对老人不是很好，老人的田他不给种，老人只好自己耕种，快70 多岁了，自己扶犁，周围的人都看不下去。（YG）

在农村很多惠农政策实施后，对老人尤其是双女户的老人有一些优惠政策，也就是除原来的可以继承的田和房之外，又包括一些国家的补贴，小 Y 老师讲了附近的一个村发生过的侄子养老的纠纷：

> YX 村有一家，侄子养老。现在国家政策好，国家会有很多补助，这个侄子把补助的钱全都领走了，但是根本不管两个老人。没办法老人的女儿觉得看不下去，过来照顾老人，老人想把房子和田让女儿继承，但是侄子坚决不同意，认为继承人应该是他自己，这样在家族内引起纷争。尽管侄子不会养老，但最后家族裁定，女儿和侄子各继承一半的财产。（小 Y 老师）

按照法律规定的继承顺序，侄子是没权得到这一半的财产的，但是家族的裁决结果却体现了家族利益不受损的原则。

在村里，笔者想看看孤寡老人的生活情况，别人带笔者去了一家得了"半边疯"（当地人对"半身不遂"的称呼，笔者问了很久才明白）的老人的住处，但是到他家笔者没有进房间去，因为老人衣服没穿好，实在不方便进入。问了他情况才知道他应该由一个侄子抚养，但侄子对他的日常生活并不太管，做饭、洗衣都要自己做，另外一个侄子有时会送点柴过来。

家族的继承以财产为吸引力，也保证了有限的财产不外流，但是财产吸引力不够的时候，无儿的老人看起来很可怜。也有继承后置之不理的，没有儿子的家庭的晚景并不是那么理想，这些更强化了人们对于儿子的需求。对正在生育的人造成了一种心理氛围，强化了求男的欲望。对这种家族养老，尽管老人最后是要以自己的家产为交换的，但当地人在提到侄子与老人一起生活时，反复提到的词都是"收养"。如果有了儿子，场景可能就不是这样了，家产直接给儿子，儿孙满堂，而不像现在是"收养"。

第二节 嫁女与娶妻的成本对比——经济角度的思考

性别偏好除了来自于养老、财产继承、舆论压力之外，从经济上来看，嫁女的费用也是一笔不小的开销。在印度，人们往往希望新娘的娘家赠予相当数额的金钱、财产、珠宝作为嫁妆。尽管这种制度在印度形式上是非法的。但迄今为止，还照旧流行着。如果一个男人有一大堆女儿，每次给女儿办婚事时会花掉他有限的资产，使得他们的经济利益受到损失。印度的报纸经常有这样的报道，即当年轻的媳妇在心理上或身体上受到虐待，人们便把原因归之于新娘带来的嫁妆不够[①]。嫁妆在收入有限的 M 寨也是一笔不小的费用，尤其是近年来村村通电以来，嫁妆之中加上了各种电器，价格也越来越高。

一 "无法无天"的嫁妆

嫁妆对出嫁的女儿非常重要，笔者的一个报道人 YG 的外孙女很可怜，爸爸喝酒，得急病去世了，年轻、漂亮的妈妈把 1 岁多的她放到外婆家就改嫁了，不再管她了。爷爷家也不管了。才 11 岁的女孩问 YG，"我的家也没人，人家都有爸爸妈妈，等我长大了，外公到时 80 多岁了，外公姓 Y，我姓 L，我从哪里出嫁啊？我到哪里去要一碗米才出嫁啊？"一个小女孩就已经担心嫁妆的问题，足见嫁妆在苗家女儿的生活中的重要性。

M 寨女孩的嫁妆包括银饰[②]、苗族的服饰、被子、柜子，在柜子的每个抽屉里都要放上钱，还要挑米。另外，现在还要包括一些电器。据 BG介绍，他的女儿 2000 年出嫁时的花费将近 1 万元（见表 8—1）。

表 8—1　　　　　　　　　村支书嫁女儿的费用

项目	金额
嫁妆	1000 元
银饰	5000 元
电视	1000 元
粮食	20—30 担
现金	1000 元

---

① ［美］M. 博兹、［英］P. 施尔曼：《社会与生育》，张世文译，天津人民出版社 1991 年版。

② 三环：项圈、耳环和指环。

苗族人在女儿很小的时候就开始积攒嫁妆，女儿十一二岁以后开始教
她纺线、织花带、织布，为自己准备出嫁的衣物。

在当地，BG 的经济条件属于较好的，但即使是普通家庭，2000 年时
嫁女儿的费用至少也需要五六千元，这在当地人均收入较低的条件下，是
一笔不小的负担。在 2010 年进行调查时，据说一般的嫁女儿的费用也得将
近 1 万元。抬嫁妆的人也得几十人，由于 M 寨结婚送嫁妆多在大年初二、
初三，笔者没有能够留下获得第一手资料，引以为憾。

> 问：苗族嫁女儿为什么要给嫁妆？
> 答：不给嫁妆人家笑你，人家会笑啦。
> 问：女孩给嫁妆有什么要求？
> 答：看父母有本事就送，没有就送一点。现在改时代，人家富起
> 来了，该给多少就给多少，嫁妆、米还有钱啊。(YG)

目前的嫁妆越来越多，很多人也已经无法承受，鬼师 YG 用"无法无
天"形容越来越多的嫁妆。

> (问：女儿的嫁妆值多少钱？)
> 那时是几年前的事，家里比较穷，只买了柜子。(ZYS 之妻)
> 现在嫁一个姑娘，最少一万，电视啊、洗衣机啊，箱子、柜子，
> 以前有烧水壶、焖锅。
> 有的是别人送礼的，父母以后还要还的。(YG)

这样，嫁女儿要送嫁妆，娶儿媳可以得到儿媳带来的嫁妆，这样
的经济账算下来，养儿子和养女儿的经济成本不言而喻。YG 打了个
比方：

> 比如你三个女儿嫁我三个儿子，我就富了。你有姑娘只有穷，有
> 儿子会富，养个女儿也不轻松呢。(BG)

二　出客时间——来自嫁妆的压力

在 M 寨，笔者发现婚姻一共有三个重要的时间，一个是夫妻俩住在一起的时间，一个是娘家送嫁妆和婚礼的时间，还有一个是结婚登记时间。与 BG 和当地的计生干部一起梳理了一下：

1. 住在一起：女孩到男孩家，男孩家请家族的人一起吃顿饭，认可女孩是家里的媳妇了。

2. 送嫁妆和婚礼：女孩在男孩家住了至少一个月以上了，男孩先到女方家认亲，然后看什么时间合适，定日子送嫁妆，举行婚礼。送嫁妆的时间不一定，有的孩子都很大了，娘家的嫁妆才送来。

3. 领证时间：到了法定结婚年龄，领证，计生部门也会催他们领证，现在不等计生部门催，他们自己也会主动去领证。

几个时间点的相互关系：几乎没有先领证的，都是先在一起，然后结婚。(S 和 BG)

第一个时间是夫妻住在一起的时间，一般是最早的。因为苗族的一些风俗习惯，这里早婚还很盛行，也是计生工作比较头疼的一点，女孩十八九岁结婚是正常的，YSC 的妹妹 15 岁就到了男孩家，孩子也已出生。

第二个时间是送嫁妆的时间，也就是"出客"。相当于结婚典礼，这还分为两种，一种是老人介绍的，白天送嫁妆；另外一种是两人自己同意的，叫偷来的，嫁妆要在晚上送。

问：嫁妆之类的什么时候送到家里？是与新娘一起来吗？
答：就是老人介绍的，嫁妆一起过来。
如果两人同意的，晚上偷来的，嫁妆放后一些，要跟女孩的老爸、老妈道个歉。老爸、老妈同意了以后，最后定哪一天、哪个月之类的日子，由我们两头定，定了以后她的老妈亲自送一个人来，到我们男孩家说，明天啦、后天啦，你们几个过来，来我们女孩家这送点心意。我们男孩这边就包两箩的糯米，送点酒、鸡、鱼抬到女孩家。

女孩的父母就喊家族的人来吃，然后住在女孩家三晚上。女孩也回母亲家住三晚上，男孩家要有一个人陪着媳妇，陪的人男孩也可以，女孩子也可以。女孩要嫁的男孩子也同她一起回去，不过他们两个要分着住。一回到女孩家，他们就牵着男孩和女孩，要吃酒啊，天天吃酒，喝酒，与她的家族吃三天酒。嫁妆再由姑娘家的人送来，与姑娘一起送来，不是我们拿。

问：偷来的就是这样的吗？

答：是啊，现在老人介绍的少啊，白天的差不多很少有啊，一百个里有一个，老人干涉也好，也算偷了，讲不清现在的小娃娃，和以前不一样咧。（BG）

由于嫁妆对经济困难的人家是一笔很重的负担，有的夫妻结婚很多年了，领了结婚证，孩子也很大了，娘家的嫁妆还没有送来。不太情愿养伯父的 YW 就曾告诉笔者，去年他刚把伯父 YGZ 家大女儿的嫁妆送过去，今年存了一年多钱，争取把二妹的嫁妆也给办好。他说：

这不是钱多钱少的事，妹妹的婆家会说，Y 家这么大的家族连女儿的嫁妆都给不起，我们的脸上也不好看。（YW）

两个女儿的嫁妆的确是一笔不小的负担，连房子都盖不起的 YGZ 要攒两个女儿的嫁妆的确是负担太重了，到了已经不能再拖的程度，才由侄子以及家族中的人帮助置办好送给婆家。

母亲改嫁的 YSL 也是在妹妹结婚之后自己才结婚，妹妹自己准备衣服、花带，他外出打工赚钱，为两个妹妹准备嫁妆，在她们都嫁出去几年以后，把嫁妆送过去，自己在 29 岁才结婚。

一般来说，不管家庭条件好坏，大部分的家庭是在男孩、女孩住在一起一年以后送嫁妆的，而家庭条件差的送的时间更晚一些。还有一些家庭不是经济上负担不了嫁妆，而是担心女儿还不是很稳定，怕有变故，不想太早送去嫁妆，这一年的时间差也许就有此意。实际上变故确实也存在，村里的一个姑娘"嫁"到邻村，生了一个男孩，但是又不满意这户人家，就分手了，又"嫁"与别的人了，姑娘家还在庆幸，幸亏嫁妆没送过去。

三 变通

嫁妆已经成为经济困难家庭的负担，有村民说，嫁给汉族或者嫁到外地都不用给嫁妆了，B 家家族的一个姑娘打工认识了湖南人并嫁了过去，问起嫁妆怎么给时，湖南女婿说可不可以折合成钱给带过去。B 家说："不可以，嫁妆就是东西，这些东西才是嫁妆，你那太远，我们不能挑过去，你雇车来拉吧。"湖南女婿一算，出不起这雇车的钱，嫁妆也就没有给。另一户 ZJD 的女儿也是打工认识的男朋友，嫁到遵义，也没有送嫁妆。

第三节 "男主女客"的性别定位与日常 往来——亲属关系格局

有研究者分析苗族的亲属结构，指出当地是一个"男主女客"亲属格局。西江苗族把自己内部社会人际关系分成两大类，一类是家族，另一类是亲戚，也就是自己与他人构成血亲或者姻亲的两种关系。作为同胞的兄（弟）妹（姐）在成年以后要从原来的一个家庭里分出去，男人留在家族内做"家人"，女人嫁出去做"外戚"。亲属的二元结构分类中，"家族"是中心，"亲戚"是边缘；"家族"为主体，"亲戚"为辅助。因而在西江苗族的亲属制度里，男性和女性必然就是一个"男主女客"亲属格局，因而也形成了"男尊女卑"的权力结构。[①] 在 M 寨，女儿正是以"客"的身份与娘家来往。

一 女儿与娘家——"客"的身份与"忌锅忌灶"

（一）"出客"及女儿与娘家的交往频率
"客"是出嫁女儿在娘家的身份，女儿出嫁被称为"出客"，而嫁出去

---

① 张晓：《西江苗族亲属制度的性别分析》，《西南民族大学学报》（人文社科版）2008 年第 10 期。

后也不会经常回娘家。因为嫁出去的女儿还有自己家里的事情，所以与娘家不在一个村的女儿并不常回去。

> 问：您昨天说姑娘出嫁叫出客，回娘家是回客，是吗？
> 答：名堂多，出客回客差不多是一样的。
> 问：初二时说女儿回娘家会怎么讲？
> 答：初二时女儿会说回娘家看看，看看老父母亲。（BG）

> 问：多久回妈妈那一次？
> 答：很久不回去，两三个月吧，这次也一个多月没回了，家里太忙了，回去也帮不了什么。
> 问：会给妈妈钱和东西吗？
> 答：妈妈会给我，我不要，还有个弟弟在读书，家里面没有钱。我在广东打工时还可以有一点钱，我可以给他们点，回家了，就没有钱了，就不送了。（YLS儿媳）

> 问：嫁到外村的大女儿常回来吗？
> 答：不经常回，家里还有公婆，还有老人。
> 问：女儿不能常回来？
> 答：一个月或半个月回来。（BWB妻子）

（二）女儿在娘家地位的缺失

女儿在娘家不仅身份发生变化，而且还有一些禁忌，有的是针对女儿的（有的是针对一般客人的），同儿媳相比，女儿已经不是这个家庭的成员了。

1. 饮食

女儿回娘家帮助母亲做做家务，这在笔者看来是很平常的事情，但是在M寨不是所有的家务女儿都可以帮忙的。出嫁的女儿在娘家是要"忌锅忌灶"的，不能碰娘家的锅尤其是大铁锅，不可以自己盛饭。这一风俗在当地有一个传说：

嫁出的女儿回娘家是不能摸灶台、不能摸锅，也不能摸屋梁的，这是老人传下的规矩，这里传说摸了会瞎眼、会头痛、会耳聋。有一个嫁出去的妹因为婆家对她不好，她就回了娘家，自己盛了白米煮饭，可在苗家的锅灶旁有个钩子，苗家女子头发梳得高高的，有个圈，就被那钩子挂住了，她吓坏了，传出去后出嫁的女儿更是不能摸娘家的锅了。（YG）

帮母亲做点家务、做饭这是照顾父母的一种方式，但是"忌锅忌灶"的风俗使女儿出嫁后就不能来做饭了。

"忌锅忌灶"给人带来很多不便，有一些家里在女儿回娘家时干脆做一些变通：

问：姑姑回来会"忌锅忌灶"吗？

答：是。她们不能碰大灶，后来我们嫌麻烦，找个大盆，干脆盛一盆饭给她们，让她们自己从盆里盛，免得别人麻烦。忌锅很麻烦。（YSC）

与女儿的"忌锅忌灶"相反，新进门的儿媳第二天就干活了，意味着她已经是家庭中的一员了。

问：儿媳进门家活要做吗？

答：要做啊，进门第一天不要她做，她是新娘，不做。第二天开始做，她会起早烧水、扫地、洗碗。第一天不让她做。（YG）

2. 居住

女儿回娘家和客人来作客，夫妻是不能在一张床上住的。

这个风俗的发现还有一个有趣的过程①。在房东家住时，笔者发现他们夫妻二人睡在两个房间的床上。无意中问了一下，才发现这里有夫妻分床居住的风俗。原来这里的夫妻没有生孩子时可以睡一张床，生了孩子，在孩子十岁左右就要分床。据 BG 和 YG 说：

---

① 后来 YG 的妻子笑话笔者连夫妻睡觉的事情都打听。

　　妈妈生了小孩子，孩子同妈妈一起住，如果孩子十岁了，爸爸妈妈还在一起住，会不好意思的，所以爸爸去另外一张床，妈妈带着孩子在一张床，孩子大了，再自己到一张床，这时候爸爸也不会回来妈妈这张床，被小孩子看到会不好意思的，很丢人。

　　（问：为什么孩子不能自己单独一张床？）

　　孩子害怕，怕鬼，怕老虎，所以必须由妈妈陪着。如果爸爸妈妈在一起，会很害羞。而且，被邻居和其他人看到也会笑话的。一次YG和Y奶两人在一床，被他们的亲戚看到了，特别特别不好意思，我就教训他们，两人在一起就在一起吧，早点起床啊，就不会被看到了。（BG）

外面的客人作客，如果是夫妻也不能住一张床，据说这是祖宗的要求。YG说起住在他家的夫妻俩被要求分床而居的事。

　　答：村里面来的银匠两口来我们家，我们家不准他俩睡一床，让银匠同我YG睡一床，他家奶①同Y奶睡一床。

　　问：是谁不同意啊？

　　答：我们祖宗不习惯，你和爱人来我家也得是这样的。不能睡在一张床上的。

　　问：为什么？

　　答：祖宗讲的，不可以就不可以。

　　问：那现在村里来旅游的人很多，要住你们这怎么办？

　　答：那另开一个房子，他们可以这样住，但是在我的家是不行的。

女儿作为"客"，如果同女婿一起回娘家，也同样是按照客人的标准来做，不能睡在一张床，住娘家都要与丈夫分床住。

———————————

　　①　指银匠的妻子，这里称上年纪的老人为"公"，妇人为"奶"（读平声）。

问：女儿回娘家呢？

答：也得分开，女婿要同女儿弟弟一床，女儿同老妈。儿子就是儿子。

答：我们这里有一个姑娘出客了，女婿没有舅爷就格外铺床。女儿回来不能单独睡，只能和老妈睡。（YG）

相反，儿子、儿媳是家庭成员，从结婚开始一直到孩子十岁左右都是可以住在一起的。

3. 离异女儿及在娘家产子的禁忌

嫁出的女儿不再是家庭成员表现在财产继承、日常饮食、居住等方面。女儿在大年三十和正月初一不能住在娘家，出嫁的女儿只能初二回去。但那些离异的女儿平时在娘家居住，但到了三十那天晚上是不能住在娘家的。

如果有的女儿离婚了，在娘家住，三十那天晚上她妈妈要把她送到别处，送到别人家，如果没有人家可去，就把她送到牛棚里住一晚，不能住在娘家。（YG）

YG说，未婚先孕的女儿如果必须在娘家生孩子，也是不能生在家里的，要到坡上的牛棚里生，并在那里住到满月，而儿媳妇生孩子是要生在家里的。

答：未婚先孕的女儿如果男孩子家不要了，必须在娘家生孩子，孩子也不能生在娘家，必须送到牛棚去生，到满月了，别人家请，到别人家吃过饭后才能回娘家。

问：牛棚里睡哪啊？有被子吗？有床吗？

答：大部分都没有床，顶多在地上放上板，再放上草，在草上铺被子。

问：那牛睡哪啊？

答：人住在看牛的位置，牛还睡牛的地方。

问：牛棚怎么有睡人的地方？

答：牛在坡上，得有人看着，就把牛棚分成看牛的人睡的地方和牛的地方，女儿生孩子就睡在看牛人睡的地方。

问：牛棚不在院子里吗？

答：牛圈在院子里，牛棚在坡上

问：刚生孩子的人住坡上？

答：对啊，要不对娘家不好。

问：儿媳妇生孩子住哪啊？

答：住家里啊。（BG）

（三）财产往来

女儿也会回来帮助做一些农活，有的女儿家里地太少，父母会给一点粮食，但是也有些父母即使自己家的粮食吃不了，也不肯给女儿家送点粮。

问：YQY 有四个女儿？

答：全部出嫁了，七十多岁了，现在两个老人自己在。他家女儿都出嫁了，地挺多的，粮食几年都吃不完，现在他四个女儿过得都苦，出嫁的家没有地种，人口多，地少了。

问：YQY 会给她们地吗？

答：他不给了，很讨厌了，就是他不给啊，我看这个人很生气，他不送啊，农村很复杂的，他们的心我知道了，现在没有挑一挑大米给姑娘。

问：姑娘家里没有地，过得特别苦对吗？

答：是嘛，他也在种地时强迫她们来种，不来也得来，但打的粮不给，很怪的。

问：这种怪的多吗？

答：是嘛，就是 ZYB 也这样，他有三个女儿，他俩一样年纪大，让女儿来干活，却不往出送东西，这样的老人很讨厌。（BG）

二　娘与女儿家——做客似的小住

"忌锅忌灶"以及女儿在娘家不再是家庭成员，为女儿与父母的沟通设置了很多障碍，女儿很难到父母家为父母养老。那么父母到女儿家养老是否可行呢？从访谈中得知，这也很难，因为他们的关系已经是两个家庭甚至是家族的，父母到女儿家是很少常住的。

问：那奶奶去姑姑家可以吗？

答：也可以去，但奶奶不好意思去，去住过的时间也很短，住过五六天或三四天，如果有事情打电话她们就上来我们这。

没有住过一个月两个月的，我们这几个寨子没有过，母亲在女儿家住很久的，最多半个月。

问：姑姑有没有这样邀请？

答：也没有，都知道的不好意思的。姑姑倒是经常过来。没有那种习惯，有好吃的她们会送来，一般也不会给钱，因为她们自己也没有那么多钱。（YSC）

问：没有目前在女儿家住的吗？

答：那会不好意思，自己就不好意思。

问：您可以去女儿家住一段吗？

答：看条件啊，我家的儿子不看我，不管我。

问：平时走亲戚一样，您会住很长时间吗？比如想您女儿了，想在她家住一个月。

答：不好意思，也不会那样想，真是自己就觉得不好意思。（BG）

对于老人的照料，女儿的参与也很有限，BXK 的父母外出打工，大奶奶没人照顾，家里冬天没有木炭，BXK 求姑姑（大奶奶的女儿）帮助买点炭，并拿出 50 元钱，本以为这个姑姑不会要钱，但是钱是照样收下了。

嫁出的女儿与父母家的关系说明按交往规则，父母到女儿家养老的可能性很小。

第四节　儿子、女儿的意义与生育意愿

在社会文化系统中，价值、观念、符号、仪式等作为意识形态内容属

于上层建筑。在哈里斯的技术环境与技术经济决定论中，社会生活的因果顺序主要是基础结构—结构—上层结构，即生产和再生产方式在满足人类需要上最为重要，基础结构的条件优势提供了家庭、政治经济建立的基础，而家庭、政治经济又引导出不同类型的价值、观念、符号与仪式，并以这些意识形态上的东西来解释与加强家庭和政治经济的地位。生育意愿、舆论压力等作为意识形态的内容，是社会文化系统的上层建筑的内容，也与性别偏好密切相关。

一 一儿一女的生育意愿——家庭人口的简单再生产与扩大再生产的思考

笔者 2007 年第一次去 M 寨时，对 M 寨的 50 人就与生育意愿有关的内容进行过一个简单的问卷调查，包括理想的生育数量、生育性别等内容，样本属于偶遇样本，不是随机抽样。

分析数据后发现，被调查对象超过 65% 的意愿生育数量都是 2 个孩子，对于希望生育两个孩子的被调查者，希望生育两个男孩的比例非常低，而希望生育两个女孩的则更少，希望"儿女双全"的被访者超过了70%（见表 8—2）。

表 8—2   意愿生育数量分布   单位:%

类别	M 寨
不要孩子	0.3
1 个孩子	2.9
2 个孩子	65.7
3 个孩子	19.3
4 个孩子及以上	11.8
合计	100

数据来源：根据实地调查数据整理。

在生育子女的顺序中，苗族有 52.2% 的被调查者希望先生一个男孩，再生一个女孩。这也是一种保险的安排，避免了先生女孩，而第二个孩子也是女孩使儿女双全的梦想落空（见表 8—3）。

表8—3　　　　　　　　　　希望生育2个孩子的性别及次序分布　　　　　　　单位:%

类别	M寨
男女	52.2
女男	20.9
男男	3
女女	0
无所谓	23.9
合计	100

数据来源：根据实地调查数据整理。

　　作为少数民族，当地的生育政策使其可以生育两个孩子，按照生育水平而言，这个规模可以使人口规模保持不变。按马克思的人口再生产理论，这是人口规模的简单再生产，但从家庭人口规模而言，需要一定的性别结构与之对应，才能保证家庭人口的简单再生产。这也就是当地人最理想的一儿一女的模式。

　　如图8—2，同样是一家六口人，祖父母、夫妻及其两个子女，子女性别不同，父系继承下的家庭规模在不同的家庭生命周期人口规模是不同的。

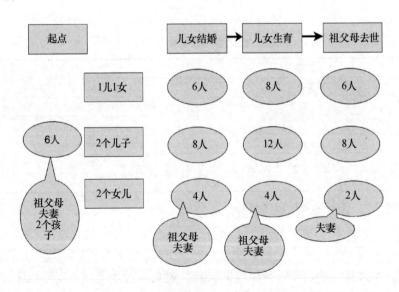

图8—2　不同子女构成下的家庭规模再生产

第一种情况，子女是一儿一女，即一家六口人，祖父母、父母及一儿一女。儿子娶妻，按照父系继承，女儿不再属于母亲家，所以家里还是六口人。在儿子又生下一儿一女后，家庭人口变为八人，略有膨胀，但随着祖父母去世，又是六口人，人口规模始终不变，这是一种简单再生产。

第二种情况，子女是两个儿子，即六口之家，祖父母、父母及父母生的两个儿子。两个儿子会娶进两个儿媳，六口之家变成八口，两个儿媳分别再生两个孩子，这时的家庭人口变成了十二人，等到祖父母去世，家里为十口人，就家庭人口规模而言这是一种扩大再生产。

第三种情况，子女是两个女儿，还是三代六口之家。如果父母生的是两个女儿，随着两个女儿的出嫁，不再是本家庭的成员，六口人变成四口，而随着祖父母的去世，家里只剩下父母两人，家庭内部人口规模缩小，就这个家庭而言，随着父母的去世就会消亡。如果用再生产来理解就是破产。

如果对应到房产和田地，则是房产的增减和人均田地的变化。从 M 寨来看，一儿一女的家庭，女儿出嫁，有一个儿子的话，儿子与老人在一起住，住在老房子就行了，如果觉得老房子旧了，可以把房子翻盖一下。如果有两个儿子，即使关系融洽，房间也是非常紧张的，所以一个儿子需要分家出去，再盖一个房子，分出去的儿子是必须再建一个房子的。如果父亲的经济能力强，父亲会帮助盖房子，但一般都是儿子自己盖，需要兄弟的帮忙。不过不管是谁来造房子，都是一个很重的负担。现在在寨子里有一个新房子是大家奋斗的目标，有钱的可以一次把房子盖好，但现在盖一个房子需要 5 万—10 万元，很多人出去打工赚钱的目的都是为了盖一个新房。新房一般分几次才能盖好。打工四五年，有了一部分钱就先把吊脚楼的框架搭起来，然后再去赚几年钱，再把房子装修好。所以就房子而言，多生一个儿子就会增加一笔盖房子的支出。如果只有一个房子，代代传下去，最多只是翻新。

从田产来看，一儿一女的家庭也是理想的模式。比如一儿一女的六口之家，有六口人的田。女儿出嫁，田不带走，儿媳娶进来，不带来田，这样家里还是六口人的田。儿媳生出一儿一女，此时一家八口人种六口人的田，但当两个老人去世，还是六口人的田。

如果是两个儿子的家庭，同样也是六口人的田，但是要娶进两个儿媳，家里变成八口人。两个儿媳分别再生两个孩子，就成了十二口人。祖父母去世了也还是十口人。十二口人住一个老房子，而按照"大儿得田，小儿得房"的原则，大儿一家四口可能带走两到三个人的田。而小儿与老人共六口人，种的是另外三到四口人的田，家庭人口可以扩大再生产，但田地这一资源是固定的，最终导致人均水平下降。

再看生了两个女孩的家庭，父母有一处房产、六个人的田，这是一笔很有吸引力的资源。在父系继承制度下，如果这笔资源给了女儿，意味着财产流出了本家族，这是家族内部无法接受的。继承的顺序是家庭、房族、同姓的家族。父系继嗣制度下，资产属于家庭，如果家庭内部继承无效，那么顺位继承的是房族，然后是家族。在同姓不婚的前提下，女儿是不属于家庭也不属于这个家族的，所以女儿不能继承父母的房屋和田产，也就不参与父母的养老。那么他们的养老靠谁呢？如果父亲的兄弟家不止一个儿子，他可以过继一个，而他的兄弟也乐于把自己的儿子过继给他，这笔丰厚的资源对同一房族内儿子多的家庭而言，也可以解决他们家庭内部资源不足的问题。对这对父母而言，自己的财富给侄子，则可以换来由侄子养老而不是由女儿女婿养老的待遇。

从文化整体论来看，M 寨的继承方式是一种制度。所以在父系继承制度下，保证一个家庭的延续，儿子不能多、女儿也不能多，从子女的性别结构看，一儿一女是非常理想的模式。就家族而言，在资源许可的情况下，都希望扩大规模，但是在资源有限的情况下，以一儿一女保持更替水平也可以维持人均资源的规模不变。

作为一种理想的模式，在自然生育的前提下，不是每个家庭都可以达到的，而改变自然生育进行人为的选择，势必会改变自然的规律，改变出生人口性别比的自然分布。

二 儿子的身份与"成人"的压力——舆论的影响分析

"在农村那种'以有没有儿子'作为判断一个家庭正常不正常，完整不完整的标准的生育场域中。'尽一切的可能生养一个儿子'就成为了一整套不断地被灌输的性情倾向。"① 除了把养老作为 M 寨希望有一个儿子的动力来源，儿子在其他方面被赋予的意义以及来自舆论的压力都成为性别偏好产生的原因。

（一）守屋人与送水人

村民对于儿子的理解是守屋人。对为什么非要有儿子，他们的解释是女儿嫁到别人家，必须有一个儿子守屋子，继承这个屋子，儿子是现世的守屋人。

> 问：生小孩时，第一个是女孩，有没有担心没有男孩啊？
> 答：是啊，很担心的。如果是一个男孩，生下来就没有担心多少。我们地方如果没有一个男孩，就没有用了，没有守屋子的了。我们地方女人要嫁去外面，有一个男孩可以在家，可以守着屋子了。（YLS 儿媳妇）

女儿的身份的重要性似乎体现在老人去世之后。除了在老人去世时，需要女儿"抬猪"，拿一丈布用来垫去世的老人外，在老人去世一个月后要由女儿给老人送水。如果没有女儿，在另一个世界，老人会没有水喝。

> 母亲去世只要女儿抬猪来，送给老人就算了。表示孝敬。有一些抬两头的，活猪到娘家杀，还要抬米，被子一床，火炮，钱，香都送。儿子没有什么送，儿子只能杀猪，准备米呀，出殡时小儿子是主要的，没有儿子就要由家族的人（来做）。没有女儿就没有猪啦，只有儿子自己送了。
> 在老人去世一个月后女儿要去送水，如果谁没有女儿，老人会说，老了苦啊，死了连送水的人都没有，渴啊，可怜啊。（YG）

如此看来，儿女双全成为理想的生育意愿不无道理。在当地，如果是有儿子没有女儿，儿子多则需要给儿子造房子。同时，因没有女儿出嫁，

---

① 刘中一、潘绥铭：《从男孩偏好到出生性别选择》，《市场与人口分析》2005 年第 4 期。

家里的田会不够，且没有女儿死后无人送水。而只有女儿没有儿子，会没人养老，家里无人守屋，而且还会不"成人"。

（二）"成人"

如果没有儿子，在当地的话语体系里是不"成人"。一开始，笔者理解，如果一个人没有生儿子，这里称为不"成人"。但在笔者与有儿子的BG的访谈中，他反复强调自己不"成人"，让笔者有些诧异。反复询问之后才明白，BG的意思是他有了儿子，但儿子还没有生儿子，那他老人家还是不"成人"，有些类似汉族的无后。

> 答：我的大哥二哥四弟他们都成人，我不成人。
>
> 问：不是说您儿子不成人吗？
>
> 答：我也不成人啊，不成公啊。我的（儿子）连生都没有生，没有媳妇，就是不成人啊。
>
> 问：有媳妇就算吗？
>
> 答：也不算。得成公才能成人啊。现在人家有媳妇，抱孙子，人家成公了，我像鳏孤老了。鳏孤老啊，没有什么前途，现在他们看我只有一个，就是一个儿子，什么媳妇也没有，什么孙子也没有，就是鳏孤老了。
>
> 问：可您有儿子啊？
>
> 答：儿子有，他没有生啊，我就还是没有啊。
>
> 问：您还管那么远？
>
> 答：管啊。
>
> 问：那您说的在我们那叫有没有后人，只有有孙子才能有后人。您这叫成不成人。（BG）

"成人"对老人、对儿子的压力都是存在的，儿子、媳妇、公婆都着急，催促的理由就是需要生一个儿子成人。

> 问：一家没有生男孩，是儿子着急还是公婆着急？
>
> 答：公婆着急，儿子就着急，媳妇自己也着急。不过像我，着急

也没用，儿子在外面打工，他也不听你的。看人家得儿子，我家不得，老人着急啊，像我呢，还不成人。

问：你家 BXY 出生之前，老人催不催啊？

答：催啊，他们说，你不成人，这么看你，我就心焦。

问：什么叫不成人？

答：没有儿子就叫不成人，有女儿也不叫成人。有儿子的看你没有儿子就说你不成人，我现在看我的儿子没有儿子就是不成人啊。

问：您总说，但我没有意识到是这个概念，有儿子才是成人？如果生两个女孩的，六十多岁还叫不成人吗？

答：是啊，记得上次同你讲，ZYB，他就说："嗯，我老了，我不成人。我就要鳏孤老了，了心啦。"就讲这句话啦。

问："了心"是什么意思？

答："了心"是无聊啦，不开心啊。（BG）

（三）没有儿子——自身的心理压力与来自周围的压力

这种"成人"的压力是一种氛围，在整个村寨都存在，只要处在这个环境里，都会受到影响，这也就是布迪厄的"场域"。在寨子里，一个偶然的机会，笔者遇到了寨子里的第一个女大学生。在她的同龄人小学都没法毕业的环境中，她能考上武汉大学，让人很惊诧。她说，这恰恰源于她不忍让父亲再失望的心态。

我家里三个女孩，爸爸也一直希望有个男孩子，他对我虽然不说，但是我是明白的。我出生后，爸爸也是一直按照（对）男孩子（的要求）来要求我。他是一个小学老师，在我们这里也是属于比较有见识的人。他这么要求我，我自己也就很努力。小时候是在爸爸的学校（念书），成绩一直都很好，后来去方胜小学，再后来去了 A 县，我不忍心让父亲失望。这样一直到考上大学。我也想替父亲证明，虽然我是女孩子，但是不比男孩差，甚至比寨子里的很多男孩子都强。

我们这里要男孩子的愿望非常强，叔叔家有一个男孩子（是）超生（的），婶婶不想要了。爸爸说不管怎样也是一条命，替他交了罚款，这个弟弟也就算是我们家的，虽然是由婶婶带大。弟弟上学时成绩也不错，爸爸也一直督促他，爸爸心里是把他当作儿子的。后来婶婶看弟弟成绩好，又后悔当时把他给我们家了，准备反悔，把弟弟要回去，爸爸不同意，因为当时就这么定下的。这样两家发生争执，最后还是爸爸让步了，但在家爸爸却哭了，我很明白爸爸的无奈。（YY）

在这相对封闭的村寨，错落有致的吊脚楼让这里有一种世外桃源之感，但与汉族农村地区的研究结果一样①，儿子也成为一种竞争的资源，虽然没有那么强烈，但是依然存在。除与他人的财富比较、地位比较之外，有没有儿子也是一种比较。即使财富多、地位高，如果没有儿子，会被讥笑为"穷"，而穷的人即使没有钱，会自认为有了儿子就有了财富。儿子在穷与富的这个对比的天平上成了一个重要的砝码，甚至可以逆转因经济带来的不利地位。

答：我们现在天天在 YG 家说我们不成人，你们来笑我们啊。我讲这些，他们说，是你讲啊，我们没那么讲你们啊。他们不讲，但是我们农村有一些人爱讲呢，我们农村有一些人嘲笑呢。嘲笑我们，就是说你没有生，你家没有媳妇，你们家富也好，你们富赶不上我们生儿子，你们富也没用。我们生活差一些，我们生了，我们富了，你们穷。我们生了，我们没有你富，但比你好。我们生活差一些，我们有生儿子，你们富，我们穷，你们的钱大②也没用。他们就说这个，他们就看我不起，就是看不起这一点。很多人看不起你时他就这样讲了，得意地讲嘛。他好了，他就讲。像我们，可以跟他们讲，今天你好了，明天不知你好不好，就是这样，我就反口同他们讲。只好你这一辈，你不知下一辈好不好，就是这样的。现在农村就是一个烦一个。

我们乡下人多，一个骂一个，你看不起我我看不起你，虽然人少，可他爱说，看不起。看你富了看不起，看你穷了也看不起，没有

---

① 李银河：《生育与村落文化 —爷之孙》，文化艺术出版社 2003 年版。

② 指钱多的意思。

小娃、没得媳妇、没有儿子都会看不起你,很多的事。现在比方,这个灯我不点,他会说,你家穷,点不起。农村,多名堂。儿子的事也是一样的。(BG)

本章小结

社会文化体系中,房屋、山林、田地作为结构中的稀缺资源,限制了基础结构,决定了家庭经济与亲属关系的模式,向以父系为主线、以男性为准则的偏重成了基本规则。

M寨典型的父系财产继承保证了家族内的财产在自己的房族内流转,而不会被外嫁的女儿带到丈夫的家族内。无亲子的财产继承,在习俗上也是在父系宗族中确立继承人。作为女儿,在以家族为单位的家庭中,她是不属于这一家庭的,父母以嫁妆的形式使她参与了家庭的财产继承,在父母去世后以抬猪、送水来完成孝道。现实生活中,在与娘家的日常交往中,女儿是以"客"的身份出现的,这样是无法参与父母的养老的。通过儿子"守屋",继承、养老都产生对儿子的需求,同时家族继承的负面影响也刺激了这种偏男的性别偏好。

而在资源有限的条件下,一儿一女、保证有儿子是村民理想的生育意愿。在现有的数量限制下,保证一个家庭的延续,儿子不能多,女儿也不能多。从子女的性别结构看,一儿一女是非常理想的模式。就家族而言,在资源许可的情况下,都希望扩大规模,但是资源有限的前提下,以一儿一女保持更替水平也可以维持人均资源的规模不变。

从性别偏好与生育转变的关系看,如果说生育转变中降低人口数量解决了社会生产与人口再生产之间的矛盾,而作为社会的细胞,家庭同样也存在着人口再生产。在父系继承的前提下,儿子是满足家庭人口再生产的首要条件,使家庭能够延续下去,是实现世代继替的关键。这种对儿子的偏好一直没有改变,只是在生育转变之前是通过多生来保证有儿子,而在生育转变发生以后,保证有一个儿子出生成为家庭再生产的前提条件。在资源有限及生育政策的约束下,一儿一女、保证有儿子成为理想的生育意愿,实现家庭简单再生产。通过进行人为选择改变自然生育,势必会改变自然的规律,改变出生人口性别比的自然分布,使性别偏好转化为出生性别比偏高。

同时,性别偏好作为社会文化系统上层建筑中的主位成分,是受结构和基础结构的相关因素的影响的,舆论也会向社会文化系统中的人施加压力,这种"成人"的压力对性别偏好起着强化作用。

第 九 章

性别选择途径

——性别偏好的实现

有研究者将文化的影响分为以下三个方面的因素：其一，影响受孕的因素，如人们结婚时的年龄、再婚、分居、产后禁忌、避孕等；其二，决定生育的因素，如夫妻间的关系、社会的文化价值观念等；其三，影响胎儿成长和婴儿成活的因素，如人工流产、溺婴等①。性别偏好只是一种观念、一种文化上的设置，但是从性别偏好到性别选择行为，这中间是有一定的过程的，而且途径也有所差异。

第一节　求子的策略：求祖宗、搭桥、背孩子

不同民族求子的习俗很多，比如食物求子、麒麟送子、以灯求子、向大自然求子、拜神求子、拴娃娃和抱娃娃等。

苗族人认为婚后无子不仅是家庭的，也是家族的缺失，甚至死后会没有人献祭。所以久婚不孕或连续生女而无儿的夫妇，就要想办法去实现人生的美满，而求子即是实现这种美满的重要途径之一。如何求子，居住在不同地区的苗族人有各自的认识和方法。苗族传统节日"花山节"包含着求子内容，还有二月二的"敬桥节"等，人们对一些被视为灵异的自然之

---

① 周云：《文化与人口》，周星、王铭铭主编《社会文化人类学讲演集》（下），天津人民出版社 1996 年版。

物顶礼膜拜来乞求人丁兴旺。

一　架桥、敬桥、修桥

敬桥求子是苗族人将生育寄于灵魂、鬼神的一种习俗。他们认为没投胎的小孩子胆子小，容易迷路，敬桥是为小孩投胎铺平道路，后来演变为积功德，成为可以得子的一种行为。二月二敬桥最重要的活动就是搭桥，其目的是"修路无数，养儿无数"。节日这天，有女无儿或无儿无女的人家要拿鸡蛋到桥上供奉，烧香烛纸钱。

> Q地区苗族有个传说，在遥远的年代，一对老夫妻没有儿女，有一天有一只燕子告诉他们，我看见你们的儿子从东方来了，波浪滔滔无法过河，要架一座过往的桥，娃娃就会到你们家来，他们听从了燕子的话，造了桥。儿子真的走过来了。对于架桥，苗族的古俗要砍三颗杉树架桥，因为民间存在这男单女双的观念，单数象征男孩；杉树枝叶繁茂，象征多子多孙的吉祥。正因为如此"苗家代代传，每逢二月二，家家来架桥，户户来祭桥"。在祭桥节上，有时还以鲤鱼、鸭子或鸭蛋作为桥的供物，因为在部分苗族的信仰里，鲤鱼象征长寿，可以保佑儿童灵魂，鸭子取其擅于渡河，鸭蛋是生命孕育的象征物，据说可以引导孩子上桥。有的桥是用桃李之木搭成的，其形体一般较小，桃李之木象征阴阳交合。[1]

在M寨，敬桥同样是一种非常重要的求子方式，人们通过架桥、敬桥来求得孩子。

（一）架桥

以架桥作为求子方式，架桥的位置也有所不同。有的桥架在路边，有的架在门口，分别叫水桥和大门桥。桥由几块条石组成，还要有桥头，桥头的方向就是桥的方向。架桥一般向东方架，意思是小孩子从东方下来

---

① 宋兆麟：《生育神与性巫术研究》，文物出版社1990年版。

的，所以要朝着东方架桥。架桥的同时必须要有座凳，每个桥有两个座凳。据鬼师介绍，座凳放在外面供人家来坐，人家才能给你带来好运气。对于座凳有几种说法，一种是人家来坐，分享你家的财富；另一种是以后你会富贵，富贵就能得儿子。还有一种说法是：想要孩子，必须架桥，小孩子才能过得来，过来了才有地方坐。除架桥、安放座凳外，另外还要牵线，拿线从桥头牵到家，孩子顺着线来到家。就是说架了桥、安了凳，还要从桥上牵线到家，小孩才能找到家，才能来到家里。

图 9—1　YGQ 的桥

白支书家架桥时就是由鬼师架了桥，白妈牵着线走前面，鬼师在后面，以后他背围腰，还有鸡蛋，她就牵线走前头，师傅走后头，牵着我们的小儿就回家，如果没线牵，就不知道往哪方走。(YG)

BG 家架过桥，架在门口，是大门桥，B 妈生了四个女孩，架桥后当年她就生了儿子，因为是架桥得来的，就叫阿桥了。

答：比如我家架过桥，架在门口，现在在我老屋子那边，现在老屋子没有了。

图9—2　桥边座凳

问：您为什么架桥啊？

答：是不得儿子啊。有我的儿子生之前架桥的，他小名就是阿桥。架桥得他来的，所以叫他阿桥。

问：真的嘛？他是架桥来的？二月二架桥，他什么时候出生的啊？

答：当年就有他的，二月二架桥，两三个月以后就怀孕了，真是很灵的。我们就是这样的。以前B妈生的全是女娃娃，现在架桥她就得男娃娃，就得阿桥了。现在他大了，他还说，你们一定敬我的桥，他大了，这样讲的。

问：他的桥你们还能找得到吗？

答：他的桥（没了），现在我们老房子搬过了，现在我们敬桥就敬他的板凳，以前我们安过板凳的，就是在球场那边。（BG）

架桥不仅是自家的事，家族的人都要去的，都去吃饭，送鸡蛋，包糯米，敬他的桥。

问：你们架桥是希望祖宗保佑？

答：我们给大家修路架桥了，也做好事了。是啊，要经常敬他的桥。这样，桥有了，就是敬桥。没有桥的架桥，就是这样子。

问：你们不架吗？

答：我以前都没听说过架桥的说法。（BG）

架桥的日子是在二月二。架桥时请鬼师念鬼，要拿鸡、鱼，并且要拿香在架桥的地方烧。

笔者专门到村外看了几个桥，桥有新有旧，有的修在小路上，有的修在小河沟上。

图 9—3　BWG 家的桥

（二）敬桥

架桥是很多办法都想过了，还是没有孩子的人的选择。如果祖宗已经修了桥，就要在二月二敬桥求子。

笔者看桥时见到一个很旧的桥（见图 9—3），就是祖宗架的桥。BWG 家因为没有儿子，于 1981—1982 年敬桥求子。据介绍，BWG 家男主人已经去世了，女主人出去打工了，现在儿子必须来敬桥，来感谢祖宗和自己父母的架桥。一般的家庭在二月二也都会敬桥以示感谢。有的如果桥不在了，就敬板凳。

问：你们架桥是希望祖宗保佑，给大家修路架桥？

答：是啊，要经常敬他的桥。桥要是有了，就是敬桥。没有桥的架桥，就是这样子。

问：你们不架吗？

问：第二个桥是 YGQ 的桥（见图9—1），这个桥早，早就架了，生了个男孩。这是祖宗的桥，每一年都维修，每一年都敬。以前老人没有男孩，师傅讲他要来架一个，这个桥差不多一百多年了。没有生小孩的，家里没桥的，师傅也会让他家架一个桥。（YG）

另外，据说二月二不能让家里的孩子踩桥。要是过桥，先拿块石头砸桥，然后才能过，但最好不过桥。如果过了的话，孩子的好命会受到影响。

（三）修桥

在看桥时笔者还看到一个很新的桥，是 ZXW 家的桥（见图9—4），他家第一胎是女孩，又生两个女孩，请师傅看需要架桥，才生男孩。所以在他家没有儿子的时候架的桥，后来生了儿子。但生的儿子不会讲话，要修桥补路，加上桥也有些破烂了，所以他家重新架了桥。

图9—4　ZXW 家的桥

二　背孩子

除了架桥，还会请鬼师傅帮助背孩子。鬼师傅背孩子是要到要孩子的家里，准备鸡、蛋、背孩子的带子，鬼师傅会撮一碗大米，在房子的地上，鬼师傅念鬼，到天上去把孩子背来。

按笔者的理解，架桥是把孩子从天上引过来，架桥、安凳、牵线都是帮助孩子找到家，好让天上来的孩子一路走到家。而背孩子则更直接，把孩子直接从天上背下来。背孩子因为一般在家里做，不那么大张旗鼓。

答：还有一些没有架桥的，由鬼师傅背。

问：怎么背？

答：鬼师傅他（她）念啊，比如我家要，就到我家。我了心了，没有什么了，现在我们家缺少一个男儿子，现在请鬼师傅给我背一个孩子，送鸡送蛋，送背孩子的袋子，送给鬼师傅，鬼师傅撮一碗大米，房子地下，鬼师傅会念，我到天上去背来，有点灵，以前背（孩子）、架桥、敬桥，就是这样啊。背这个很复杂。

问：哪个孩子是背的？

答：我的儿子就是背的，又背又架桥，了心了嘛。开始是架桥，一个月以后又背。

问：您真是着急了。

答：是着急了啊，就是这样。我们这里有很多人就是这样，背的，架桥的。

问：那还有谁的孩子是背来的？

答：那我就搞不清楚了，是鬼师傅到他们家里去做的，是鬼师傅的名堂。

除了桥以外，还有座凳，每个桥配两根座凳，就是我前面邻居BWG家架门口桥，马上就生一个男孩啊。（BG）

第二节 丢"卒"保"车"：选择性
人工流产、溺弃婴与收养

　　大多数夫妇不但对他们要几个孩子，而且对具体想要多少儿女都有十分明确的想法。这种想法一方面受个人偏爱的影响，另一方面受社会的影响。在许多社会，做父母的对是否有儿子看得十分重，希望儿子可以长大成人，去完成某种社会的、经济的与宗教的职能。也有少数社会是偏爱女儿的，如印度尼西亚的苏门答腊的一些地方。在那里地产是通过妇女传给下一代的，在那里有些地方女方要丰厚的彩礼（即为补偿女方结婚生儿育女所付出的代价，男方亲戚给女方转移财富）。因纽特人盛行杀女婴的风俗，而在轻视女婴的地方，如印度与埃及，便出现了女婴死亡率较高的现象。①。

一 选择性人工流产

　　在生育水平短期内急剧下降的同时，生育观念并没有随之改变，一旦B超等产前性别鉴定技术以及选择性人工流产很容易实施时，这些现代技术也就为实现传统的性别偏好提供了便利条件。在笔者调查的民族地区，为了遏制出生人口性别比升高的趋势，打击"非法从事胎儿性别鉴定""非法进行选择性人工流产"（简称"两非"）时，发现了一些从事"两非"活动的机构。当地文件记载了某一个县抓黑诊室的过程：

　　　　在某南门社区服务室，现场发现为当地白市镇坪内村杨某、吴某夫妇接生一女婴，收费为520元；为河南的一对夫妇（女方为当地人）接生双胞胎，均为男婴，收手术费、药费为596元，房租租金为200元；还为超怀第三孩的白市镇小沟溪的陈某备引产（实为来此接

---

　　① ［美］M. 博兹、［英］P. 施尔曼：《社会与生育》，张世文译，天津人民出版社1991年版。

生超生），收房租费 150 元；为湖南一潘姓产妇准备引产，潘已生育一孩，现怀孕 5 个月左右，属计划内怀孕，估计是做了鉴定后来引产的，但该人拒不承认看过 B 超；在现场检查时，在二楼的一间屋内发现了两个人流包，五个引产包和大量利凡诺针剂。在调查的过程中，还发现一个疑为已引产住院的对象。在另一个村卫生室，现场发现该服务室为三人接生，其中二人为湖南人，一人为计划外生育。在一诊所，一村民在此生产因大流血死亡，产下一女婴也已经死亡。对涉案的湖南省的引产、接生对象已通知湖南省的计生部门调查处理。①

在镇上调查时，当地人告诉笔者，在州政府所在地就有黑 B 超点，镇上有的人就会去做，六七个月时，彩超就可以看出性别，不想要的就引产了。但是现在去的是乡镇的人，而 M 寨据说是没有去的。

利用 B 超进行性别鉴定以及选择性人工流产可以在当地进行，也有一些流动人口在流入地进行。在村寨调查中，有村民说，2004 年以前，村民可以到附近的镇上通过 B 超进行性别鉴定继而进行性别选择。M 寨外出打工人员非常多，每年有超过 1/3 的人外出打工，2007 年外出打工人员有250 人，其中 50 人是未婚，其余 200 人均为已婚夫妇。这些外出打工人群的流入地主要是广东、福建。这两个省份恰恰是最早开始性别鉴定、性别比较高的省份。所以在全国开始治理出生人口性别比偏高问题以前，胎儿的性别选择有可能就已经开始了。比如 YSN 的妻子 1990 年、1992 年分别生了两个女孩，后来他到广东打工，躲过计生手术，1995 年通过做 B 超其妻在广东生了一个男孩。寨子里有多少孩子是这样出生的，却没有得到资料。

笔者一直想知道两女户中第二个女孩的命运，对于不想要的女孩，其父母怎么办？2003 年以后抓"两非"抓得很紧，除了 B 超鉴定以外还有其他途径吗？生孩子都不肯去医院，去做 B 超的人比例会很高吗？当地的干部曾说，这里的乡里用 B 超不一定会看胎儿是男孩还是女孩，所以可以推测通过产前性别鉴定的应该有，但是否还有其他途径？在以 B 超为技术手段进行性别鉴定以前或这种性别鉴定手段不可及时，当地人靠什么来实

① 引自 A 县计生局文件。

现性别选择？

二　溺弃婴

（一）寻找线索

在访谈中笔者一直在侧面问有没有女孩子生下来就不要了的，但是都没有问到什么，得到的答案只是说男孩子是架桥得的。在很失望的时候，突然有了一个意外的收获。起因是这样的，笔者在访谈到一户时，见到一个男孩子家里困难辍学了，外出打工一年后又很想再读书，就给了他一点资助，结果他连着几天约笔者去吃饭。笔者给老人家带了两包糖，就去他家吃饭。吃饭时来了一家四口，另外还带着一个十二三岁的女孩子背着一个小孩。笔者一直关注早婚，见小女孩背着孩子就多问了几句，怀疑小女孩是不是早婚早育，但觉得也不像。结果女孩子背的是弟弟，女孩子是一家四口的男主人 BXY 弟弟的孩子，只读了二年级，父母去福建打工就让女孩带孩子，不让她读书了。笔者觉得两个孩子年龄相差太大了，就有些怀疑。后来女孩的伯母、BXY 的妻子偷偷地告诉笔者，女孩在家里是老大，她的父母想要男孩，以前生下了一个女孩，放那不管让她死去了，两年后才又生的女孩子背的这个男孩。笔者这才发现真的有生下女孩不要的。后来就去问 BG，BG 说这个男孩也架桥了，但是没有告诉笔者这一家有生下女孩子，后来死亡了的事。

（二）"活动"办法

在知道新生女婴有这样的处置方法后，笔者就开始追问。笔者对报道人说这次调查还有一个目的，现在出生性别比高，想知道少数民族地区生男孩是怎么实现的。比如，前几天笔者一直在问架桥的事，现在有人怀孕后查 B 超，还有的生了女孩子送人。笔者听说这边还有人生了女孩直接不喂奶饿死孩子，但是具体情况是怎么样，他们怎么想的，都想分析一下。M 寨是笔者研究的一个点，即使不分析 M 寨也会到其他村问，只是想看一下问题的严重程度。在明示与暗示只是研究的需要，而且会匿名后，报道人才对笔者讲了一些当地的这方面的事情。对于本村如何进行性别鉴定，报道人说"生下来看"，是女孩就"想办法"了。

问：我想知道好多人说做 B 超，看孩子的性别，出去打工有机会在外地做 B 超，在本村去哪做啊？

答：在本村不是去检查，是要一下看是男是女。

问：怎么看？

答：生下来看啊，是女孩就想办法啦。（BG）

因为在 BWY 家说不要了的女孩子是不喂奶让她死的，笔者问报道人不喂奶忍心吗？再说一般妈妈不是生下来就有奶可以喂孩子，怎么有可能一直不看孩子？对于笔者的这个怀疑，报道人给了更让人震撼的答案，即以前曾经有过出生时割断脐带让女孩死亡的事情发生。

问：我听说生了女孩不给喂奶，父母真的忍心吗？

答：这样的生下也不见，不去喂奶，也有来调查问我们的，我们一般也不会说，不喂奶是一种，另外就是生下来肠子（脐带）直接连根剪的，下面通气上边通气，孩子就活不成了，我也没见过，听人说是这么做的，还有的，就是孩子是活的，不喂奶。

问：我想知道这样不要女孩的话，妈妈舍得吗？

答：一个不是不喂奶，是割她的肠子她就死了。

问：什么？我没懂，割肠子？

答：你不懂，就是肠子。

问：我不懂，真不懂。是脐带吗？

答：脐带，一割它就出气了，就死了。

问：是……

答：是和妈妈连的肠子一割断就死了。上面出、下面出，就死了，在根上割。如果活的是在上边割得好好的，系上，就活了。这是我听人讲的。他们说的，有的割断还没有死，他们就不看，尽她哭，哭累了，上面一出气，下面一出气，哭累了自己就死了，奶也不送喝，就死了。

问：妈妈不看？

答：不看。（BG）

死亡的婴儿会雇老人埋在山上，并按照规矩给一点费用。

问：那死了的婴儿埋在哪儿？

答：这种新生的要找一个老太公，或一位老太婆，拿到山上埋。

问：为什么是老太公？

答：我们祖宗传来的，不满年的小孩必须请老人拿去上山埋，老人回来后，要（给）他米啊或者一块二毛或十二块钱给老人，算是请他啊。（BG）

（三）"活动"的孩次与性别

被"想办法"的孩子是继第一胎（女孩）后又生下来的女孩。从孩次上看，尽管想要男孩，但第一个不管是男孩还是女孩，都是要的；第二个孩子如果前面一个是男孩，生下不管是男孩还是女孩，也都要。如果第一个孩子是女孩，生下的是男孩，也会留下；如果生下女孩，就会开始"活动"了。BG用了"活动"一词，如果第一个孩子是女孩再生下的还是女孩，就会"活动"。如果不"活动"，就是双女户了。活动的话，等再生一个时，可能会生个男孩。也有的是双女户丈夫没有做结扎手术，就会生第三个，第三个是超生的，计划生育部门肯定罚款，所以更希望生下男孩，但是生的是女孩，也就可能"活动"没了，这也是"生男即止"。

问：真的能做吗？

答：没办法，想要男孩，第一个不管是男孩还是女孩，都是要的，第二个孩子如果前面是男孩，生下不管是男孩还是女孩，也都要。如果第一个孩子是女孩，生下的是男孩，也会留下，如果生下女孩，就会开始活动了，我说的活动你明白吗？

问：明白，就是说，如果生了一个女孩再生下的是女孩，就会活动。

答：对，不活动就是双女户了。活动的话，等再生才有机会生一个，可能的话就会生个男孩。也有的是生了两个女孩，但没有做手术，再生的那个肯定罚款，但是生的是女孩，也就可能活

动没了。(BG)

与前面的孩次性别递进的讨论相联系，第一个孩子是女孩也就是数据分析中的一女户，生育下一孩子的男孩多于女孩，性别比高。

> 问：第一个是女孩会留下来？
>
> 答：对，不过再生的第二个是女孩就开始活动了。
>
> 问：那现在有没有第一个是女孩就开始活动的？
>
> 答：第一个没有，第二个是女孩的大部分就活动，但是有少部分说两个就两个，但我又决心要第三个，在第三个活动。
>
> 答：现在有了男孩的，他必要女孩，这是他们最想要的。
>
> 问：那他会把男孩做掉吗？
>
> 答：不会，是男孩他就要了。第一个是女孩，他必要男孩。这是他们相当喜欢的。如果是两个男孩，他也要了，但是女孩就不能要到了，他也不会花钱去要一个女孩，就是这样。
>
> 问：那看来第一个是男孩救了好多孩子的命啊！
>
> 答：是啊，接下来生的是什么都会留下。
>
> 问：我总觉得很残忍的。
>
> 答：他们不看就算了。(BG)

BG 在讲现象时说得很详细，但落到具体的人就都说没有，在问了几户家中第一个是女孩，第二个是男孩，两孩间隔在五六岁以上的，问有没有"活动"的，都说没有。后来笔者又用访谈中的辍学带弟弟的小女孩家的事问他，作为测试，他还是说没有。笔者觉得如果问具体是谁家肯定是很难了。因为 BG 前面讲活动的很多，但是真正落实到户时又都说没有，他应该还是不想说出来，能够得知现象的存在也就很不容易了。其实告诉笔者如何实现的，对他来说已经是很不容易了。

> 以前很多地方来我们这了解，但是我们不敢讲，乡亲，讲了不好，你研究我们中国的人口，你是研究科学，我就讲给你听。如果别人知道了，会得罪人的。(BG)

（四）"活动"的高峰期

除了关心"活动"的方式，笔者还很关心每年有几个孩子被这样"活动"没了，最近几年这个现象是不是还存在。据报道人自己的感觉，1996年是一个高峰，主要是怕超生罚款，有"活动"的，也有送人收养的，在2000年以后大部分正常了。

> 答：1996年有的要孩子，有的有了不要，超生的怕罚款，比方我有两个男孩或两个女孩，再有的要了，要交罚款，把她送人或不要了，如果你要了，你就收养，要是被对出来，被罚款，你就交了。
>
> 问：是不是我超生了，如果送给别人，不会罚款，如果没人收养，这孩子就不要了，要不然我算超生，收养的活动的都是女孩，活动的也是那时多。
>
> 答：是。（BG）

在寨子里，1997年以后第一批人外出打工，要超生或"活动"都会离开家，在外出打工中来完成这个选择过程。

> 答：现在想超生想要男孩了就用这种手段。2000年以后大部分正常了，正常是正常，但是有三个的女孩他就一个也不要了，不是不生，就搞死了，等着超生男孩的，就跑了，不在家了，在广东、福建，就到外面了。到我们这里基层材料挺多的。
>
> 问：您帮我举几个例子？比如孩子活动掉的例子。
>
> 答：B在广东，第一胎是女孩，第二胎是个女孩，不要了，在广东不要的，为了要男孩，把这个女孩搞去世了，当时那女孩刚生就没了，B在广东，没有做计生手术，这是很明显的了。（YSL）

后来笔者又去在外面打工刚回来的 BWY 家，问他妻子外出打工者性别选择的办法。外出打工的，因为现在福建、广东那边抓得严了，在那边一旦发现怀孕，就会与家里这边的镇上联系，而现在计生信息系统联网，很容易判断了解是否是计划外怀孕。所以那些有"活动"想法的，在怀孕阶段会躲着计生部门，或者到计生管得不严的地方住。生孩子也不去医院，自己接生，然后根据性别决定是否留下这个孩子。

三 收养

严格地说，收养的儿童不会造成出生人口性别比升高，但对家庭而言，却也是性别选择的途径之一。2006 年，A 县 0—15 岁儿童共有 2.3 万人，被收养的为 171 人，收养比例为 7.43‰，其中男孩的收养比例为 3.9ì‰，女孩的收养比例为 12.49‰。图 9—5 显示了 15 岁以下被收养儿童的年龄结构，可以看到，被收养的女孩明显多于男孩。

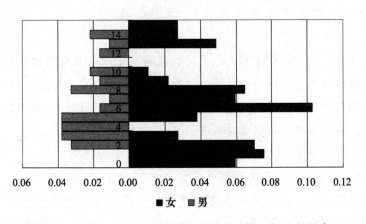

图 9—5　A 县 15 岁以下被收养儿童年龄结构（2006 年年底）

寨子里收养的有两个，一个第二胎生了女孩后送人的，另一个是再婚家庭生的儿子送人的。

第一户 BWG 家有一个女儿，第二胎又生了个女儿，他家不想要了，就用农药、喝酒等办法，可是孩子没死，只有养着她了，但是也很烦恼。在生下来几天以后就同村上 YSJ 家的一个人联系，YSJ 家没有孩子，送给他家抚养。而 YSJ 家则说孩子是从外面抱养的。但是大家看这抱养的小女孩同 BWG 家的第一个女孩一模一样，一看就知道是一家人。BG 说，这事大家悄悄地讲，心照不宣，但是在两家人面前是不敢讲的。这户人家笔者曾无意中去过，当时看有一家一个小女孩在刷牙，就去了他们家，住的老房子，老两口、小两口和一女一儿。得知小两口出去打过工，书读得少，因为家里太穷，只读 6 个月就没法读了，出去打工由于没文化，只能打苦工。聊得不是很多，当时笔者还不知道他们家的情况，还问了生育意愿，说最好是一男一女，如果生了两个女儿也没办法。在访谈中家里的儿媳妇进进出出，不是很欢迎笔者的样子，现在想来是有原因的，恐怕以为笔者知道她家送出过女孩，其实笔者当时真的不知道。

另外一家把孩子送人的是一个再婚家庭，再婚的双方算是同一家族的，女方去世的丈夫与现在的丈夫是堂兄弟，生了三个孩子。现在的丈夫有一个女孩子，再婚后两人又生了一个男孩，送给本村了。现在看孩子看得出来是谁家的，据说相貌、眼神，长得比较像。

四　双管齐下与多管齐下

文化和经济上对男孩的需求使那些没有儿子或者是极有可能没有儿子的家庭想尽办法要得到一个儿子，如通过架桥、背孩子、B 超选择性流产、产后性别选择等途径。同时生了二孩的还要逃，避免被计生部门抓去做男扎手术，否则就更没有机会再生孩子了。

有些家庭架了桥，但是还是不放心，又请鬼师傅来"背孩子"，比如BG 家就是先架桥，过了一个月以后又"背"，据自己讲，真是着急了。

想要生男孩，那么第一个方法是架桥，架桥了如果生男孩则达到目的；但还有一些家庭架了桥，第二个生的还是女孩子，这时桥就不管用了，就只能把女孩"活动"没。在与 YG 和 BG 了解架桥时 YG 讲到一户人家的桥说：

> 他家第一胎是女孩，又生两个女孩，师傅看需要架桥，才生男孩，所以他家重新架了桥。架桥后，生了男孩，又不会讲话，所以就修这桥，现在这孩子有六七岁了。(YG)

笔者当时的理解是这户生了四个孩子，还在想，他家一定要交很多罚款，但是后来核对计生档案时发现，登记的这家只有一儿一女。这家的第一个女孩出生在 1996 年 9 月 23 日，儿子生在 2005 年 8 月 19 日。有趣的是，当时笔者还向 BG 问过这家的情况，BG 说他家架了桥，生了一个女孩，后来一直没有孩子，这才架桥生了一个男孩。

按照笔者本来的计划是想问出村里每年出生和活产、死产婴儿的情况，但是对比几个线索之后，发现可能性不大，因为报道人对本家族发生的"活动"的情况是不想说的，讲的多是其他家族的，或者是与自己关系不是很密切的本姓的情况。

人口流动打破了寨子的封闭性。对于性别选择来说，现在又加上外出流动的第三根保险绳。脱离了本村寨，在外地打工，有机会的可以由 B 超做出判断，对胎儿的性别进行选择；没有机会的，就进行产后的选择。但是由于计生信息联网和群众举报这几年也不大好办到了，只能到偏远的村里，据说现在福建要比广东更容易一些。在外地打工的 YSL 讲了外地对这种变化：

> 现在外地的计生办也是检查外地人的，有些超生也照样超生。保密一点，到的是计生干部找不到的很远的乡村，然后去生。躲在村里。
>
> 刚开始去打工时没有人管到，没有人找到工地去。这几年很紧张的，现在哪个工地的人生没生孩子都非常清楚，要生孩子全部都拉过去搞（检查），看怀孕的拉走了，经常有人同计生办领导说了，我们这边有这样多人，外地人住，现在有的人差不多生孩子了，她们就来车拉过去了。现在广东、福建都这个样子了，现在外边很难偷生孩子了。这几年不行了，管得狠。（YSL）

无论如何，计划生育提出了数量要求，但性别要求又是村民需要满足的。要想满足性别意愿的同时，又不突破数量限制，只有从不同渠道来满足这种需求。BG 认为鬼师与计划生育之间是冲突的，而且鬼师的架桥是有前提的，即需男性未做绝育手术。

> 答：鬼师是实现生育意愿，这些人架桥过来，计生不赞成性别选择，鬼师这边架桥求子，这边偷偷地不让女孩活下来，计生希望生少，但是不是不让女孩生存。
>
> 问：好多再生女孩，女孩不要，然后去求鬼师架桥，是双管齐

下，两下都在做，生了一个是女孩，再生一个是女孩就要去架桥了？

答：先生女孩就架桥了。我曾跟他们说，架桥也不是万能的，我如果动了手术，你再能架桥也得不到男孩了。这也是我不全信鬼师的一点。手术了的你要能给我把男娃架来我算你本事大，有本事你到我家架。现在有些鬼师，不说清楚。（BG）

五　舆论压力的缺失——对"活动"的态度

一个活产的女孩因为她出生之前有了一个或两个姐姐，而她的出生影响了家庭中儿子的出生，她就被"活动"没了。那周围的人是什么态度呢？如果有舆论的谴责也许这种"活动"也就不那么名正言顺吧。结果笔者从询问中得知，这里的人认为这是人家自己的事，与别人没有关系。

问：谁家的小孩生下来不要了，你们这边其他人怎么讲啊？

答：一见她，前几天孩子还在肚子里，过几天休息了，孩子也没听声音了，大家就明白了。孩子没要了。

问：别人会瞧不起这家人吗？

答：这是他家的事，有什么瞧不起的。

问：生下来女孩这家要了呢，会瞧不起吗？

答：没有，是他的事，他自己家的事。人家只是看，各是各家。

问：会不会说这父母真狠心？

答：不会那么说，只能听、看。这是他家的事。小娃娃在肚子里，几天后没有了，大家也就明白。

问：孩子没的也一样坐月子吗？

答：一样坐月子，都是一样。但是到谁家时，只能说，生了，不成。大家也就知道了，至于怎么不成，一句话大家也就明白了。我们不会问，哎，咋过世的？不会的，不能那么问。就是这样。这些事情我们一般也不向外讲，也不敢讲，讲给你听。该讲的也就讲给你了。（BG）

他人的漠视使笔者认识到被"活动"的新生儿在他们眼里的位置。笔者又追问这种"活动"是什么时候有的，在实行计划生育以前意外怀孕的怎么办，被告知原来是没有什么办法的，只是生下来自然淘汰。

> 问：怀孕了不想要的怎么办啊？
>
> 答：找政府嘛。
>
> 问：以前呢？
>
> 答：比方怀孕了，还要生，生了自己死。
>
> 问：有没有土办法自己打掉不想要的孩子？
>
> 答：没有，我们村没有。
>
> 问：老人家那一代有没有什么办法？
>
> 答：没有，只能让生下来，不会长大的，这样的孩子病了该咳就咳了，不咳的话，一两个月、五六个月，一岁、两岁，这样病、那样病，很怪的。以前没有打胎，如果打胎等老人去世了不好。只有生，生了成不成是他（她）的命。成，就养，不成，死了，也可惜，也是他的命，不是害他的。（BG）

从这个逻辑上来看，原来孩子生下来，是自然淘汰的过程。但是现在新生的女孩子已经没有时间被自然淘汰了，因为一旦她的身份曝光，会直接影响男孩出生的机会。而且一旦父母见了，有了感情，也就不好再去"活动"了。用"不见"来处置孩子，只是把她当成流产和引产的胎儿来对待。所以，这个新生女孩对父母而言与人工流产的胎儿是没有什么区别的。BG 讲的不是"害命"就是这个意思，而是用"活动"这个词来称呼。笔者用"活动"称呼，一是出于交流方便，二是不忍用别的词来描述这种残酷的事情。

> 问：那现在把女孩子活动没不是害她的命吗？按哪种算？
>
> 答：也不算，有一些该有也就有了，讲不成。
>
> 问：不让害命。
>
> 答：不是害命，是不让选择。（BG）

架桥是性别选择在当地人伦理上的合法化，男孩是祖宗那儿求来的，不是性别选择带来的。

问：多的时候有几个？

答：看是男是女，一男一女就不要了，二男一女活动活动他就开始了，父母亲男的也不去手术了，就活动过来了，有女的就不让活了，有男的就要了。这些超生的人就是这样，我们有一个 BWQ 也是这样，他去世了。昨晚来的 BWL 也是这样，没活动成，巧妙啊。Z 家的也有，死了以后就说，这个没活，是有什么什么鬼才没活的。(BG)

在反复"活动"掉女孩后，如果还没有男孩，最后会得出结论是命不好，笔者访问过一户 BWB 家的 18 岁的二女儿，据说在她之前的几个女孩都没要，最后没办法才留下了她。

还有 BWB，他也有活动过，专门生女小娃，生了四五六个，后生的一个都不要，最后这个还是小姑娘，没办法，留下了，也了心了。最后有一个老太婆说，你这个命不好，看样子只有生女孩，没有什么了，再生也是女孩，最后生了这个女孩后他去动手术了。(BG)

这种通过"活动"最后没有成功，无奈才成为双女户的人是不大被人瞧得起的，所以某种程度上对没有儿子的家庭的歧视不是对他们没有儿子的歧视，而是瞧不起那些"活动"了最后还是无奈收场的人。

问：别人怎么评价 BWB 他们这种？

答：评价你这个人一辈子没有生男孩了，现在他就了心，没办法啊。看他这个人，一辈子就是这样了。(BG)

第三节　现代技术下的性别选择

在男孩需求存在的情况下，出生人口性别比偏高只是一种结果，实现这一结果主要有这样几方面：一是需要男孩，生男即止；二是在怀孕期间进行性别选择；三是在孩子出生后溺弃女婴或有意忽略应有的照料造成女婴死亡。

一　产前选择

如前所述，在经济、社会和文化等多方面作用之下，对男孩的偏好始终是存在的。在生育子女数较多的情况下，这种偏好是很容易得到满足的。但现在可以生育的子女数受到限制，而且各种客观条件使人们不希望多生育子女。生育水平短期内急剧下降，而生育观念并没有随之改变，一旦B超等产前性别鉴定技术以及选择性人工流产很容易获得时，这些现代的技术也就为实现传统的偏好提供了便利条件。在笔者调查的民族地区，为了遏制出生人口性别比升高的趋势，开展"非法从事胎儿性别鉴定""非法进行选择性人工流产"打击时，发现了一些从事"两非"活动的机构。

某县性别比居高不下，在检查时发现，该镇有私人某诊所非法从事计划生育手术，有诊所非法使用药物流产，还有10家医院、诊所利用B超违规开展孕期保健业务。

利用B超进行性别鉴定以及选择性人工流产可以在当地进行，也有一些流动人口在流入地进行。从全国的情况看，2000年少数民族流动人口中，传统聚居地在西南地区的侗族、土家族、苗族、布依族、瑶族都是跨省流动，这些西南地区的少数民族的流入地主要以珠江三角洲和长江三角洲为主（见图9—6、图9—7）。其中，上海、江苏和浙江的少数民族流动人口五年前常住地比例最高的是贵州省，而广东、福建、海南三省的少数民族流动人口五年前常住地是贵州的人口比例仅次于广西的壮族。

从某县育龄妇女信息系统获得的数据发现，有过外出流动经历和没有外出流动经历的妇女现存子女的性别比明显不同。从图9—8可以看到，无论有无流动经历，近年来现存子女性别比都高于正常水平，且具有升高趋势。1岁以下有流动经历的妇女现存子女的性别比明显高于没有流动经历的妇女，2岁以后则呈相反的趋势。

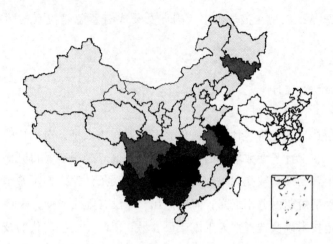

图 9—6　上海、江苏、浙江少数民族人口五年前常住地（流出地）

数据来源：根据 2000 年人口普查 1‰抽样数据汇总。

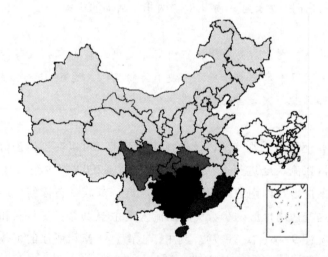

图 9—7　广东、福建、海南少数民族人口五年前常住地（流出地）

数据来源：根据 2000 年人口普查 1‰抽样数据汇总。

　　虽然近年来，当地计生部门已经花大气力进行治理，但是外出流动人口只能配合流入地提供相应的生育信息，更多的也只能取决于流入地的治理力度，而出生人口性别比偏高的后果却需要流入地来负担。

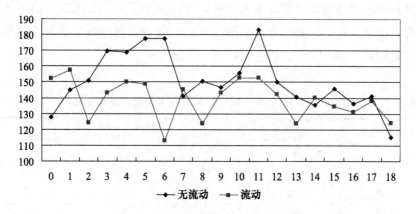

图 9—8 某县育龄妇女现存子女性别比

数据来源：根据调查地某县育龄妇女信息系统数据汇总。

二 产后的选择

使用 B 超等现代的产前性别鉴定只能在技术条件允许的情况下进行，但是在调查的地区，还有很多育龄妇女居住在非常闭塞的地区，能够接触现代胎儿性别鉴定仪器的机会也有限，所以有一些性别选择是在婴儿出生以后进行的。当然这也可以说不是出生人口性别比高的问题，而是人为造成了婴儿性别比偏高。

据当地计生干部介绍，H 县在 20 世纪 90 年代以来，溺弃女婴尤其是弃婴的事件时有发生，1991 年 1—3 月，该县弃婴就有 20 多个，在基层计划生育死亡台账上，0 岁死亡的多是女婴。第一胎是女婴的，基本上能保住，第二胎仍是女婴的，存在保不住的情况；第一胎是男婴，第二胎是女婴的，基本能保住。

某地对 2006 年出生与死亡的婴儿进行统计（见表 9—1），出生的男女婴儿的性别比为 118.44，而死亡婴儿的性别比为 54.96，也就是说，死亡的女孩是男孩的 1.82 倍。按照医学研究，婴儿期的男孩的死亡率应该高于女婴，而表中的数据结果刚好相反，死亡女婴数远远高于男婴，从分孩次的婴儿死亡情况可以发现，在一孩时女婴的死亡数略高于男婴，而相差最大的是二孩，女婴的死亡数是男婴的 2.51 倍。对比当地的生育政策，可以这样理解，当地少数民族农业人口可以生育两个子女，如果第一胎生育了女婴，也就是说，还有机会再生第二个孩子时生男孩，但是如果第二孩还是女婴的话，除非超生，将不再有机会生育男孩了。

表9—1　　　　2006 年 1 月至 2006 年 9 月 30 日出生与死亡婴儿情况

	出生数		死亡数	
	男	女	男	女
一孩	13885	13520	437	548
二孩	9491	6591	386	968
多孩	824	322	24	25
合计	24200	20433	847	1541

数据来源：根据调查地计生报表数统计。

当然，这些死亡的婴儿是否真的死亡也有待核查，也存在谎报为死产以及转移女婴的现象。H 县在 2006 年 8—9 月对全县各乡镇上报期内出生婴儿进行详细调查，死亡 110 人，其中女婴 71 人。乡镇所报的死亡女婴 71 人中，有 51 人系真正死亡（但其中有 3 人系男婴而误报为女婴），有 1 人系误报出生后而虚报死亡，有 6 人出生、死亡均在外地无法取证，有 9 人死亡证据不充分怀疑有转移他人寄养嫌疑。在 C 县，2006 年某季度死亡婴儿 48 人，其中男婴 14 人，女婴 34 人，在女婴死亡当中，一孩女婴死亡 9 人，二孩女婴死亡 25 人，死亡的二孩女婴中第一孩是女婴的 20 人。

所以，在这部分“死亡”的女婴中，有这样几种情况，有一部分是真正因病死亡，有的是因为是女婴而疏于照顾死亡，还有的转给他人寄养，也有极个别的是被杀害了。在调查中发现以下几种情况。

（1）杀害女婴

2004 年 4 月，T 县公安局街道报警，在县城某宾馆前防洪堤围堰里发现一婴儿尸体，公安局在卫生、保健、计生等部门的配合下，对案发期间出生婴儿进行了全面排查，经过走访调查后抓获了犯罪嫌疑人 T 某并追究他的刑事责任。据 T 某前妻介绍，T 某与前妻生有一男一女，男孩因病夭折。为了生育男孩，他与前妻离婚，与现妻结婚并生育一男孩，2004 年 4

月又超计划生育一女婴,他将该女婴残忍杀害并捆石沉到河中。

2007年在D县也发生了一起米酒致新生女婴死亡案件。据群众举报,某村张姓村民爱人杨某于2007年农历四月五日生下的一女婴不明原因死亡。该县计生办立即报案。据调查,该女婴为二孩,张某见其是女婴,就唆使母亲罗某用自家米酒喂刚生下不久的孩子,导致女婴死亡。当地处理决定是取消二孩生育证,不再安排生育,并落实避孕节育措施。

（2）谎报死婴

2006年在D县C乡发生一起谎报出生婴儿死亡案。当年4月6日该乡计保站医师为Y村L某、W某夫妇接生,生育一女孩。该医师去Y村进行产后访视时,询问该夫妇婴儿健康情况,说是4月21日下午19点已死亡。此事引起乡党委、政府的高度重视,立即责成派出所、计生办等部门深入调查。调查中,女婴的爷爷称,"该女婴于2006年4月21日下午19时死亡,当晚23时左右还叫寨上一个姓蒙的老人帮忙同女婴的爷爷一起去埋葬"。为查明事实,调查组叫蒙某带路到埋葬地点验证,到埋葬地点时发现,此坟已被挖,调查人员判断,女婴有可能还存活,并继续对此事进行调查。2006年5月8日上午9时,该乡接到L镇的来电,该镇在清理流动人口中查出周夫妇（外县人）拾养一女婴,并称是从C乡送来的。请C乡协查4月20日左右有没有女婴出生。经县计生局、L镇、C乡核实,L某、W某夫妇终于承认了送养女婴及谎报婴儿死亡的事实。2006年5月8日,该女婴已回到父母的怀抱。为维护法律法规尊严,严厉打击溺婴、弃婴和谎报出生婴儿死亡的违法非法行为,该乡决定对该夫妇给予1000元的经济处罚,并限期做绝育手术,通报全乡。

（3）弃婴

2004年12月,S镇接到群众举报,一婴儿被遗弃在一个涵洞里,有生命危险,计生、公安、民政等人员组成营救小组进行营救,发现是一名刚出生不久的女婴,仅裹着三件薄衣。经三天三夜的排查发现,该女婴父母已生育一女,想再生育一男孩,于是趁着夜深人静将刚出生的女婴遗弃在涵洞。

（4）领养

由于溺弃女婴的数据很难得到,对领养问题的研究便提供了间接的证据。因为领养现象部分反映了遗弃女婴的存在,间接反映了领养孩子漏登和漏报的存在。从现有文献来看，[①] Liu 等发现 1950—1987 年中国 15—57 岁的已婚育龄妇女中有 2.3% 至少领养过一个孩子；无孩子的妇女比有孩子的妇女、经历过孩子死亡的妇女比没有经历过的妇女领养孩子的可能性更大。Kay Johnson 等分析了中国 20 世纪 90 年代中期的一项调查数据，发现被收养的孩子中 60% 是弃婴，而弃婴中 90% 是女孩。[②]

有研究发现，中国部分地区群众生育性别选择出现了一些新的变化，主要表现为由就地选择向异地选择变化，由"持证"后选择向"持证"前选择变化，由婚后选择向婚前选择变化，由产前选择向产后选择变化[③]。所以，如果男孩偏好不能弱化，性别选择还会日益加重。

本章小结

性别偏好转化为性别偏好行为需要一定的途径来实现。文化和经济上对男孩的需求使那些没有儿子或者是极有可能没有儿子的家庭通过架桥、背孩子、B 超选择性流产、产后性别选择等方式，来得到一个儿子。一个活产的女孩因为她出生之前有了一个或两个姐姐，而她的出生影响了家庭中儿子的出生，就可能被"活动"没，缺少舆论的谴责使这种"活动"得以存在。

另外，外出流动也使 B 超选择性流产出现，但是近年来的治理措施使外出流动者在流入地也开始进行产后性别选择。

---

① Liu Ji-hong, UUa Larsen, Grace Wyshak, 2004, Factors Affecting Adoption in China, 1950—89, *Population Stuclies*, 58 (1).

② Kay Johnson, 1996, "The Politics of the Revival of Infant Abandonment in China, with Special Reference to Hunan", *Populatio and Development Review*, 22 (1).

③ 石人炳：《生育性别选择的新变化及对策建议》，《人口研究》2006 年第 9 期。

第 十 章

破局之举

——降低性别偏好的举措与效果

在出生人口性别比偏高问题引起社会各界的重视之后，各级部门采取了很多措施，希望这一情况可以得到遏制。采取的措施主要包括以下几类：第一，加强 B 超管理，严禁非医学需要鉴定胎儿性别和选择性流、引产（简称"两非"）。具体包括：（1）打击性别鉴定，杜绝选择性人工流产；（2）建立生育全程监控服务体系，建立《婴儿出生、引产、死亡报告制度》；（3）加强死亡婴儿的查证，对新生儿死亡，计生部门协同公安机关一起取证调查，判断是否是非正常死亡，对溺弃婴儿的进行刑事处罚；（4）加强对流动人口生育行为的管理，建立流入地和留出地双向管理的协作制度，加强两地的信息沟通和工作配合。第二，提高住院分娩率。第三，扶持农村计划生育家庭户和双女户。第四，关爱女孩，提倡女儿也是传后人。

在这方面，计生部门做了大量的工作，严查 B 超，抓溺弃婴，对死亡婴儿的查证甚至一度提出过"活要见人，死要见尸"的口号。这种严格治理取得了一定的成效，基层计生部门也感觉到出生性别比有所下降，但是在实际工作中，取证难的问题直接影响着治理的成效，难免有一些性别选择过程得以实现。在 M 寨以及乡镇访谈中，发现抓"两非"取证难。

在 KL① 就有黑 B 超点，镇上有的人就会去做。6 个月或 7 个月，

———————

① Q 地区地级市政府所在地。

彩超就可以看出性别，不想要的会去引产。这种 B 超点 400 元做一次，也没有票据。即使计生部门知道这样（的）点，也没有证据，即使有证据，还要公检法联合办理取缔等手续。一是难于发现，等到发现了，没有可以证明他们真的给做了性别鉴定（的证据）。二是取证难。（WL）

溺婴的取证也同样困难：

> 在产妇生育后孩子死亡的，计生要与派出所一起去调查，看是否是非正常死亡。
> （问：你们抓到过非正常死亡的吗？）
> 没抓住过，村里的人会证明是正常死亡，会帮助签字画押。收集不到证据。（WL）

为了了解从上至下实施的其他方面的治理措施是否有效，笔者在 M 寨就这些措施进行了相关访谈，以分析是否能够降低性别偏好。

第一节　住院分娩与接生婆接生

在去寨子的路上，有标语牌写着"住院分娩，奖励一百元"。目的是降低孕产妇死亡率，降低婴儿死亡率。在看到这一标语时，笔者的感觉是住院分娩，加上现金奖励，确实可以解决很多问题，尤其是在医院分娩，女婴也许就没有机会被"活动"掉了。不过那些真的想"活动"的会去医院分娩吗？寨子里有自己的性别选择和接生体系，如何才能吸引产妇，改变原有的习惯，是一个需要考虑的问题。

一　接生婆在寨子接生

一个长期相对封闭的环境，疾病的治疗很多是由鬼师承担的。在寨子里，笔者见过一次一户人家因为家人突然不能说话，到 YG 家请 YG 问鬼，问鬼的结果是遭口风了。还有一次是另外的鬼师傅做鬼，因为一个小女孩不舒服，据说是孩子"挪魂"了，她的家人请鬼师用鸡把孩子的魂从她去世的妈妈那儿哄回来。

> 问：昨天做鬼是请祖宗过年吗？
> 答：是孩子已经挪魂了，要回来过年，我们讲挪魂，本来是身上是这样，现在 YM 不在这里了，跟她妈妈了。她妈妈去世了，要 YM 去同她住。现在要把 YM 要回来，我们要拿个鸡哄她，要 YM 回来。（BG）

妇女生孩子在寨子里有专门的接生婆，寨子里的接生婆是 YG 的妻子（见图 10—1）。她的技艺是从她妈妈那传来的，她不仅继承了接生的技术，更主要的是继承了类似祖宗保佑、神灵保佑的能力，这种能力只是在本寨子有效，所以一个寨子的接生婆只能为本寨的妇女接生，到其他寨子就不灵了。

图 10—1 接生婆

接生婆讲了接生过程中一些简单的处置方法。因为语言不通，很多都是两个男性报道人翻译的或解释的。这样一个话题对他们来说也很为难，因为需要反复说女人生孩子的事情，如果不是因为笔者的访谈，他们是不会去说的。从技术上讲，接生婆主要处置的是生孩子时胎位不正的问题，似乎是可以通过某种手法使产妇睡着，在这期间接生婆用手揉产妇的肚子，把胎位揉正，使胎儿头朝下顺产。如果还是生不下来，就需要用手抹上猪油，直接把孩子取出来。

村里人对本村的接生的事还是非常放心的，生小孩的过程中发生危险需要急救的比较少。如果真的有危险只能抬到镇上去。通公路以后，急救车会过来把产妇拉到医院救治。

问：小孩在哪生的？

答：在这生的，我们乡下人都在家里生的，不住院。这里有的老人很会接生的。

问：有没有生的过程中发生危险的？

答：急救不及时的？有的，很少，那时没通车，太重的，拿人抬过去，嫁女孩那种抬箱子的棍棍放上被子，把人抬过去，抬到 P 镇，没通路前都这么抬过去。现在通公路了，打电话急救车会过来的。（YSL）

二　对住院分娩的态度

在访谈中笔者问了一些妇女，为什么不到医院生孩子，他们说寨子里就能接生，没有必要去医院生。另外，如果一个女人到医院生孩子，会被其他人嘲笑。别人会说，这个女人太笨了，连孩子都不会生。到医院生孩子要花钱的，太笨的女人生不了孩子，还需要花钱才能生，这在女性看来是件很丢人的事情。当地有在广东打工的，在当地住院生小孩花了几千元，老人们认为完全没有必要。当提及现在生小孩到镇上去生会有补助时，很多人表示不会去。

到医院生小孩，很贵的，说是补钱，大人吃饭怎么办，还得从家拿米。检查出小孩有病，不是也得花钱吗？那可要花很多钱的。（YG）

由此看来，提高住院分娩率在当地还需要在经济上和观念上进行考虑，才有可能切实实施，进而降低溺弃婴的比例。

第二节　利益导向与女儿养老

在寨子现有的继承和养老体系中，女儿是被排除在外的；所以有了追求生儿子的动力。全国"关爱女孩"行动提出"生男生女都一样""女孩也是传后人"，提倡女儿参与继承、参与养老，并通过利益导向机制等为计划生育户的养老提供支持。

一　利益导向机制

目前，寨子里的独生子女户和双女户，在夫妻双方年满 60 周岁后由国家发放养老金，在享受低保等方面寨里也会给予优先照顾。

（一）在田多的基础上可以得到国家补助或低保，经济状况比男孩户要好

近几年，对计划生育双女户在政策上的倾斜，对他们在经济上有非常大的支持作用。尤其是在 M 寨这种低收入地区，几百元的现金对提高他们的生活水平起了很大作用，也减少了他们在养老方面的后顾之忧。

> 家里有两个女孩，全部出嫁了，现在国家补助加上自己的可以的，每一年补助五六百加上低保一千多块吧。双女户还可以的，不管过得好不好都优先照顾。我们赶不上他们了。ZJQ 家原来有两个女孩，超生生了一个男孩罚款，以后死了，现在又算双女户了，政府说超生的没活，不算超生了，算双女户了。他家四个人，两个姑娘出嫁，还有国家补助外，还有养牲口，收入不少，所以他们双女户过得要好。养老怎么办？现在还年轻，养老还没决定。以后至少有钱养老的，有人照顾也有用的。（ZJK）

同时，由于纯女户的女儿出嫁并没有带走田，所以在田地的数量上纯

女户是要多一些的。而寨子中，现在过得不好的是儿子多的，比如一家兄弟二人，加上父母，当时分的是四个人的田。现在侄子和弟弟兄弟俩都娶了妻子，都生了两个娃，增加了六口人，四个人的田有十个人，生活比较困难。对双女户的倾斜，使得他们是很难得到低保的。

（二）虽然没有男孩有苦衷，但经济上给钱比没有强

利益导向提高了双女户在经济上的优势，也使他们在进入老年后有金钱上的支持，所以可以扭转强烈的生男意愿。但事实上，人们对国家的补助政策的确是非常羡慕的，但没有儿子的遗憾也还是存在的。对双女户的政策倾斜，村民的态度有几种：

1. 收入增加了，可以补贴生活

村里人说你们双女户也很好，除了国家补助以外还有低保，这样那样，你们一年加起来有两三千块钱，你们这样好。（BG）

2. 养老有保障

有一户国家补养老费，有两双女户。养老费一年八百。养老费是有两个女娃，可以去拿养老费，老了，不能做农活了，这个钱养你老了。

3. 羡慕与不羡慕的都有
对于双女户得到照顾，老百姓有很羡慕。

连我都有这想法，现在不病才行，我们这里男孩也好女孩也好，老人过世了拿米，女孩照样抬猪拿米，儿子继承遗产，只能杀一头猪。可生病了，钱还是不多的，不够花的。有点补助，很管用的，双女户的比我们好一些。（BG）

但也有不羡慕的，理由是双女户是没有办法才成为双女户的。

他们又不是真想就要两个女孩，像 ZYB 想要也没法要了啊。手术了想要也要不了。如果没手术，他早就超生了。不过好不好也是这样了，至少还多拿了点钱。他也有苦衷，苦就是没有男娃娃了，别人也会这样说，农村就是这样讲的。

我不是双女户的，也不会羡慕，我一辈子就这样了，我也不会去想。想也这个样子了。年轻人如果生两个，将来老了喜欢哪一个要他来继承就算了。手术过了想要也要不得。（YG）

（三）政策执行过程中的偏差一定程度上会影响政策的效果

利益导向机制在设计之初就从对象评估、资金发放、群众监督等方面进行了多方的努力，但是真正执行时还是会存在各种偏差。比如，在寨子中，有过低保对象是村干部的家族成员多、发放标准对本家族成员高于他人的情况，大家虽然有意见，但是一般也不愿意去举报，只是感叹不公平。比如大家对一个三女户拿低保，提出了很多质疑：

1. 他家第三个女儿是超生，本就不符合计生政策，如果给他家低保，对计划生育工作起到的是负面影响。

2. 他家田多，他三个女儿的、自己夫妻俩的，还有去世的父母的，再送给低保，有争议。

3. 他的年龄不大。同样的另一个三女户，也是田多、地多，七十五六岁了。这个老人老了，家里两个老人，地拿一部分别人种，给他钱，剩下自己种，够吃粮的。老人有饭吃了，但是钱太少，应该给老人倾斜的，却并没有低保。比这个老人年轻的却拿了低保。

4. 他是村长的亲戚。（BG）

（四）利益导向的各种资金发放时间与金额宣传不够，村民概念不清

笔者在与双女户家庭访谈时，问到是否有奖励扶助的钱、是否有低保，他们都不是很清楚，只是拿出存折让笔者看，但存折上并未显示这是什么钱。他们只知道是双女户给的钱，是什么钱并不清楚。这显示利益导向发放时间与金额宣传得不够，把奖励扶助的钱与对双女户倾斜的低保的钱混淆起来。民政和计生的钱对于村民来说都是政府给的，所以这几户都表示前几年得了钱，这几年不得了，或者得的钱数不一样。低保对象是每年变的，下面两个访谈对象所谈的应该是低保的钱，因为他们还没有达到领取计划生育奖励扶助金的年龄。同时，他们还会将每次领到手的钱与按期发放到存折上的钱混淆起来。

问：可不可以领双女户的钱？

答：以前两三年才发，现在一年发一次，一百、两百、五百。最近领了两次，一次四百、一次五百，今年领了九百。（ZJK 妻）

问：你们家算双女户吗？

答：前几年得了钱，这几年不得了。

问：为什么这几年不得了？

答：前几年村长和支书没变，这几年变了，就没有了。

问：双女户钱为什么这几年就没有了？是不是低保的钱啊？

答：前几年得了一百的存折，这几年得不到了。

问：那就弄不明白是什么钱了。

答：是啊。（ZYS 妻）

二　纯女户家庭的养老情况

（一）女婿养老

村里一共有三个女婿养老的例子，但是情况各不相同。

1. 接岳父母住的女婿 YSL

YSL 自称是孤儿，把岳父母接到自己的房子，重新立了新灶。

YSL 9 岁时父亲去世，母亲下堂（改嫁）了，四个孩子一个也没带，因为后嫁的这家也很穷。后来他姐姐出嫁了，他就带着两个妹妹。据他自己说当时很苦，费很大劲赚点钱才能买衣服，虽然不是孤儿，但跟孤儿一样。后来妹妹一个嫁到 YD 村，一个嫁本村后，他才成了家。

他的妻子家是双女户，他 29 岁才结婚，但不是做上门女婿，而是新盖了房子。岳父母的老房子很破了，不能住了，就把他们接到新房住在了一起。

说起新房子，他还是很自豪的。他是 1997 年时出去打工的，是村里最早的一批，一共去了20多人。当时还没通公路，是走出去的，然后去了广东打工。他赚点钱回来就盖房子，再出去，再赚点钱回来装修。

老人到新房居住，还有一点麻烦，费了一番力气才解决。YSL的岳母也姓Y，按照习俗，YSL的房子是Y家的，而他的岳母姓Y，算是Y家的女儿，那么她就不能摸YSL家的灶，这必须做一些变通。反过来，如果算成是岳父家的房子，岳父姓Z，YSL的妻子也姓Z，又出现了"忌锅忌灶"的问题。后来，他们用重新立灶的办法，请师傅念过之后，就可以了，妻子和岳母就都不用再有忌讳了。

老人住新房子了，没法住的旧屋和田在家族中还算是财产，所以同家族的人还没最后说定，老人那边还有侄子，家族里的人认为这些应该是他们继承，是家族的财产。而女婿这边说，老人在女儿这，道理上应该是女儿继承的，现在的地都是在一起种，等到以后把户口迁在一起，政府认可，就好说了。

2. 上门女婿的Z家弟弟

在核对计生档案时，报道人讲了另外一个做上门女婿的例子。Z家兄弟两人，哥哥与父母一起过，弟弟做了上门女婿，到了另一个村，女方建起了新房，而父母送了猪。

3. 两边兼顾的YFC

还有一个给岳父母养老的是YFC，45岁，妻子33岁，生了两个儿子。还有一个弟弟37岁，没结婚，在广东韶关打工。父母给这兄弟两人都盖了房子。他自己的父母就是由他养，但都已经去世，而岳父母只有一个女儿，他就给岳父母养老，岳父母也盖好了新房子，所以YFC在PJ村和M寨两边跑，已经办了协议，继承和养老都得到女方家族的允许。很想去他那里看看，聊一聊，但是很不凑巧，他家里人去了岳父那边。

确切地说，寨子里女婿养老的只有YSL一人，而他近似于孤儿，没有自己的父母要养。这三个都是给岳父母养老的，但也没有父母需要照顾，对此周围的人也认为可以理解，但是需要签协议。原来过继的儿子或当过继儿子看待的侄子才需要签协议，将双方的义务和财产分配事宜说清楚，最后的身份还需要以户口为准，只有把户口迁到一起，这种养老与继承关系才生效，否则这种关系受原可以继承财产的家族成员的影响还不一定成立。跨村的养老更是如此，因为这意味着别村的人分了原属于本村的田，这在土地有限的情况下也不容易达成一致。

总之，提倡女儿养老在村寨之中已经出现，而涉及房产、田地的继承要突破原有的父系继承的框架，需要外界加以宣传，尤其是政府的宣传，同时在这类家庭的户口迁移方面主动提供帮助。此外，YSL 盖了新房接岳父母的启示是：在新农村建设的危房改造对可以给女方父母养老或有养老可能的双女户家庭在资金上略有扶持，为这类家庭由女儿养老提供帮助。

（二）年轻的双女户独自居住

还有一些双女户，年龄不算很大，而且夫妻都健在，一般都倾向于自己居住，养老的问题目前还不是很迫切。如 YQY、YGZ、YGX，还有 ZJK、ZYS，笔者走访了其中的两户。

1. ZJK

ZJK 夫妻不到 60 岁，身体都很好，一共生了三个孩子，最大的是男孩，生下两三天就没了，后来生了两个女孩。现在两个女儿都出嫁了，一个女儿嫁在本村，一个嫁到别的村。小女儿与婆婆一起住，大女儿住在本村，生了一个男孩，自己盖了个房子，出去打工赚点钱回来装修。女儿第一次出后回来了一次，再去就去了 3 年。女儿都出去打工，有一个女儿有一个小孩，带到广东了。

家里的田不给女儿，她们回来时父母会给她们一挑挑的米。女儿在家没出嫁时还能帮帮忙，现在两个老人自己种地，也没有人帮。

> 养老现在只想两个人一起住，如果把别的孩子拿过来养，两个人一起这么长时间了，别人的孩子会过不习惯，会发脾气，不如两个人一起过就算了，如果老了，爱做什么就做什么了。丈夫弟弟家有个男孩子①，也想过会找他养老，但不知怎么做。
>
> 将来的家产给谁，还没有想过。（ZJK 之妻）

笔者本来想让做翻译的大学生问她没生男孩是不是有些遗憾？结果翻

---

① 后来笔者看到过这个弟弟家的孩子见图，只有三四岁的样子，不比 ZJK 女儿的孩子大多少。

译不肯问，用普通话说："我实在不好问，怕人家伤心。"

问：房子盖了多少年了？

答：20 多年了。

问：除种地之外还有什么收入？

答：养猪、养牛、养鸡，有一些收入。鸡有五六十元，卖大猪钱用在买小猪、养小猪上。

问：可不可以领双女户的钱？

答：以前两三年才发，现在一年发一次，一百、两百、五百。最近领了两次，一次四百、一次五百，今年领了九百。

问：女儿出嫁给了什么嫁妆？

答：柜子五六百前，加上苗族衣服服饰。小女儿没有给嫁妆，这边风俗嫁出去一年后再回来拿嫁妆。准备今年杀一头猪，柜子、苗族服饰、杀猪，还拿一些米。一个姓的会给米。（ZJK 之妻）

2. ZYS

ZYS 也是一户双女户，他本人耳朵聋，有点残疾，但也不肯办残疾证，家里有三个人的地。小女儿 1990 年生的，没有得到田。据他说，现在九条田，有一丘田没有水了，种玉米了。除地之外还了养两头猪，一头卖了 700 元左右，另一头还没杀。能卖 1000 元左右。这几年养不成鸡，长大就死了。也没有其他手艺，就靠土地和养猪过日子。

他有两个女儿，这两个女儿之前还有两个女孩，都没活。他自己说，也没有修桥来求个儿子，因为这也需要花钱，而家里没钱，就不去做。

大女儿出嫁了，家里还有小女儿。嫁到 YD 的大女儿家里还有公婆，不经常回来。出嫁有十多年了，当时家里比较穷，只买了柜子，自己家准备的衣服，还有亲戚送的米。

大女儿因为家里穷，读书只读了一学期。ZYS 妻子提到这还很遗憾，那时没钱，如果是现在不要钱，还能读几年书。

过完春节小女儿也 21 岁[①]了。不知道什么时候结婚，父母决定不了，

---

① 按 2010 年年初访谈时间计算。

女儿谈恋爱父母也不知道。嫁妆准备了衣服之类的。父母穷，嫁妆可以少给点，别人也不会笑话，富的给少了人家会笑话。

目前还没想过养老，ZYS 的弟弟还有一个儿子，如果弟弟愿意，弟弟的儿子可以给他们养老。

3. 其他独女户

村里还有两个芦笙师傅也是双女户，经济情况好得多。YGX 只有一个女孩，已经出嫁了，1992 年生了一个男孩，1993 年去世。生过男孩后，他做手术了，但不愿意去做吻合手术，也就只有一个了。他做芦笙。

另外还有两个独女户。一个是 BWF，只有一个女儿，已经出嫁了，现在五十二三岁，较年轻。爱人已经去世了，女儿早出嫁了，现在自己住，自己种地。另外一个是 LCZ，她的丈夫去世了，只有一个女儿。

> 她已经下堂了，已经改嫁了，这里叫下堂了，嫁到 P 镇了，是 B 家的，房子还是她的，她可以继承，地送给大伯种了，但还是她的。老公去世十年了，老公有两兄弟。寨子里有谁都知道。老公去世两年就改嫁了。没改嫁的话在这里事情太多，在家别人会多嘴，受气多。比如走在哪里，看了谁一眼，别人的老婆会不高兴。
>
> （问：女的自己过的不多吧？）
>
> 是的，女的很容易嫁的，男的自己过的很多。老太太不愿在这，这个说那个讲，说你看我的老公啦，事情很多，不想嫁也得嫁。改嫁的家产有儿子就给儿子，没儿子，说家产是我的，合心就送出去，不合心就不送。改嫁过来的也有，过得挺好，因为她有心嫁的。（BG）

第三节　人口流动及影响——外出的
人口的目的还是为了回家

李银河在《村落与生育文化》一书中，指出她所分析的村落的特殊性在于它的规模有限，流动性差，"村落文化指的是以信息共有为主要特征的一小群人所拥有的文化（包括伦理观念和行为规范）"①。村落的成员彼此熟悉，婚姻半径也小，而且村落成员的流动性差。M 寨的现状与李银河所言的村落极其相似，也有着自己强烈的性别需求。在这样的村落中如何降低这种强烈的生育需求，李银河认为只有通过把生活在村落中的人从村落中解脱出来，"有赖于脱离农村的家庭环境，进入现代化、工业化、都市化营造的个人本位生活环境"②。M 寨也有很多人走出了村寨，接触了外面的世界，但是否可以脱离农村的家庭环境呢？从目前来看，还是存在着一定的困难。

一　外出打工主要是为了赚钱回家盖房

　　M 寨第一批人外出打工的时间是在 1997 年。当时没有通路，二十几个年轻人走到乡上，辗转换乘到了广东、福建等地，距离现在已经十多年了。当时出去的人有的还在打工，有的已经回乡种田，更多的人走出去，然后回来。他们在村寨原有的靠传统技艺"捞钱"之外，开辟了新的赚钱渠道，改善了家里的经济状况。这些钱的用途更多的是用来建房子，建一个更好的家。

　　　　现在的年轻人出去打工，这时孩子一两岁了就留给父母来照顾，打工赚了些钱，盖新房子，但只是把房子框架搭起来，钱不够了，夫妻俩再出去打工赚钱，赚了钱，回来把房子装修好。(小 Y 老师)

　　把新家建在寨子里，人回家里住。即使是出去打工，将来还要回来，这样他们还是寨子里的人，还是受村寨文化的约束。

二　外出工作的人把家安在村里

　　不仅仅是外出打工者以寨子为家，还有一些在外工作的寨子里的人也

---

① 李银河：《生育与村落文化 一爷之孙》，文化艺术出版社 2003 年版。
② 同上。

是如此。比如 Y 家有五个人在外做老师，还有的在乡政府部门工作，但这些人中 35 岁以上的人家都安在寨子里，平时也在家与工作地之间奔波。问到原因，他们说，这边有自家的田，自己虽然在外工作，但是孩子将来不一定也能有工作，所以家还是在这里。

在外面工作的人很多也受过高等教育，与外面的世界对比之后，也希望 M 寨的封闭落后的情况能有所改变。访谈中笔者遇到一位寨子里出去的老师，他觉得 M 寨的封闭保留了很多传统的东西，是不可多得的旅游资源，他利用自己的朋友圈和博客宣传，希望能把 M 寨打造成西江苗寨那样的旅游品牌，甚至说想停薪留职几年来集中精力做这件事。

作为寨子里出去的"精英"，他们并没有远离村寨，尤其是工作距离家里并不远的那些人，寨子里有他们的家，寨子也是他们的家。寨子里的文化同样也影响着他们。一个老师生了两个女儿，第二个女儿证明身有残疾之后，又生了第三个女儿，以后又希望把弟弟家超生的侄儿过继过来。家还在寨子，这种性别上的偏好也还是存在的。

第四节　择偶难促进性别偏好的改变

2006 年完成的国家人口发展战略研究报告表明，出生性别比持续偏高，到 2020 年，20—45 岁男性将比女性多 3000 万人左右。2005 年以后进入婚育年龄人口的男性明显多于女性，婚姻挤压问题凸显，低收入低素质者结婚难，所导致的社会秩序混乱将成为影响社会稳定的严重隐患。①

早在 20 世纪 90 年代就有研究指出：

　　如果决定一个人的后代性别的能力成为一种技术的话，那么这种技术在第三世界就会廉价推广普遍使用，然后在文化中大加鼓吹，随之便会导致连续几代的男孩超出的问题。如果情况真的发生，妇女的地位就会变得很低，人们便会对女性产生歧视，但当男性大大超出女

---

① 李树茁、姜全保、[美] 伊莎贝尔·阿塔尼、费尔德曼：《中国的男孩偏好和婚姻挤压——初婚与再婚市场的综合分析》，《人口与经济》2006 第 4 期。

性时，在以后的几代中，妇女数目的大大减少就会人们对妇女的重新评价，这种评价要比以前高很多。①

在 M 寨是不是存在男性过剩，过剩的负面影响如择偶难是不是可以起到一种警示作用，是否可以降低男孩偏好，等等，都值得思考。

一　后果教育：对偏好后果的担忧

去 M 寨时，一位计生干部介绍说，M 寨附近的一个村有 40 多个光棍，这让笔者非常吃惊。M 寨的老人也发现女孩子明显少了，而未婚的男孩也要多于女孩。

> 问：现在的统计说男孩多，有人担心这边的女孩会被有钱地方的男孩娶走，那你们这边的男孩娶谁啊？
> 答：现在在我们本地，汉族会找我们苗族姑娘，我们苗族男孩找汉族女孩就找不得。
> 以前我们去赶集，赶集一拨一拨姑娘相当多，很多，现在赶集看不到那么多姑娘了。现在 P 镇集上男娃娃多，女娃娃很少，男娃娃能有百分之七十，现在我看男娃娃找媳妇不好找了。
> 现在我们寨子有七百多人口，只有两个姑娘没出嫁，八个男孩找不到媳妇，差得很多呢。女孩不像男孩那么多了。
>
> 问：你们这里生的孩子还算多，还有一些人不愿意多生？
> 答：现在我们国家统计男多还是女多？
> 问：男多，女少啊。
> 答：那以后女孩越来越难找了，会不会一个女管两个老公啊？
> （BG）

---

① 〔美〕M. 博兹、〔英〕P. 施尔曼：《社会与生育》，张世文译，天津人民出版社 1991 年版。

二 通婚圈

M 寨通婚规定同姓不婚，同姓意味着同族，M 寨的通婚可以在寨子的不同姓之间进行，也可以与附近村寨的人娶妻嫁女。为了了解这里的通婚范围，根据人口与计划生育家庭档案卡，笔者与寨子里的几个村民小组及报道人核对了每一户的女性是从哪里嫁来的，离本寨的距离，同时了解这一户嫁出的女儿嫁到哪里，距离本村有多远，然后根据她们的出生年汇总，得出表 10—1 和表 10—2。

由于不是普查性质，嫁出的能够回溯的 1970 年以前出生的较少，嫁入的 1990 年以后的由于涉及早婚，因年龄不详而没有登记在内。

表 10—1　　　　　　M 寨部分女性嫁出情况（2009 年年底）

地点与距离	出生年份					
	1940 年以前	1950—1969 年	1960—1969 年	1970—1979 年	1980—1989 年	1990 年以后
本村				4	9	2
步行 0.5—1 小时						
YX 村				2	6	
YG 村			1	3	2	
YD 村				2	10	2
PS 村					4	2
PJ 村				1	1	2
GF 村						1
步行 2—3 小时						
YH 乡					1	
FS 村					2	
P 镇		1			4	
WQ 村					1	
YY 村					1	
DD 村						1
JS 村					1	

续表

地点与距离	出生年份					
	1940 年以前	1950—1969 年	1960—1969 年	1970—1979 年	1980—1989 年	1990 年以后
YG 村				1		
省内其他县市						
CS 县良村镇					1	
CG 县						1
都匀						1
遵义					1	
省外						
广州番禺区					1	
合计		1	1	13	45	12

资料来源：根据人口与计划生育家庭档案卡及访谈整理。

表 10—2　　　　　　M 寨部分女性嫁入情况（2009 年年底）

地点与距离	出生年份					
	1940 年以前	1950—1959 年	1960—1969 年	1970—1979 年	1980—1989 年	1990 年以后
本村		2	10	5	5	2
走路 0.5 小时						
YX 村	6	1		2	6	2
YG 村	2	1		1	1	
YD 村	1	1	3	2	4	
PJ 村	1	2	2	2	2	
DG 村						1
DZ 村	1					
WXG 村	1					
1—2 小时						
PL 村				1		
WQ 村						1

续表

地点与距离	出生年份					
	1940 年以前	1950—1959 年	1960—1969 年	1970—1979 年	1980—1989 年	1990 年以后
2—3 小时						
P 镇					2	
DN		1				
JS 村	1		1			
省外						
河南周口沈丘县					1	
罗甸					1	
壮族，打工带回					1	
合计	13	8	16	13	23	6

资料来源：根据人口与计划生育家庭档案卡及访谈整理。

　　M 寨一般与本村以及据本村 0.5—1 小时的四五个村寨通婚，包括 YX 村、YG 村、YD 村、PJ 村、PS 村。这些村寨与 M 寨平时的交往也很密切，村里的孩子多数在同一个小学读书，有时还会在一起跳锦鸡舞，村里姑娘嫁到这几个村寨的数量很多，同时这几个村寨嫁到本村的女孩数量也不少。从距离上看，报道人说离 M 寨有步行 0.5—1 小时的路程，按当地人每小时步行速度 4 千米计算，M 寨最主要的通婚范围为 2—4 千米。

　　另外，除距离较近的几个村寨以外，嫁到 PD 镇的女性数量也相对较多。PD 镇虽然在距离上离 M 寨相对远一些，但是 M 寨作为隶属于 P 镇的一个村，在日常的沟通联络以及孩子的入学等问题上相对还是要密切一些。

　　其他与 M 寨通婚的村寨在距离上也不是很远，基本步行时间为 3—4 小时，即 15 千米左右。

　　另外，近年来年轻人外出打工，增加了与外界沟通的机会，出现了嫁入和嫁出在传统的通婚范围以外的人，比如统计到的嫁出的有 5 人，嫁入的有 3 人。

　　总的来说，M 寨的通婚对象主要还是距离本村较近的村寨，但近年来嫁出和嫁入的在传统通婚圈以外的女性增加了。虽然通婚范围现在逐渐扩大，但是人数相对较少，而嫁出去的要比娶进来的数量稍多一些。由于传统风俗习惯与经济发展水平相近，M寨男性增多的情况在其他几个村寨也同样存在，所以在通婚圈较小的情况下，存在着男性过剩的风险。

三　单身者状况

从实际未婚状况来分析本寨的未婚状况（见表10—3），2010年调研时发现1979年以前出生未婚的有12人，其中40岁以上的6人，女性未婚的只有一人，出生于1965年，据说她是一个驼背的人，所以没有出嫁。丧偶后未再婚的都是40岁以上者，男性13人，都是在40岁到60岁之间，女性20人，其中有5人在70岁以上。从单身情况看，男性明显多于女性。

表10—3　　　　　　　　　　1970年以前出生人口单身状态

出生年	未婚		丧偶	
	男	女	男	女
1970—1979年	6			
1960—1969年	3	1	3	3
1950—1959年	2		3	4
1940—1949年			4	3
1930—1939年	1		3	5
1920—1929年				5

表10—4是对寨子婚姻情况的统计，其中出生于1980—1986年（23—29岁[①]）的男性有4人未婚，女性有1人未婚（残疾）；1987—1989年出生的（20—22岁）男性有14人未婚，女性有1人未婚；1990—1992年出生的（17—19岁）男性有19人未婚，女性有4人未婚。这就是说，寨子中未婚的人口中女性6人，男性有37人，男性未婚人口明显多于女性，但考虑男女婚龄差的存在，这些男性还可以在年龄更低的女性中选择配偶，

---

① 为2010年年初调研时年龄。

比如在访谈时有 16 岁就已经嫁到男孩家。

表 10—4　　　　　　　　1980—1992 年以前出生人口的婚姻状况

出生年	男		女	
	未婚	已婚	未婚	已婚（含嫁出与嫁入）
1990—1992 年	19	4	4	18
1987—1989 年	14	1	1	25
1980—1986 年	4	43	1	55

　　早婚在 M 寨也很常见，很多年龄不到的人，有一些办了婚礼，有一些没办，会领证后再办。这一方面是由于当地早婚的传统，另一方面也是好的女孩的资源稀缺，男性的择偶难问题越发严重。

　　在 M 寨有三个大姓，通婚可以在寨内不同姓之间进行，也可以与附近村寨进行。但附近有的村寨，例如 YD 村只有一个大姓，在村内就无法通婚，只能与别的寨子进行通婚，这样寨子里的光棍明显要多。男性择偶难在 M 寨这类相对封闭的地区是存在的，而在出生的男孩明显多于女孩的情况下，这种择偶难问题会更加严重。希望这样的后果可以与其他的治理措施一起降低当地的偏男倾向，降低出生性别比，但是这一过程恐怕是以男性光棍增加为前提的。

本章小结

　　治理出生人口性别比的各项措施在 M 寨的环境来看，利益导向机制刺激作用对依靠子女养老的当地村民还是有一定效果的，解决养老问题、改善双女户的生活，这既是对计划生育户的直接的帮助，也可以起到一种示范作用。提高住院分娩率在当地自有的医疗体系和观念条件下还需要从经济上和观念上进行考虑才有可能切实实施，进而降低溺弃婴的比例。而已经显现的男性择偶难问题已经引起当地村民的重视，期望在未来能够对改善性别偏好发挥作用。而通过城市化把寨子中的人从熟人社会和现有的继承体系中解脱出来，就目前来说还存在一定困难。

　　总之，提倡女儿养老在村寨之中已经出现，而涉及房产、田地的继承要突破原有的父系继承的框架，需要外界加以宣传，尤其是政府的宣传，同时在这类家庭的户口迁移方面可以主动提供帮助。此外，寨子中盖了新房接岳父母同住给我们的启示是，是否新农村改造对此类家庭可以在资金上略有扶持，督促这类家庭由女儿养老，或者对双女户或独女户的养老需求在社会政策上予以倾斜。

第十一章

主要结论、可能贡献与不足及若干研究议题

本章将对本书所得到的主要结论进行总结，进一步指出了本书所具有的理论和实际意义，同时指出了其中的不足。最后提出了在少数民族出生人口性别比及性别偏好方面可能值得深入研究的问题。

第一节　主要结论

第一，运用孩次性别递进方法衡量不同民族的性别偏好，以及对出生人口性别比升高造成的影响。同时利用中国的历史数据以及其他国家的数据，研究现代性别鉴定技术出现之前或无比较严重性别偏好条件下孩次性别递进的指标分布规律。与美国的两次普查数据比较发现，美国的纯女户的性别比随孩次升高而降低，纯男户的性别比随孩次升高而升高，这个与中国 1990 年和 2000 年的结果有非常大的差别，所以纯男户和纯女户孩次递进性别比的变化可以作为判断性别偏好行为严重程度的指示性指标。

第二，根据中国 1982 年人口普查资料运用母子匹配法构造不同年份妇女的生育孩次递进状态，发现汉族纯女户的孩次递进性别比是 1980 年开始上升，而苗族受样本量影响，数据波动很大，但总体趋势是自 1992 年以后纯女户生育下一孩的性别比急剧上升，性别选择行为显现。

第三，女婴漏报是造成统计数据不实的原因之一，在出生人口性别比升高中起到了一定作用。通过对全国人口普查数据的分析发现，不同民族的低龄人口漏报确实存在，漏报、民族成分变更等因素造成一些民族的低

龄人口数据质量的性别差异问题，这一差异在不同民族间明显不同，反映出分性别的差异率很大。

第四，通过对村级数据的核实，结果显示漏报受人口流动、出生时间、孩次、性别以及是否超生的影响，尤其是育龄夫妇的外出流动增加了统计工作的难度。在乡镇一级，数据质量受不科学和不合理的计划生育考核指标的影响，使基层干部在数据产生的机制上作文章，导致出生人口数据经过村级漏报、乡级的"加工"，真实的数据向计划生育考核指标靠拢，尤其是出生人口性别比作为考核指标以后，性别统计数据的失真也已经在所难免，所以，出现出生性别比数据上的平衡是必然或无奈的选择。

第五，根据马文·哈里斯的人类社会文化体系的各组成部分的相互关系，分析生育转变与出生人口性别比提高之间的关系表明：一方面，人口再生产与生产之间产生的矛盾，会迫使人口再生产的方式加以改变，降低出生率，但是这一过程是缓慢的，计划生育政策推动了这一进程的加速，而这一加速转变过程并没有改变社会文化系统的其他部分来降低性别需求，反而因为数量限制加速了性别选择。另一方面，从基础结构决定论来看，受生产方式这一基础结构的限制，存在地理位置偏僻、村民受教育水平低、语言沟通不畅等情况，生计方式和家庭、文化中的性别需求，发生改变的条件很小，因此，性别需求缺少改变的契机。

第六，从家庭角度而言，在基础结构提供的资源有限的条件下，性别偏好的形成有其必然性。苗族典型的父系财产继承方式保证了家族内的财产在自己的房族内流转，而不会被外嫁的女儿带到丈夫的家族内，无亲子的财产继承，在习俗上也是在父系宗族中确立继承人。作为女儿，在以家族为单位的家庭中，她是不属于这一家庭的，父母以嫁妆的形式使她参与了家庭的财产继承，在父母去世后以抬猪、送水来完成孝道，而现实生活中，她与娘家的日常交往是以"客"的身份出现的，这样是无法参与父母的养老的。通过儿子"守屋"、继承、养老都会产生对儿子的需求，同时家族继承的负面影响也刺激这种偏男的性别偏好。

第七，与社会的人口再生产相对应，家庭也同样存在着人口再生产。家庭的人口再生产存在着数量和性别结构问题，在资源有限的前提下，一儿一女，保证儿子是家庭人口简单再生产的前提条件，也满足了家庭中继承、养老等需求，实现世代继替。在生育转变之前是通过多生来保证有儿子，但在生育转变发生以后，保证有一个儿子出生是满足家庭再生产正常进行的前提条件。为维持家庭人口再生产的正常进行而通过改变自然生育进行了人为选择，势必会改变自然的规律，改变出生人口性别比的自然分布，使性别偏好转化为出生性别比偏高。

第八，性别偏好作为社会文化系统上层建筑中的主位成分，是受结构和基础结构的相关因素的影响的，处在社会文化系统中的人也会有舆论压力，这种"成人"的压力对性别偏好起着强化作用。

第九，文化和经济上对男孩的需求使那些没有儿子或者是极有可能没有儿子的家庭想尽各种办法要得到一个儿子，通过架桥、背孩子、B超选择性流产、产后性别选择，以及避免计划生育手术等来实现性别选择。架桥、背孩子只是在伦理上是实现性别选择合理化，而对溺弃婴缺乏舆论谴责也使这种行为得以存在。

第十，治理出生人口性别比的实践困难。治理出生人口性别比的各项措施在 M 寨的环境来看，利益导向机制的刺激作用对依靠子女养老的当地村民还是有一定效果的。解决养老问题、改善双女户的生活，这既是对计划生育户的直接的帮助，也可以起到一种示范作用，是相对直接的。女儿养老也开始出现，还需要当地政府部门主动引导。而提高住院分娩率在当地的自有的医疗体系和观念下还需要在经济上和观念上进行考虑才有可能切实实施，进而降低溺弃婴的比例。已经显现的男性择偶难引起当地村民的重视，期望在未来能够对改善性别偏好发挥作用。通过城市化把寨子中的人从熟人社会和现有的继承体系中解脱出来，就目前来说还存在一定困难。

第二节　可能贡献、研究存在的不足及有待于进一步研究的问题

一　可能贡献

第一，指出与社会的人口再生产相对应，家庭也同样存在着人口再生产，而这种再生产有其性别结构，从生育转变之前的多生到生育转变发生

以后通过性别选择来保证一个儿子出生。现有生育意愿是家庭规模简单再生产的前提条件，也满足了家庭中继承、养老等需求，实现世代继替。通过改变自然生育进行人为选择，导致宏观的出生性别比偏高。

第二，根据马文·哈里斯的文化唯物论分析人类社会文化体系的各组成部分的相互关系，从而分析性别偏好在生育转变前后的变化情况。从基础结构决定论来看，受生产方式这一基础结构的限制，性别需求缺少改变的契机。

第三，以孩次性别递进方法衡量中国的历史数据以及其他国家的数据，研究现代性别鉴定技术出现之前或在无比较严重性别偏好条件下孩次性别递进的指标分布规律。

二 研究存在的不足

本书围绕出生人口性别比这一研究主题，从宏观数量分析、数据质量探讨，到微观田野调查，并有意识地使用了人类人口学分析方法。在研究中不仅以民族志材料解释人口现象，还运用人类学原理进行机制分析，同时在田野中就基层政府的人口数据"加工过程"以及村寨中性别选择途径两个难点问题获得了第一手的研究资料。虽然本书在定量分析和定性研究相结合方面做了很多尝试，但是尚存在一些不足。主要表现在：（1）本书为了分析少数民族出生人口性别比问题，虽然在宏观数据部分对苗族、侗族、傣族以及壮族的相关资料进行了分析，但对这一问题的横向对比和纵向分析还有待于深入。另外，定性分析中以一个苗族村寨进行分析，虽然做了做深入的阐释，但是仅是一个比较传统、相对封闭、资源有限的西南地区民族村寨，从样本代表性角度来看，分析的仅是这类村寨的性别偏好形成的机制。（2）在寨子中做了少量的问卷调查，但是样本量少，影响有待于深入分析。（3）在寨子中调查，因为语言不通，访谈中由翻译协助，访谈的深入性受限，直接影响到深层敏感问题的探讨。而更多的信息来自于主要是能够与笔者沟通交流的普通话掌握较好者，但是人数有限，可能造成信息收集过程的选择性。

三　有待于进一步研究的问题

出生人口性别比问题是在生育转变中出现的，传统文化中的性别偏好在生育数量空间压缩的情况下通过各种手段得以转化为性别选择行为，就问题产生的机制上而言，需要对不同地域、不同经济发展水平的少数民族进行分析，这也是需要进一步研究的问题。

参考文献

中文文献

［1］布迪厄、华康德《实践与反思》，李猛、李康译，中央编译出版社1998年版。

［2］陈卫：《性别偏好与中国妇女生育行为》，《人口研究》2002年第2期。

［3］陈友华：《关于生育政策调整的若干问题》，《人口与发展》2008年第1期。

［4］陈泽：《韩国的出生性别比状况研究》，《人口学刊》1996第5期。

［5］楚军红：《我国农村生育率与出生性别比关系探讨》，《市场与人口分析》2000年第6期。

［6］慈勤英：《研究出生人口性别比要有性别视角》，《人口研究》2006年第1期。

［7］董新建：《社会抚养费征收管理问题研究》，硕士学位论文，南京农业大学，2008年。

［8］费孝通：《乡土中国生育制度》，北京大学出版社1998年版。

［9］高凌：《中国人口出生性别比的分析》，《人口研究》1993年第1期。

［10］顾宝昌编：《社会人口学的视野，西方社会人口学要论诠释》，商务印书馆1992年版。

［11］顾宝昌、罗伊：《中国大陆、中国台湾省和韩国出生婴儿性别比失调的比较分析》，《人口研究》1996年第5期。

［12］顾宝昌：《论生育和生育转变：数量、时间和性别》，《人口研究》

1992 年第 6 期。

[13] 郭维明、徐毅：《中国出生性别比的现状及有关问题的探讨》，《人口与经济》1991 年第 5 期。

[14] 郭维明：《文化因素对性别偏好的决定作用》，《人口学刊》2006 年第 2 期。

[15] 侯亚非：《北京市独生子女生育意愿的调查分析》，《北京社会科学》2003 年第 3 期。

[16] 黄乾：《孩子质量数量替代与持续低生育率》，《人口学刊》1999 年第 3 期。

[17] 贾威、彭希哲：《中国生育率下降过程中的出生性别比》，《人口研究》1995 年第 4 期。

[18] 姜全保、李树茁、费尔德曼：《20 世纪中国"失踪女性"数量的估计》，《中国人口科学》2005 年第 4 期。

[19] 解振明：《引起中国出生性别比偏高的三因素》，《人口研究》2002 年第 9 期。

[20] 靳小怡、李树茁、费尔德曼：《婚姻形式与男孩偏好：对中国农村三个县的考察》，《人口研究》2004 年第 5 期。

[21] 景跃军：《农村生活方式对生育性别偏好行为的影响》，《人口学刊》1991 年第 4 期。

[22] 康明村、庞淑桂、谷祖善：《对新疆石河子地区独生子女性别比例调查》，《人口研究》1981 年第 2 期。

[23] 李伯华、段纪宪：《对中国出生婴儿性别比的估计》，《人口与经济》1986 年第 4 期。

[24] 李冬莉：《儒家文化与性别偏好——一个分析框架》，《妇女研究论丛》2000 年第 4 期。

[25] 李建民：《生育理性和生育决策与我国低生育水平稳定机制的转变》，《人口研究》2004 年第 6 期。

[26] 李建民：《中国的生育革命》，《人口研究》2009 年第 2 期。

[27] 李建新、涂肇庆：《滞后与压缩：中国人口生育转变的特征》，《人口研究》2005 年第 3 期。

[28] 李建新：《低生育率的社会学后果》，《社会科学》2001 年第 2 期。

[29] 李竞能：《现代西方人口理论》，复旦大学出版社 2004 年版。

[30] 李胜茹：《妇女发展现状与全面建设小康社会目标的冲突与协调》，《妇女研究论丛》2005 年第 1 期。

[31] 李树茁、费尔德曼：《中国婴幼儿死亡水平的性别差异：水平、趋势与变化》，《中国人口科学》1996 第 1 期。

[32] 李树茁、姜全保、伊莎贝尔·阿塔尼、费尔德曼：《中国的男孩偏好和婚姻挤压——初婚与再婚市场的综合分析》，《人口与经济》2006 第 4 期。

[33] 李树茁、朱楚珠：《中国儿童生存性别差异的研究与实践》，中国人口出版社 2001 年版。

[34] 李树茁：《80 年代人口死亡水平和模式的变动分析》，《人口研究》1994 年第 2 期。

[35] 李银河：《生育与村落文化一爷之孙》，文化艺术出版社 2003 年版。

[36] 刘仕海：《中国人口性别比例失调的文化人类学思考》，《西北第二民族学院学报》2006 年第 2 期。

[37] 刘爽：《中国的出生性别比与性别偏好——现象、原因》，《人口研究》1988 年第 3 期。

[38] 刘爽：《世界各国的人口出生性别比及其启示》，《人口学刊》2005 年第 6 期。

[39] 刘中一、潘绥铭：《从男孩偏好到出生性别选择》，《市场与人口分析》2005 年第 4 期。

[40] 刘中一：《场域、惯习与农民生育行为：布迪厄实践理论视角下的农民生育行为》，《社会》2005 年第 6 期。

[41] 刘宗碧：《从江占里侗族生育习俗的文化价值理念及其与汉族的比较》，《贵州民族研究》2006 年第 1 期。

[42] 陆益龙：《生育分析的社会人类学框架》，《人口学刊》1998 年第 6 期。

[43] 陆益龙：《生育性别偏好兴趣：农民生育性别偏好心态的再认识——皖东 T 村的社会人类学考察》，《人口研究》2001 年第 2 期。

[44] 吕红平、孙平：《论家庭文化与性别偏好——一个分析框架》，《妇女研究论丛》2000 年第 4 期。

［45］吕缘化：《重视新出生人口不登记户口对人口统计的影响》，《人口动态》1987 年第 3 期。

［46］M. 博兹、P. 施尔曼：《社会与生育》，张世文译，天津人民出版社 1991 年版。

［47］马戎：《西藏的人口与社会》，同心出版社 1996 年版。

［48］马文·哈里斯：《文化唯物主义》，华夏出版社 1989 年版。

［49］马文·哈里斯：《人·文化·生境》，山西人民出版社 1989 年版。

［50］马文·哈里斯：《文化人类学》，东方出版社 1988 年版。

［51］马焱：《从性别平等的视角看出生婴儿性别比》，《人口研究》2004 年第 5 期。

［52］马瀛通、冯立天、陈友华、冷眸：《出生性别比新理论与应用》，首都经济贸易大学出版社 1998 年版。

［53］马瀛通、冯立天、陈友华、冷眸：《再论出生性别比若干问题》，《人口与经济》1998 年第 5 期。

［54］马瀛通：《重新认识中国人口性别比失调与低生育水平的代价问题》，《中国人口科学》2004 年第 1 期。

［55］莫丽霞：《村落视角的性别偏好研究——场域与理性和惯习的构建机制》，中国人口出版社 2005 年版。

［56］穆光宗：《近年来中国出生人口性别比偏高现象的理论解释》，《人口与经济》1995 年第 1 期。

［57］潘绥铭、王文卿：《男孩偏好的再考察》，《社会学研究》2005 年第 5 期。

［58］彭希哲、陶佩君、黄娟、戴星翼、梁鸿：《中医脉诊与产前性别选择》，《人口与经济》1996 年第 6 期。

［59］朴美兰：《延边朝鲜族人口多胎生育行为及人口学后果》，《延边大学学报》（社会科学版）2009 年第 2 期。

［60］钱宗范、李庭华：《浅论苗族继承制度的宗法性质》，《桂林教育学院学报》1996 年第 1 期。

［61］乔晓春：《对中国人口普查出生婴儿性别比的分析和思考》，《人口与经济》1992 年第 2 期。

［62］乔晓春：《性别偏好、性别选择与出生人口性别比》，《中国人口科

学》2004 年第 1 期。

［63］施春景：《对韩国出生人口性别比变化的原因分析及其思考》，《人口与计划生育》2004 年第 5 期。

［64］石人炳：《生育性别选择的新变化及对策建议》，《人口研究》2006年第 9 期。

［65］石人炳：《性别比失调的社会后果及其特点——来自台湾人口的观察》，《人口研究》2002 年第 2 期。

［66］宋兆麟：《生育神与性巫术研究》，文物出版社 1990 年版。

［67］孙晶：《马文·哈里斯的文化进化论与文化唯物主义》，《山西大学学报》（哲学社会科学版）2000 年第 1 期。

［68］汤兆云：《20 世纪 90 年代关于我国出生人口性别比问题的研究》，《人口学刊》2007 年第 3 期。

［69］唐贵忠：《农村计划生育性别偏好的困境与对策》，《人口研究》1991年第 1 期。

［70］涂平：《我国出生婴儿性别比问题探讨》，《人口研究》1993 年第1 期。

［71］王翠绒、易想和：《农村出生性别比失衡问题研究》，《甘肃社会科学》2004 年第 1 期。

［72］王广州：《出生性别比问题监测、评估与抽样调查方法研究》，《人口与市场分析》2006 年增刊。

［73］王广州：《对我国出生性别比升高问题的再认识》，《今日中国论坛》2007 年第 1 期。

［74］王广州：《年龄别生育率与总和生育率间接估计方法与应用研究》，《中国人口科学》2002 年第 3 期。

［75］王慧、庞树桂等：《新疆石河子地区人口出生性别比研究》，《地方病通报》2004 年第 1 期。

［76］王铭铭、王斯福：《乡土社会的秩序、公平与权威》，中国政法大学出版社 1997 年版。

［77］王铭铭：《人与社会再生产：从《生育制度》到实践理论》，《社会科学战线》1997 年第 5 期。

［78］王文卿、潘绥铭：《男孩偏好的再考察》，《社会学研究》2005 年第

5 期。

[79] 王燕、黄玫：《中国出生性别比异常的特征分析》，《人口研究》2004 年第 6 期。

[80] 韦艳、李树茁、费尔德曼：《中国农村的男孩偏好与人工流产》，《中国人口科学》2005 年第 2 期。

[81] 吴擢春、黎楚湘、励晓红：《影响出生性别比偏高的直接原因的队列实证研究》，《中国人口科学》2005 年第 3 期。

[82] 徐晓光、吴大华、韦宗林、李廷贵：《苗族习惯法研究》，华夏文化艺术出版社 2000 年版。

[83] 杨菊华、Susan E. Short：《中国的婚居模式与生育行为》，《人口研究》2007 年第 2 期。

[84] 杨菊华、宋月萍、翟振武、陈卫等：《生育政策与出生性别比》，社会科学文献出版社 2009 年版。

[85] 杨军昌、王希隆：《广西人口出生性别比失调的原因与治理》，《中国人口科学》2008 年第 3 期。

[86] 杨书章、王广州（2006）：《孩次性别递进人口发展模型及孩次性别递进指标体系》，《中国人口科学》2006 年第 2 期。

[87] 杨书章、王广州（2006）：《生育控制下的生育率下降与出生性别比失衡》，《人口与市场分析》2006 年第 4 期。

[88] 杨书章、王广州（2006）：《孩次性别递进比研究》，《人口研究》2006 年第 2 期。

[89] 杨书章：《中国少数民族的人口增长与计划生育》，《人口与经济》1993 年第 3 期。

[90] 尹文耀、钱明亮：《中国生育率转变的人口自效应研究》，《浙江大学学报（人文社会科学版）》2010 年第 6 期。

[91] 原新、石海龙：《中国出生人口性别比偏高与计划生育政策》，《人口研究》2005 年第 3 期。

[92] 张风雨：《九十年代中国生育和人口自然增长水平研究》，《中国社会科学》1998 年第 4 期。

[93] 张风雨：《全国人口统计数据失真原因与对策分析研讨会综述》，《中国人口科学》1995 年第 4 期。

［94］张丽萍：《八十年代以来我国少数民族出生人口性别比与生育水平变化的历史回顾》，《人口与经济》2006 年第 5 期。

［95］张丽萍：《我国出生人口性别比区域差异研究》，《人口研究》2005 增刊。

［96］张丽萍：《中国少数民族人口出生性别比问题研究》，《西北人口》2006 年第 1 期。

［97］张敏杰：《国外学者关于"溺婴"的研究》，《国外社会科学》1997 年第 3 期。

［98］张仕平、王美蓉：《性别价值观与农村出生婴儿性别比失衡》，《人口学刊》2006 年第 2 期。

［99］张仕平、王美蓉：《性别价值观与农村出生婴儿性别比失衡》，《人口学刊》2006 年第 2 期。

［100］张天路、黄荣清：《中国少数民族人口调查研究》，中国人口出版社 1996 年版。

［101］张天路：《中国少数民族人口政策及其转变》，《人口与经济》1985 年第 5 期。

［102］张晓：《西江苗族亲属制度的性别分析》，《西南民族大学学报》（人文社科版）2008 年第 10 期。

［103］张羽：《走向低生育率——欧洲国家低生育率问题研究》，《江苏社会科学》2007 年第 S1 期。

［104］周云：《文化与人口》，周星、王铭铭主编《社会文化人类学讲演集》（下），天津人民出版社 1996 年版。

［105］周云：《国外出生婴儿性别比的研究》，《人口研究》1997 年第 4 期。

［106］朱秀杰、钟庆才：《出生性别比偏高因素的国外研究评述与思考》，《南方人口》2006 年第 1 期。

［107］庄孔韶主编：《人类学经典导读》，中国人民大学出版社 2008 年版。

［108］邹平：《关于北京市出生婴儿性别的调查》，《人口研究》1983 年第 4 期。

英文文献

[1] Andrew Mason and Neil. G. Bennett, 1977, "Sex Selection with Biased Technologies and Its Effect on the Population Sex Ratio", *Demography*, 14 (3).

[2] Ansley J. Coale, 1991, "Excess Female Mortality and the Balance of the Sexes in the Population: An Estimate of the Number of 'Missing Females'", *Population and Development Review*, 17 (3).

[3] Arnold F. , 1985, "Measuring the Effect of Sex Preference on Fertility: The Case of Korea", *Demography*, 22.

[4] Arnold F. , 1987, "The Effect of Sex Preference on Fertility and Family Planning: Empirical Evidence", *Population Bulletin of the United Nation*, 23/24.

[5] Arnold F. and Kuo E. C. Y. , 1984, "The Value of Daughters and Sons: A Comparative Study of the Sex Preferences of Parents", *Journal of Comparative Family Studies*, 15.

[6] Arnold F. and Liu Zhao Xiang, 1986, "Sex Preference, Fertility, and Family Planning in China", *Population and Development Review*, 12 (2).

[7] Banister J. , 1992, China: Recent Mortality Levels and Trends, Paper presented at the Annual Meeting of the Population Association of America, Denver, Colorado.

[8] Banister J. , 2004, "Shortage of Girls in China Today", *Journal of Population Research*, 21 (1).

[9] Bernardi, L. and I. Hutter (eds.), 2007 forthcoming, "The Anthropological Demography of Europe", *Demographic Research*.

[10] Bledsoe, C. 2002, *Contingent Lives*, Chicago, the University of Chicago Press.

[11] Brettell C. , 2003, *Anthropology and Migration. Essays on Transnationalism, Ethnicity and Identity*, New York, Altamira Press.

[12] Cai Yong and William Lavely, 2003, "Missing Girls in China: Numeri-

cal Estimates and Effects on Population Growth", *The China Review*, 3 (2).

[13] Carter, A. , 1998, "Cultural Models and Demographic Behavior", in Basu, A. and P. Aahy eds, *The Methods and the Uses of Anthropological Demography*, Oxford, Clarendon Press.

[14] Chai Bin Park & Nam-Hoon Cho, 1995, "Consequences of Son Preference in a Low-fertility Society: Imbalance of the Sex Ratio at Birth in Korea", *Population and Development Review*.

[15] Chiang, Chin Long, 1968, *Introduction to Stochastic Processes in Biostatistics*, New York: John Wiley & Sons, Inc.

[16] Cleland, J. , & Wilson, C. , 1987, "Demand Theories of the Fertility Transition: An Iconoclastic View", *Population Studies*, 41 (1).

[17] Coale, Ansley, 1984, *Rapid Population Change in China, 1952 – 1982*, Washington, DC: National Research Council, National Academy Press.

[18] Coale, Ansley, 1973, "The Demographic Transition", International Population Conference, Vol. 1, Liege: IUSSP.

[19] Coombs Clyde H. , Lolagene C. Coombs and Gary H. McClelland, 1975, "Pereference Scales for Number and Sex of Children", *Population Studies*, 29 (2).

[20] Daniel Goodkind, 1996, "On Substituting Sex Preference Strategies in East Asia: Does Prenatal Sex Selection Reduce Postnatal Discrimination?", *Population and Development Review*, 22 (1).

[21] Das Gupta, M. , and P. N. Mari Bhat, 1997, "Fertlity Decline and Increased Manifestation of Sex Bias in India", *Population Studies*: 51.

[22] Das Gupta, Monica, 1987, "Selective Discrimination against Female Children in Rural Punjab, India ", *Population and Development Review*, 13.

[23] Das Gupta M. , Jiang Zhenghua, Li Bohua, Xie Zhenming, Woojin Chung & Bae Hwa-Ok, 2003, "Why is Son Preference so Persistent in East and South Asia?: Cross-country Study of China, India, and the Republic of Korea", *The Journal of Development Studies*, 40 (2).

[24] Ernestina E. Coast Katherine R. Hampshire Sara C. Randall, "Anthropology Demography", *Demographic Research*, 16 (16).

[25] Fred Amold and Eddie C. Y. Kuo, 1984, The Value of Daughtersand Sons: A Comparative Study of the Gender Preferences of Parents, U. S. A: East-West Population Institute.

[26] Fred Arnold, Minja Kim Choe, T. K. Roy, 1998, "Son Preference, the Family-Building Process and Child Mortality in India", *Population Studies*, 52 (3).

[27] Freedman, R. and L. C. Coombs, 1974, *Cross-Cultural Comparisons: Data on Two Factors in Fertility Behavior*, New York: Population Council.

[28] Fricke T. , 1997, "Culture Theory and Demographic Process: Towards a Thicker Demography", in Kertzer, D. and T. Fricke (eds.), *Anthropological Demography*, *Towards a New Synthesis*, Chicago, The University ofChicago Press.

[29] Greenhalgh, S. (ed.), 1995, *Situating Fertility*, Cambridge, Cambridge University Press.

[30] Greenhalgh, Susan, Zhu Chuzhu, and Li Nan, 1994, "Restraining Population Growth in three Chinese Villages", *Population and Development Review*, 20 (2).

[31] Hakim, C. , 2003, "A New Approach to Explaining Fertility Patterns: Preference Theory", *Population and Development Review*, 29 (3).

[32] Hammel G. , and N. Howell, 1987, "Research in Population and Culture: An Evolutionary Framework", *Current Anthropology*, 28 (2).

[33] Hammel, G. , 1990, "A Theory of Culture for Demography", *Population and Development Review*, 13 (3).

[34] Harris, M. and E. B. Ross, 1987, *Death, Sex, and Fertility*, New York, Columbia University Press.

[35] Howell, N. , 1986, "Demographic Anthropology", *Annual Review of Anthropology*, 15.

[36] Hull, T. H. , 1990, "Recent Trends in Sex Ratios at Birth in China",

Population and Development Review, 16 (1).

[37] J. Cleland, J. Verrall, and M. Vaessen, 1983, Preferences for the Sex of Children and their Influence on Reproductive Behaviour, Voorburg: WFS Comparative Studies, 27.

[38] Jia Li-li, 1993, "Rosemary Santana Cooney. Son Preference and the One Child Policy in China: 1979 - 1988", *Population Research and Policy Review*, 112.

[39] Johannson, S. and A. Arvidsson, 1994, "Problems in Counting the Youngest Cohorts in China's Censuses and Surveys", In China State Council and National Bureau of Statistics (ed.), 1990 *Population Census of China: Proceedings of International Seminar.* Beijing: China Statistics Press.

[40] Johanson, S. and O. Nygren, 1991, "The Missing Girls of China: A New Demographic Accont", *Population an Development Review*, 17 (1).

[41] Kay Johnson, 1996, "The Politics of the Revival of Infant Abandonment in China, with Special Reference to Hunan", *Populatio and Development Review*, 22 (1).

[42] Kertzer and Fricke, 1997, *Anthropological Demography: Towards a New Synthesis*, Chicago, The University of Chicago Press.

[43] Kertzer D. , 2006, "Anthropological demography", In Dudley Poston and Michael Micklin (eds.), *The Handbook of Population*, New York: Plenum.

[44] Knodel, J. , & van de Walle, E. , 1979, "Lessons from the Past: Policy Implications of Historical Fertility Studies", *Population and Development Review*, 5 (2).

[45] Laura Bernardi, 2007, An introduction to Anthropological Demography, Mpidr Working Paper WP2007 - 031, http: //www. demogr. mpg. de/papers/working/wp - 2007 - 031. pdf.

[46] Laura Bernardi, An Introduction to Anthropological Demography.

[47] Lavely, William, 1982, " China's Rral Population Statistics at the Local Level", *Population Index*, 48 (4).

[48] Lavely, William, and Yong Cai, 2004, "Spatial Variation of Juvenile Sex Ratios in the 2000 Census of China", Presented at the Annual Meeting of the Population Association of America, Boston, April1 - 3, 2004.

[49] Leibenstein, H. , 1981, "Economic Decision Theory and Human Fertility Behavior: A Speculative Essay", *Population and Development Review*, 7 (3).

[50] Lesthaeghe, R. J. , 1980, "On the Social Control of Human Reproduction", *Population and Development Review*, 6 (4).

[51] Liu Ji-hong, 2004, "Ulla Larsen, Grace Wyshak, Factors Affecting Adoption in China, 1950 - 87", *Population Studies*, 58 (1).

[52] Lolagene C. Coombs and Te-Hsiung Sun, 1973, "Family Composition Preferences in a Developing Culture: The Case of Taiwan", *Population Studies*, 32 (1).

[53] Marvin Harris and Eric B. Boss, 1987, *Death, Sex, And Fertility Population in Pre-industrial an Developing Societies*, Columbia University Press.

[54] Mc Clellandti, 1979, "Theoretical and Methological Implications of the Influence of Sex Preferences on the Fertility Attitude-behavior Relationship", *Journal of Population*, 2.

[55] Miller, Babara D. , 1981, *The Endangered Sex: Neglect of Female Children in Rural North India*, Ithaca: Cornell University Press.

[56] Miller, W. , and Pasta, D. , 1995, "How does Childbearing Affect Fertility Motivations and Desires?", *Social Biology*, (3 - 4).

[57] Morgan, S. P. & Bhanu B. Niraula. , 1995, "Gender Inequality and Fertility in Two Nepali villages", *Population and Development Review*, 21 (3).

[58] N. Federici, K. O. Mason and S. Songner, 1993, *Women's Position and Demographic Change*, Oxford: Clarendon Press.

[59] Neil G. Bennett. E. D. , 1983, *Sex Selection of Children*, New York: Academic Press.

[60] Park C. B. and Cho N. H. 1984, Estimating the Excess of Birth due to Preference for Sex of Children", *Journal of Population and Health Stud-*

ies, 4 (1).

[61] Mead T. Cain, Patriarchal Structure and Demographic Change, Women's Position and Demographic Change.

[62] Rainwater, I. , *Family Design*: *Marital Sexuality*, *Family Size*, *and Contraception*, Chicago. Illinois: Aldine.

[63] Robin Burgess & Juzhong Zhuang, 2002, Modernization and Son Preference in PRC, 2002 by Asian Development Bank.

[64] Roth A. E. , 2004, *Culture*, *Biology*, *and Anthropological Demography*, Cambridge, Cambridge University Press.

[65] Schenker, J. G. , 2002, "Gender Selection: Cultural and Religious Perspectives", *Journal of Assisted Reproduction and Genetics*, 19 (9).

[66] Sherper-Hughes, 1997, "Demography without Numbers", in Kertzer, D. and T. Fricke (eds.), *Anthropological Demography*, *Towards a New Synthesis*, Chicago, The University of Chicago Press,.

[67] Sieder, Reinhard, and Michael Mitterauer, 1983, The Reconstruction of the Family Life Course: Theoretical Problems and Empirical Results, In Richarc Wall, Peter.

[68] Sierra Leone, In Births and Power: Social Change and the Politics of Reproduction, W. Penn Handwerker, Boulder, CO: Westview.

[69] Skinner G. W. , 1997, *Family Systems and Demegraphic Processes*, Anthropological Demegraphy: Toward A Synthesis; University of Chicago Press, Chicago, Illinois.

[70] Susan Greenhalgh, 1994, "Controlling Births and Bodies in Village China", *American Ethnologist*, 21 (1).

[71] Thomson, E, and Brandreth, Y. , 1995, "Measuring Fertility Demand", *Demography*, (1).

[72] Townsend, N. , 2002, Cultural Contexts of Father Involvement. In C. S. Tamis-LeMonda & N. Cabrera (eds.), *Handbook of Father Involvement*, *Mahwah*, *Lawrence Erlbaum Associates*, 249 – 277.

[73] Gunnar Andersson, Karsten Hank, Andres Vikat, Understanding Parental Gender Preferences in Advanced Societies, 17 (6).

[74] William Lavely, Jianke Li and Juanghong Li, 2001, "Sex of Children in a Meifu Li Community in Hainan, China", *Population Studies*, (55).

[75] Winston, S., 1932, "Birth Control and Sex Ratio at Birth", *American Journal of Sociology*, (7).

[76] Xie Yu, 1989, "Measuring Regional Variation in Sex Preference in China: A Cautionary Note", *Social Science Research*, 18.

[77] Yuan, X., 2003, High Sex Ratio at Birth in China (brief review), Paper Presented at Workshop on Population Changes in China at the Beginning of the 21st Century, Australian National University, Canberra, December.

[78] Zeng Yi, Tu Ping, Gu Baochang, Xu Yi, Li Baohua, Li Yongping, 1993, "Causes and Implications of the Recent Increase in the Reported Sex Ratio at Birth in China", *Population and Development Review*, 19 (2).

[79] The United Nation, 1995, Methods of Appraisal of Quality of Basic Data for Population Estimates Manual.

后 记

　　我对于少数民族人口问题的关注始于 2004 年，至今已经十年有余。期间从研究少数民族出生人口性别比问题的历史与现状到分析其升高的机制，不可避免地需要了解少数民族的生育转变以及性别偏好与性别选择的过程。但数据背后是什么，单纯靠人口普查数据的分析已经无法得出结论，需要扩充研究的视野。所以，虽人到中年，我还是走进了中央民族大学的校园，希望在民族人口研究领域中获取灵感。中央民族大学在读期间，我也是以少数民族的出生人口性别比问题为研究方向，在此期间又得到了中国社会科学院国情调研项目的资助，能够有机会到贵州的少数民族地区进行田野调查。本书的内容即以我的博士学位论文和国情调研项目报告为基础，并对出生人口性别比定量分析部分加以修订和完善。

　　从选题策划到田野调查乃至成文，以及书稿的修订，我经历了从迷茫、困惑到欣喜、宽慰而后却又深感不足的过程。整合不同的数据源从多个角度来剖析我的研究问题，这是研究的起点，而田野调查为研究的深入奠定了基础。其中六次到西南山区的田野点，"穿着六条裤子御寒"的日子，让我至今难忘，但这种艰辛、无助却也被每天的新收获带来的喜悦冲淡。

　　从人口学的数据分析到人类学的田野调查，研究视角的转换需要更系统的训练。而中央民族大学多元文化的熏陶，使我受益匪浅。我的导师陈长平教授，在为人、治学方面让我学到很多。成为陈老师的学生，虽然源于一句无意的戏言，但老师对我寄予了厚望，把他自己多年积累的研究资料予以共享，希望我能在人类人口学的研究中有所开拓。老师所倾注的心血，给了我一份动力，也希望自己能够不负所望，但因忙于中国社会状况综合调查而分身乏术，远未达到老师的期望，每每想起，常感汗颜。我在中央民族大学学习期间，通过与王建民教授、王铭铭教授、潘蛟教授的系统学习，聆听民族学与社会学学院组织的各类讲座，积累了人类学的基础知识。我的硕士导师马戎教授在我的研究过程中也给予了很多帮助，使我的研究增加了新的视角，得到了非常多的启发。

本书在写作的过程中得到了黄荣清教授、周云教授、郑真真研究员、张海洋教授很多指导。中国社会科学院社会学所同事也提供了很多帮助，李培林院长在资料收集过程中给予支持、李炜研究员对调研在时间上给予了保证；渠敬东研究员、杨宜音研究员、李银河研究员在选题阶段也提出了很多建议；贵州民族学院的王晓晖老师和他的学生们也在我收集资料的过程中给予了大力协助。此外还要感谢中国社会科学出版社聪慧、严谨的编辑王衡，感谢她为本书的出版倾注了心力。

另外，在田野调查阶段调查地的州、县、乡计生部门的朋友们，还有田野点的老乡们也给了我很多支持，涉及敏感信息，基于研究者的道德，无法一一具名，但感激之心是相同的。

本书得以完成还要感谢中国社会科学院重点项目"西南民族地区性别失衡与社会稳定研究"和国情调研项目"西南少数民族出生性别比问题研究"对研究提供的支持，以及中国社会科学院哲学社会科学创新工程学术的出版资助，在此一并致谢。

时光转瞬即逝，本书从选题到出版，时间跨越很长，又因身体原因使出版时间一再推后，但书中的文字伴随着我的家庭生命周期的不同阶段。感谢一直以来家人的鼓励与支持。我的先生王广州把我带上人口学研究之路，虽然他的根深蒂固的定量分析观念让我的人类学学习饱受困扰，但也让我不断审视自己的研究视角，而正是这种亦师亦友的相处模式使我们的生活充满新奇和满足，谨以此书共勉；我的女儿王天忆，以她的刻苦努力激励着我；还有年迈的父母和亲朋好友的殷切期望也给了我莫大的鼓励。

本书的选题是我的研究兴趣所在，但日常工作内容繁复，希望能方方面面兼顾却也精力有限，所以尽管得到那么多的支持，本书的内容定有很多有待完善之处。

作者

2017 年 3 月 18 日　于北京通州